JN434233

중세 동·서 시가의 만남

아시아아메리카문제연구소총서 2

중세 동·서 시가의 만남

고혜선 · 김명준 · 김승기 · 김철웅 · 윤선미 · 임병필 · 허혜정

단국대학교출판부

머리말

인류는 교류를 통해 발전을 거듭해왔다. 흔히 우리가 암흑기로 간주하는 중세에도 실크로드의 3대 간선과 여러 지선을 통해 동양과 서양의 교류는 어느 때보다 활발하였으며, 문화도 그 교류의 중심축을 이룬다. 실크로드를 따라 조성된 석굴들의 벽화, 특히 간다라 지방의 미술은 동·서 예술 교류의 명백한 증거라 할 수 있으며, 이들 그림 속에 등장하는 악기, 무용 등은 당시의 음악 교류를 보여주고 있다.

우리는 이미 『중세 동·서 문화의 만남』(단국대출판부, 2008)을 통해 동양과 서양의 문화교류를 상세히 언급한 바 있다. 당시 아랍이 페르시아, 터키, 파키스탄, 위구르 등지를 이슬람의 영향하에 편입시킴으로 인해, 중앙아시아는 하나의 문화권을 형성했다. 그리고 서쪽으로는 북부 아프리카와 이베리아반도까지 정복함으로써 3개 대륙에 걸친 광대한 영토에 단일 문화권을 형성했다. 이들은 이집트, 페르시아를 위시한 기타 문화권의 문화를 수용합으로써 아랍 문화의 발전을 도모했으며, 중국과의 적극적인 교류, 이베리아를 통한 유럽과의 적극적인 교류를 도모했다. 따라서 한반도와 이베리아반도는 직접적 교류는 없었으나, 중앙아시아를 통한 간접 교류는 충분히 가능했을 것이다.

즉, 서기 8세기 초에는 이미 코르도바(이베리아반도) – 북아프리카 – 다마스커스, 바그다드(중앙아시아) – 신드(파키스탄) – 장안(중국) – 경주(한반도)의 문화 전파길이 가능해진 것이다. 동양과 서양이 접점을 갖는 중앙아시아가 당시 서쪽의 이베리아반도에서 동쪽의 파키스탄(캐시미르 Kashmir)에 이르는 거대한 지역을 하나의 문화권으로 통일했다면, 그 문화의 파장은 중국을 넘어 한반도에까지 영향을 줄 수 있었을 것이며, 음악이 바탕이 된 시가문학 또한 예외일 수는 없을 것이다.

아랍 정통 시문학(詩文學)은 까시다이다. 까시다는 엄격한 운율을 바탕으로 한 시로 이슬람 이전 시대에 태동되었으며 이슬람 세계의 확장과 함께 전 영토에서 정통 시 형식으로 자리매김한다. 그러나 동부 아랍에서는 운율과 구성에 자유를 주는 등, 여러 가지 새로운 형식이 실험된다. 일례로 까시다의 한 부분인 나시브가 하나의 장르로 독립해서 사랑, 술과 같은 단일 주제를 노래하게 된 것을 들 수 있다. 특히 이슬람 지배 이전에 태동된 사랑시 가잘(gazal, ghazal)은 11세기에 이르러 아랍과 페르시아에서 대 유행을 거두며, 터키, 인도, 파키스탄 등지로 확산되었다. 그리고 종교적 신비주의인 수피와 결합하면서 가잘 – 수피시의 탄생을 가져온다.

안달루스는 시가의 개혁에서 동부 아랍보다 더 자유스러웠다. 이들은 정통 까시다로 시를 짓기도 하나, 이베리아 전통 민요와 고급 아랍어로 쓴 시가를 접목시키면서 새로운 형식인 무왓샤하트(muwashshahat, moaxaja)를 탄생시켰고, 곧 이어 통속아랍어로 쓴 자잘(zazal, zejel)을 탄생시켰다. 안달루스의 새로운 시가, 특히 자잘은 이베리아반도 내의 그리스도교 왕국들에 영향을 주고, 프로방스 지방에도 영향을 준다. 또한 동일한 서부 아랍권인 북아프리카로 역 유입되며, 이 시가류는 다시 동부 아랍과 중앙아시아로 전파되어 현재까지도 인기 있는 노래 형식, 시가 형식으로 존속하고 있다.

한편 중국은 수와 당의 궁정에 외국 음악인 서역 음악을 적극적으로 수용했다. 이로 인해 서역 악기가 중국의 전통 음악에 사용되며, 서역 음악을 따라 들어온 노래도 유행하게 된다. 당 시대의 곡자사(曲子詞) 혹은 사(詞)는 바로 이러한 서역 요소가 강한 음악에 붙인 노래 가사를 가리킨다. 사는 송과 원에 계승되며, 본격적인 시인들의 가세로 많은 아름다운 작품으로 남게 된다.

한반도의 고려는 중국의 당악, 교방악을 수용함으로써 음악의 발전을 꾀했다. 여기서 고려의 가요와 당악과의 관련성이 부각되게 된다. 서역 음악의 영향권에 있는 당악의 수입은 음악과 더불어 사(詞)와 곡(曲)까지도 유입되었음을 의미한다. 즉, 당악의 영향을 받은 고려속요가 사와 곡의 영향을 받았으며, 나아가서는 서역 시가의 영향을 받았다는 것을 뜻한다. 특히 사랑을 주제로 한 사랑시, 가잘의 시어, 화자 등은 초기의 당사와 유사하며, 고려속요와도 맥을 같이한다. 넓은 의미에서 볼 때, 중세 동양과 서양의 시가가 아랍 시가, 즉 서역 시가의 자장속에 있었다고 볼 수 있다. 이를 도표로 나타내보자.

〈7~14세기 동·서 세계 시가 교류 개념도〉

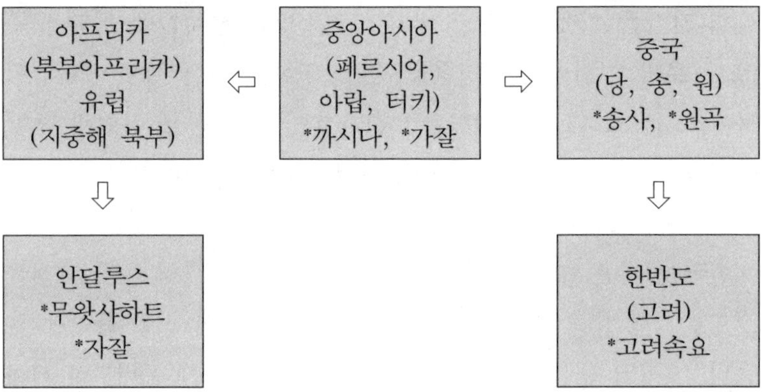

이미 우리는 한반도와 이베리아반도의 안달루스 간에는 직·간접적인 문화 교류가 존재하였다는 사실을 『중세 동·서 문화의 만남』에서 입증한 바 있다. 따라서 9~13세기까지 지구의 양 끝단 지역에 고려속요와 무왓샤하트라는 유사한 형식의 시가가 등장했다는 사실을 우연한 일치로만 여길 수는 없을 것이다. 즉, 양 지역에서 이 시가들이 유행했던 시대가 동시대이며, 주로 여성을 화자로 택했다는 점, 사랑과 이별을 노래했다는 점, 자국의 시문학사에서 전대와 후대와는 다른 이질적인 형식과 주제를 가졌다는 점은 양 지역의 시가 간에 어떠한 공감대가 있었을 가능성을 높여주는 것이다.

이에 아랍 문학, 스페인 문학, 고려 문학, 고려사 전공자들은 지난 4년간 '중세 동·서 시가의 비교연구'를 위해 중국 문학, 페르시아 문학 전공자들과의 빈번한 만남을 통해 연구를 진행해 왔다. 비교를 위해 처음으로 한 작업은 동아시아 시가가 어떤 점에서 서역의 영향을 받았는가를 규명하고, 둘째, 서역의 직접적 영향권에 있던 안달루스 시가의 발전에 기여한 여러 가지 원인을 분석하고 그 파장을 연구하며, 셋째, 고려속요에 미친 서역(아랍)의 영향을 문학적, 음악적 차원에서 살펴본 후, 마지막으로 고려속요와 무왓샤하트를 비교문학적인 관점에서 비교했다. 이것은 어찌 보면 상당히 무모한 작업일 수 있다. 좁은 시각의 비교문학적 차원에서는 완전히 다른 언어권의 시가를 단지 몇몇 공통분모가 있다고 해서 연구할 수는 없기 때문이다. 그러나 넓은 의미의 비교문학에서는 공통분모가 중요한 비교의 근거가 되며, 이런 차원에서 양 지역의 시가는 비교의 가치가 충분하다고 할 수 있다. 또한 현재까지도 명쾌히 규명되지 않는 고려속요 어석을 서역(아랍) 요소 차원에서 조명하려는 이 작업은 향후 고려속요의 연구에 새로운 방향을 제시할 수 있으리라고 생각한다.

차 례

제 3 부 서역(아랍)과 고려속요

차 례

제1부

서역(아랍)과 동아시아의 중세 시가

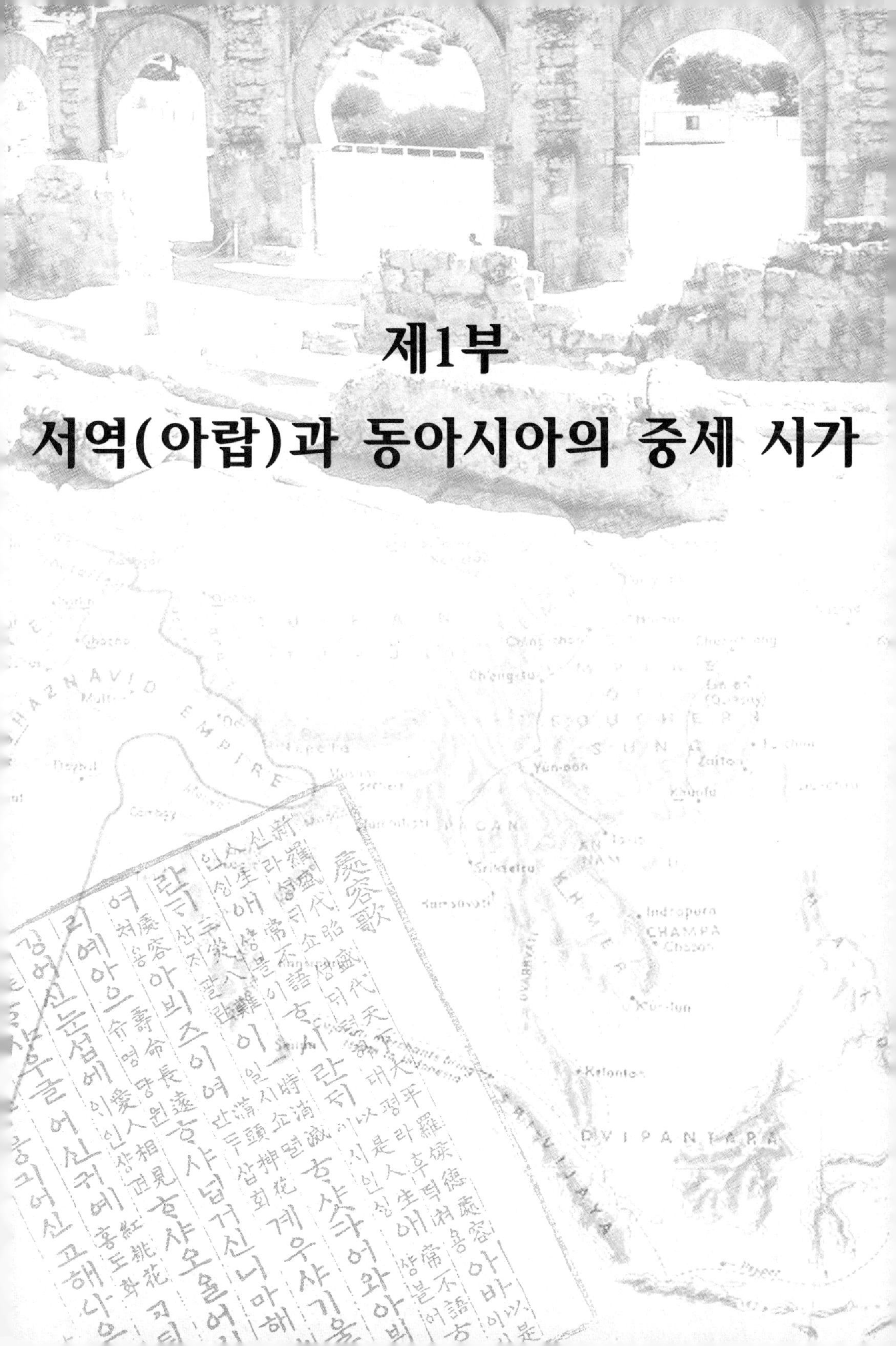

1 서역(아랍)의 시가

중앙아시아는 세계 주요 문명인 메소포타미아와 인더스 문명의 발상지로, 일찍이 많은 문화권이 부침을 거듭한 곳이며, 실크로드를 중심으로 동양과 서양의 문명이 활발히 교류하던 지역이다. 흔히 우리에게 서역으로 알려진 이 지역은 삼국시대부터 한반도와도 직·간접 교류를 진행했으며, 이로 인해 우리의 문화에도 영향을 주었다. 특히 아랍인과의 직접 교역 및 송을 통한 간접 교역, 원을 통한 터키계 위구르와의 직접적인 접촉 등으로 인해, 고려시대가 서역 문화의 자장 속에 있다는 것은 이미 여러 경로를 통해 입증된 사실이다. 고려시대의 속요 역시 이러한 차원에서 접근이 필요하다. 이를 위해서는 당·송·원 시대에 서역, 즉 중앙아시아에는 어떠한 민족이 있었으며, 이들의 시가는 어떠했는가를 살펴볼 필요가 있다.

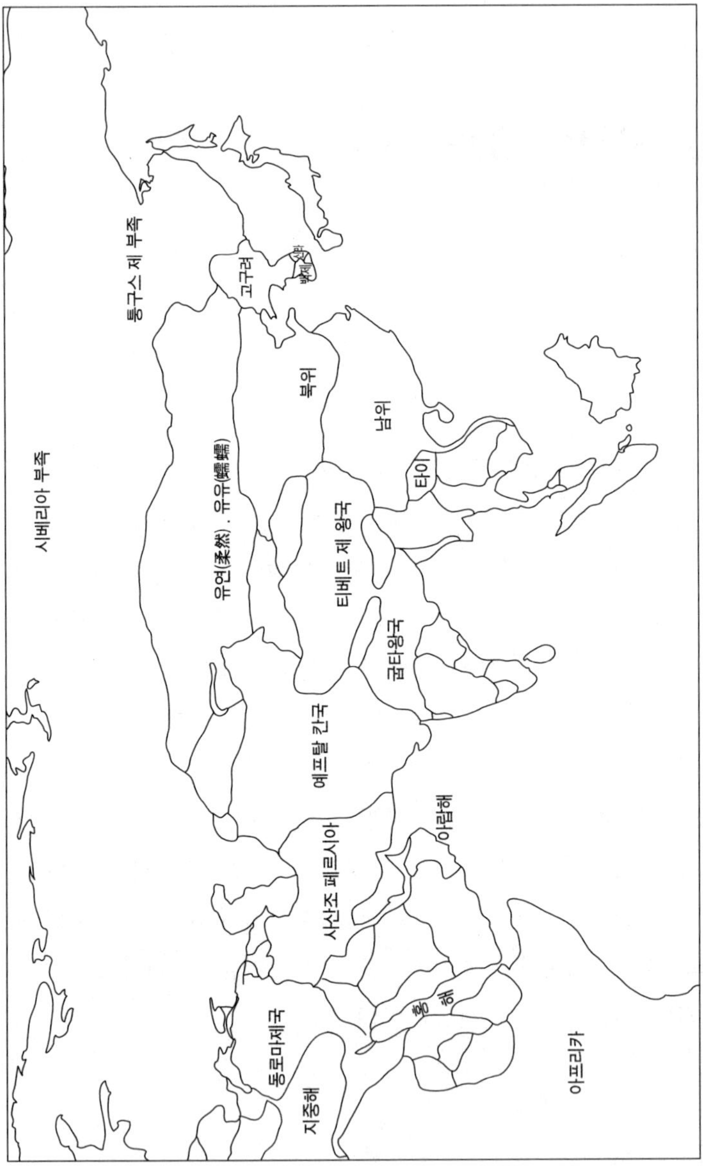
시베리아 부족
퉁구스 제 부족
고구려
백제
신라
북위
남위
유연(柔然)·유유(蠕蠕)
타이
티베트 제 왕국
굽타왕국
에프탈 간국
사산조 페르시아
아랍해
홍해
동로마제국
지중해
아프리카

5세기의 중앙아시아

이슬람에 정복당하기 이전의 중세 서역에는 터키계, 페르시아계, 인도계, 티베트계 민족들이 살고 있었다. 이들 중에서 페르시아 사산조 시대(226~642)는 문화적으로 융성한 시기였다. 이들은 4행시 형식의 시가를 썼으며, 동·서양의 서적들을 고대 페르시아어인 팔라비어로 번역하는 등 국가 차원에서 학문을 장려하였다. 위구르인이 중심이 된 터키계 지역에서는 구전시와 기록시로 서사시의 전통을 이어가기도 했으며, 인도계에서는 산스크리트어로 된 문학과 불경을 중심으로 한 문학이 발전했고, 인도의 이웃인 티베트계 민족도 불교 경전을 중심으로 시가문학의 발전을 도모했다. 그러나 7세기에 발흥하기 시작한 이슬람의 중앙아시아 정복 후, 이들 모두는 아랍문학의 틀 안으로 흡수 통합되었다.

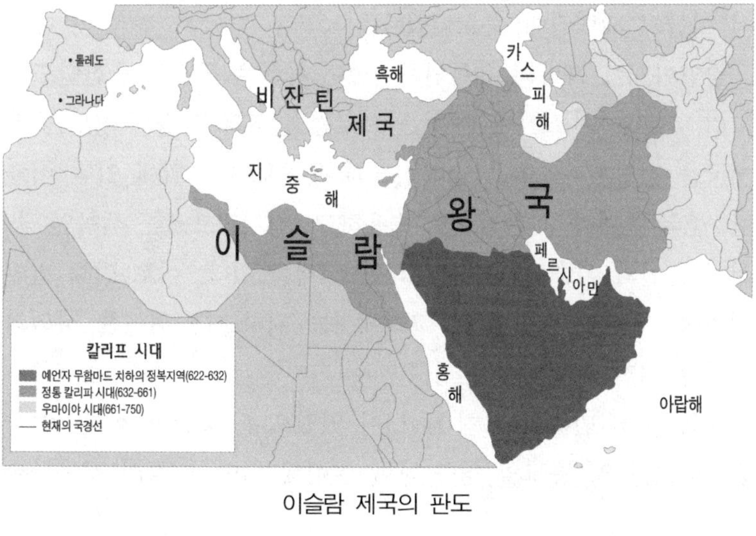

이슬람 제국의 판도

아라비아반도에서 출발한 아랍은 정통칼리파시대(632~661)에 이르러 아라비아반도 전역과 북아프리카를 정복한 다음 사산조 페르시아를 멸망시킴으로써 서역 대부분을 이슬람 세력권으로 편입시켰다. 가장 강성했을 때의 이슬람 세계는 동으로는 페르시아와 인도, 북으로는 터키와 시리아, 레바논, 서로는 이집트, 수단, 리비아, 모로코, 튀니지 등의 북부 아프리카와 유럽의 스페인 안달루스지방의 3대륙에 걸친 세계적 제국을 형성했다.

그러나 유목생활과 부족 중심의 아랍인들은 제국을 운영할 수 있는 제도와 지식을 갖추지 못하였다. 따라서 이들은 정복지, 특히 페르시아와 그리스의 선진 문화들을 수용함과 동시에 시리아의 그리스도교, 이집트의 콥트교, 인도 등의 주변 문화를 받아들여 융합함으로써 찬란한 문화의 꽃을 피웠다. 그 후 14세기에는 터키계가 서역의 패권을 장악하였으나 몽골의 침략이 이어지면서 이들의 세력권이 축소되었다.

중앙아시아 북방의 유목민족이었던 몽골은 동으로는 한반도의 고려, 서로는 카스피해 연안, 남으로는 인도와 접경을 이루는 원제국을 건설했다. 이들은 자신들의 문화보다 우위에 있던 이슬람, 중국 문화를 적극적으로 수용하고, 정치적으로는 색목인 즉, 서역 출신의 이슬람인을 우대하는 정책을 폈다. 이로 인해 원의 정치적 간섭을 받고 있던 고려에서는 위구르를 위시한 서역의 문화가 직접 유입되게 된다.

비록 여러 민족의 부침(浮沈)이 있었으나, 중앙아시아는 이슬람이라는 동일 종교의 영향 하에 놓이게 되며, 이들의 시문학은 같은 형식, 같은 장르로 발전했다. 일례로, 사랑을 주제로 한 가잘은 이란뿐만 아니라, 터키, 위구르, 키르기즈스탄, 파키스탄, 타지키스탄 등지에서 현재까지도 사랑받는 장르로 발전했다. 이것은 아랍의 지배를 받는 동안 이들의 공용어가 아랍어였기 때문에 가능할 수 있었던 것이다. 즉, 페르시아 출신 시인이라도 아랍어 구사에 능했고, 아랍어와 페르시아어로 동시에 가잘을 썼으며, 아랍제국이 멸망한 이후에는 각 민족마다 자신들의 고유한 언어로 동일한 형식의 시를 쓸 수 있었기 때문이다. 중세 서역, 즉 아랍을 중심으로 꽃피운 시가에는 무엇이 있었는가를 살펴보자.

1. 서역(아랍) 시가 개관

서기 7세기부터 중앙아시아를 지배한 이슬람은 아랍어를 공용어로 택하면서 이 지역 여러 민족들의 문화에 많은 영향을 준다. 언어는 인간이 가진 고유한 정신의 표현으로, 자신의 언어 대신에 정복자의 언어인 아랍어를 통해 자신의 의사를 표출해야 했다는 것은 상당한 문제점을 내포한다. 그러나 문화적 차원에서 볼 때, 이들 피지배 민족들이 두 개 언어를 구사할 수 있게 되었다는 것은 예술적 상상력과 표현력이 풍부해질 수 있다는 장점을 가진다. 특히 음악적 차원에서는 새로운 악기의 유입을 낳아, 정복자인 아랍 음악 자체도 풍성해지며, 피지배 민족의 음악도 발전을 거듭한다. 또한 음악을 따라 부르던 노래, 즉 시가에도 풍부한 상상력, 새로운 표현 방식이 등장하면서 많은 발전을 이루게 된다. 중세 서역에서까지도 유행하게 된 아랍문학의 시대적 특징을 간단히 살펴보자.

1) 자힐리야시대(500~622)

이슬람 신앙이 태동되기 전 시대를 일컫는 말이다. '자힐리야'는 사전적 의미로는 '무지, 우매'를 뜻하나, 문화적 의미로는 평등, 평화와 같은 '이슬람 정신의 부재'를 의미한다. 이 시대 문학은 시가문학으로 구성되며, 문자(文字)가 정착되지 않았기 때문에 거의 모든 문학 활동이 구술(口述)로 이루어졌다. 따라서 문장이 긴 산문보다는 비교적 짧은 시로 감정을 표현하고 노래했다. 각 부족들은 적어도 한 명 이상의 시인을 두었으며, 시인들은 부족 대변인으로서의 역할뿐만 아니라 제사장, 전사로서의 역할도 담당하였다. 이 시기의 대표적인 시 형식으로 까시다(Qaṣīdah)를 들 수 있으며, 시대에 따라 조금씩 주제의 변화를 겪으나, 그 형식은 하나의 율법처럼 근대까지 지속되었다.

2) 정통칼리파시대(632~661)

예언자 무함마드(570~632)는 610년 알라의 계시를 받아 아라비아반도 전역으로 이슬람을 전파하기 시작하였으며, 점차 이슬람이 아랍인들의 모든 삶을 지배하게 되었다. 무함마드가 사망한 이후에는 그의 정신을 이어 받았던 정통칼리파들이 현재의 샴지방(시리아, 레바논, 팔레스타인), 페르시아, 이집트까지 영향력을 확대하였다. 이때 운이 있는 산문으로 기록된 이슬람 경전 코란(al-Qur'ān)은 이후의 모든 문학 활동에 지대한 영향을 끼쳤다. 시인은 부족이 아닌 예언자와 이슬람의 대변인이 되었으며, 시는 예언자와 이슬람을 칭송하는 수단이 되었다. 이 시대의 시가는 종교 전파의 한 수단으로 자리매김했다.

3) 우마이야시대(661~750)

이 시대는 문학의 활동 무대가 북아프리카 전역과 안달루스까지 확대된 시기라고 할 수 있다. 시인들은 자힐리야시대의 까시다 형식을 빌려, 현실의 흐름과 자연환경을 주로 묘사했다. 또한 정치적 주제, 교훈적 주제와 같은 새로운 주제가 등장하면서 그 내용이 더욱 풍부하고 다양해졌다. 또한 코란과 예언자의 언행록인 하디스(al-Ḥadīth)의 영향으로 본격적인 산문이 발생하였다.

4) 압바스시대(750~1258)

동으로는 중국의 당나라와 국경을 맞대고, 서로는 스페인 안달루스에 이르는 방대한 영토를 차지했던 이 시대는 아랍문학의 황금기였다. 이 시대는 수도를 바그다드로 천도할 정도로 페르시아계를 중용했다. 수많은 문인들이 바그다드로 몰려들어 작품 활동을 했으며, 바그다드에서 유행하는 모든 작가의 작품들이 전

영토로 전파되고 모방되었다. 페르시아계 시인들과 터키 시인들의 활약이 두드러졌으며, 모든 주도권이 터키 셀죽조(1037~1157)의 손에 넘어가게 되면서 아랍 정통문학은 쇠퇴기로 접어들었다.

5) 안달루스시대(711~1492)

아랍은 711년 이베리아반도 정복에 나서며, 한때 반도의 중북부까지 이르는 넓은 지역을 이슬람의 판도 아래 두었다. 이 지역은 일반적으로 '안달루스'라 불리며, 동부 아랍 세계와는 다른 독특한 시문학을 형성하는데, 이를 우리는 '안달루스 시가'라고 부른다. 초기에는 동부 무슬림 세계에서 유행한 시가의 종류와 문체를 모방하여 그와 동일한 수준에 도달하고자 노력하였다. 그러나 점차로 안달루스는 동부와는 별개의 독특한 문학 세계를 생성했으며, 이는 이후 유럽 문학에 커다란 영향을 미쳤다.

2. 서역(아랍) 시가의 형식 및 종류

1) 까시다

까시다는 이미 이슬람 이전시대(자힐리야시대)에 형성된 시 형식으로 도입부(nasīb), 이행부(takhalluṣ), 본 주제(gharad)의 삼중 구조로 형성된다. 도입부는 청중들에게 향수와 동정을 불러일으키게 하여 청중들의 관심을 사로잡는 목적을 가진 부분으로써, 격정적 성격을 가지며 주로 옛 거처에 대한 암시와 떠나간 연인을 회상한다. 옛 거처는 떠돌아다니는 유목민들 마음속의 고향이며, 연인에 대한 언급은 청중들의 공감을 충분히 얻을 수 있는 소재이다. 두 번째인 이행부는 격정적인 도입부에서 이탈하여 본 주제로 옮겨간다는 의미로, 말이나 낙타를 타고 여행길에서 겪었던 사건 등을 이야기한다. 마지막 세 번째 부분은 본 주제로서 시 형식의 최종 부분이자 시의 본체이다. 이 때 시인이 다루게 되는 주제에 따라 사랑시(ghazal), 칭송시(madīḥ), 애도시(rithā'), 비방시 또는 풍자시(hijā'), 묘사시(waṣf), 주시(khamr), 무용(武勇)시(ḥmāsah), 교훈시 또는 금언시(ḥikmah) 등으로 분류된다.[1)] 그러나 이 삼중 구조가 반드시 순서대로 놓여 있던 것은 아니다. 이행부가 모두 생략되기도 하고, 세 부분의 순서와 내용이 바뀌거나 수정되기도 한다. 즉, 본 주제가 먼저 시작되고 도입부가 나오기도 한다. 내용면에서도 도입부의 내용이 생사에 관한 감상으로 대체되기도 하고, 애도시에서는 도입부가 종종 생략되기도 한다. 그러나 일반적으로는 삼중 구조로 이루어지며, 순서 역시 도입부, 이행부, 주제를 따른다.

형식적인 측면에서 본다면 까시다는 보통 25행에서 100행, 때로는 100행 이상까지 넘는 장시이며, 한 행은 두 개의 반행으로 나뉜다. 운은 각운으로, 그 배열은 첫 행의 두 번째 반행이 동일 각운으로서 마지막 행까지 계속된다.[2)] 또한 16개의 율격을 가지

1) 송경숙 외, 『아랍문학사』, 송산출판사, 1992, pp.15~20.
2) *'inni 'ariqtu fabittu al-layla sāhiratan /*

고 있으며, 첫 행부터 마지막 행까지 단일 율격과 단일운을 엄격히 지켜야 했다.

2) 무삼마트(mussamat)

8세기 중반, 아랍인 우월정책을 반대하는 페르시아인들의 도움

*ka-'annamā kuḥilat 'ayn bi-'uwwā**ri***
'ar'ā al-nujūma wa mā kulliftu ri'yatahā /
*wa-tāratan 'ata'ghashshā faḍlan 'aṭmā**ri***
wa qad sami'tu wa lam 'abjaḥ bihi khabaran /
*muḥadiththan jā'a yanmī raj'a 'akhbā**ri***
yaqūlu ṣakhrun muqīmun thamma fī jadathin /
*ladā al-ḍarīḥi ṣarī'un bayna 'aḥjā**ri***
fadhhab fa-lā yub'idanka al-llahu min rajulin /
*tarrāki ḍaymin wa-ṭallābin bi-'awtā**ri***

이 시는 시인 알칸사의 까시다 일부로 여기 단일운은 /ri/이며 리듬은 바시뜨(Basīṭ)이다. 그 내용은 다음과 같다.

나는 밤새도록 잠이 오지 않았습니다. /
마치 내 두 눈에 고름이 잔뜩 묻어 있는 것 같습니다.
별들을 보고 있지만 눈에 들어오지 않습니다. /
때때로 나는 낡은 옷자락 끝에 나 자신을 감쌉니다.
나를 슬프게 만드는 소식을 들었습니다. /
소식들이 계속해 들려옵니다.
사크르가 무덤에 있다. /
바위들 사이에 있는 어떤 땅에 버려져 있다.
가버려, 신께선 당신을 멀리하지 않으실 거야. /
당신은 부당한 일과 나쁜 일을 피하는 사람이니까요.
(J. Arberry, *Arabic poetry: a Primer for Students*, Cambridge University Press, 1965, pp.38~39.)

으로 건국된 압바스조는 수도를 페르시아인들의 영향력이 강한 바그다드로 천도하고 페르시아인들을 중용하는 정책을 폈다. 이로 인해 페르시아인이 이슬람제국의 문화 주체로 등장하게 된다. 일례로 페르시아 시의 영향으로 아랍적인 색채가 옅어지고, 아랍어에 능통한 페르시아 시인들이 대거 등장하면서 페르시아시의 특성들이 속속 아랍 까시다에 유입되기 시작했다. 이들은 정형시 까시다의 엄격한 형식을 변화시키고자 했으며, 이러한 일련의 시인들을 현대주의 시인들이라 부른다.[3] 이들의 선두 주자는 페르시아 시인들로서, 페르시아어로 시를 쓰기도 했다. 물론 여전히 까시다가 제국의 가장 중요한 문학 매개체였지만, 아랍시의 전통적인 특징들이 대폭 축소되는 등 혁신적인 변화가 요구되었다. 이로 인해 새로운 형식이 등장했으며, 시문학 환경의 변화는 시의 주제와 형식, 문체와 운율 등에서 커다란 변화를 초래하였다.[4]

까시다의 형식이 '수정되고 확장된' '중간 단계'의 형식에 해당하는 것이 바로 무삼마트라 할 수 있다. 무삼마트는 하나의 시작법으로서, 고전시의 각 시행들이 여러 개의 조각들로 쪼개지면서 '연(stanza or strophe)'을 가지게 된 형식이다. 이때 각 연에는 하나의 율격이 사용되며, 모든 연의 각운은 동일해야만 한다.[5] 물론, 이슬람 이전 시대에도 무삼마트와 유사한 작품이 있

3) 김호동 역, 『이슬람 1400』, 까치, 2003, p.223.
4) *Ibid.*, p.111.
5) Ignacio Ferrando, "Andalusi Musammat some Remarks on its Stanzaic and Metrical Structure", *Journal of Arabic Literature*, 30-1, 1999, p.78.

으나, 대체로 이 형식의 출현은 9세기 초 페르시아 출신의 아부 누와스(Abū Nuwās, 762~813)의 시대로 보는 것이 정설이다. 이 부분은 제2부의 무왓샤하트 형성에서 자세히 언급할 것이다.

3) 단시(qiṭ'a)

까시다의 3중 구조인 도입부, 이행부, 본 주제에서 제각기 다른 여러 주제들을 사용하는 대신, 칭송, 애도, 비방과 같이 하나의 주제만을 다루는 단시가 등장했다. 또한 형식적으로도 짧은 율격들의 사용이 증가함으로써 많게는 100행에 이르던 까시다가 짧아지기 시작했다. 일례로, 페르시아 출신 아부 누와스는 술을 주제로 한 '주시(酒詩)'를 하나의 독립된 주제로 발전시켰다. 특히 그는 복잡하고 다양한 도시 생활을 묘사하는 시 작품들에 여전히 사용되고 있는 사막에 대한 묘사와 연인의 흔적을 노래하는 '아뜰랄('Aṭlāl)이 압바스조 도시 묘사에는 부적합함을 지적하고, 대신 술에 대한 묘사를 촉구했다.[6] 이들 단시 중에서 가장 많은 인기를 구사한 것이 사랑시로 불리는 가잘이다. 가잘은 주제 면에서 중국의 사(詞) 및 고려속요와 상당히 유사하다.

4) 가잘

① 정의

일반적으로 가잘은 2행시로 5~15연, 하나의 후렴구를 갖는 사

6) M. M. Badawi, "From Primary to Secondary Qasidas", *Journal of Arabic Literature,* XI, 1980, p.20.

랑을 주제로 한 시를 가리킨다. 사전적 의미의 가잘은 '사랑, 사랑의 밀어(蜜語), 가잘(가젤)이 죽기 직전에 내는 외침소리, 사랑시'를 뜻하며, 문학적인 의미로는 '사랑의 주제를 다룬 짧고 우아한 서정시'라고 말할 수 있다.[7] 이름에 대한 다른 설화는 가잘의 배에서 자라는 향초 카스토리(kastori)를 꺼내기 위해 사슴의 배를 가를 때, 사슴이 내지르는 비명에서 유래되었다고 한다.[8] 즉, 여기서 말하는 가잘 사슴은 우리의 사향노루에 해당한다. 가잘의 '사랑'은 대부분 신에 대한 사랑, 혹은 이성을 향한 사랑이었으며, 간혹 동성 간의 사랑 또한 다루어졌다. 그 외에도 운명 앞에 흔들리는 나약한 감정들, 인간 세상의 신비로움, 새봄을 맞은 벅찬 행복감, 우정의 기쁨과 슬픔, 온갖 세속적인 사랑, 이별, 외로움 등이 주제로 등장했다.

② 기원

가잘의 기원에 대해서는, 이슬람 이전시대, 즉 자힐리야시대에 완성된 까시다의 도입부인 나시브로부터 발전되었다는 설[9], 초기

---

7) http://en.wikipedia.org/wiki/Ghazal

8) 가잘의 어원, 사슴의 상징성, 〈청산별곡〉의 사슴 등에 대한 서술은 단국대학교 고혜선 교수의 발표와 조언에 힘입은 바 크다. 고혜선, 「중세 동·서 시가류 연구 개관」, 『중세 동·서 시가류의 비교연구』, 단국대학교 아시아아메리카 문제연구소 국내학술대회 논문집, 2007, p.12.

9) Renate Jacobi, "Theme and Variations in Umayyad Ghazal poetry", *Journal of Arabic Literature* 23, Leiden, 1992; Renate Jacobi, "Reperceiving the Pre-Islamic Nasīb", *Journal of Arabic Literature*, pp.33~1, Leiden, 2002, pp.1~3.

가잘 : 많은 아랍시에 가잘(가젤)은 아름다운 여성에 대한 상징으로 등장한다.

페르시아의 민요시로부터 발전되었다는 설, 페르시아의 토착 서정시와 매우 체계적이었던 까시다가 혼합되었다는 설 등 매우 다양한 주장이 제기되고 있다.[10] 그러나 일반적으로 가잘이 까시다의 도입부인 나시브에서 기원되었으며, 우마이야시대에 와서 하나의 독립적인 장르로 자리잡게 되었다고 아랍문학계는 주장한다.[11] 기원에 대한 다양한 주장에 따라, 발생 시기 역시 6세기 이전, 7세기로 나뉘게 된다. 그러나 가잘이 압바스조의 10세기~12세기에 가장 꽃을 피웠다는 것에는 이견이 없다.

까시다와 가잘을 연결시키는 이론들은 가잘과 까시다의 도입

10) http://www.thesongsofhafiz.com/ghazal.htm
11) Abbas H. Bafakih, *Taha Husain and the Classical Arabic Literature Heritage*, UMI, 1987, p.162.

부인 나시브와 관련된다. 나시브에 대해 압바스시대의 학자이며 시인인 이븐 쿠타이바(Ibn Qutayba, 828~889)는 다음과 같이 언급했다.

> 까시다의 작시자(作詩者)는 버려진 거주지와 그 흔적들에 대한 언급으로 시작한다. 그는 통곡하고, 불평하며, 황폐해진 야영지에 말을 건다. 그리고 그는 언젠가 그곳에 살다가 떠나버린 사람들을 회상하기 위해 동료들에게 잠시 멈추어줄 것을 간청한다. 뒤이어 시인은 에로틱한 서두인 나시브로 나아가는데, 자신의 격렬한 사랑과 연인과의 고통스런 이별, 열정과 소망의 최후를 슬퍼한다. 이는 청중의 마음을 얻고, 그들의 시선을 사로잡으며, 그의 이야기에 귀 기울이게 하려는 목적이다. 왜냐하면 사랑의 노래는 남자들의 영혼을 움직이고 그들의 마음을 붙들기 때문이다.[12]

유목 생활을 근간으로 했던 아랍인들에게 떠나온 곳은 늘 아쉽고 그리운 세상으로 남을 수밖에 없다. 정착 생활에서 맛볼 수 있는 가정 생활 대신, 이들은 단 며칠간의 사랑을 나누는 경우가 비일비재했으며, 따라서 이루어지지 못한 사랑은 가슴 속에 묻어둘 수밖에 없다. 이러한 비극적인 남녀 간의 사랑은 특히 이슬람 이전의 자힐리야시대 삶에서 매우 두드러지는 특징이었으며, 많은 시인들이 연인과 관련된 소재나 내용, 곧 사랑에 대한 추억,

12) M. H. Bakalla, *Arabic Culture Through its Language and Literature*, Kegan Paul: London, 2002, p.131; 김능우, 『아랍시의 세계』, 명지출판사, 2004, pp.59~60.

연인과의 이별 장면, 낙타를 타고 떠나가는 연인에 대한 묘사 등으로 서두의 상당 부분을 할애하였다. 그리하여 이러한 '사랑'에 대한 서두는 아랍시에서 하나의 전통으로 발전하였으며 많은 시인들이 이 양식을 따르게 되었다.[13] 이로 인해 까시다의 도입부인 나시브는 사랑을 주제로 할 때 '가잘'이라는 이름을 붙이게 된다. 특히 자힐리야시대의 이므룰 까이스의 나시브는 후대 시인들의 모델로 간주되고 있다. 그 외에도 이슬람 이전 시대의 수많은 시들의 도입부에 연인과 사랑에 관한 부분이 등장하고 있으며, 이는 가잘이 까시다의 도입부인 나시브에서 기원한다는 것을 뒷받침해주는 강력한 증거라 할 수 있다.

③ **종류**

위에서 언급했듯이 가잘은 우마이야시대에 이르러 하나의 독립된 장르로 자리잡게 되며, 선정적이고 노골적이며 도시적인 사랑을 노래하는 가잘(ghazal ḥaḍarī or ghazal ḥissī)과 순수한 베드윈적 사랑을 노래하는 가잘(ghazal badawī or ghazal 'udhrī)로 나뉜다.[14]

㉠ 가잘 하다리(가잘 히시)

가잘 하다리는 음란하고 직설적이며 여러 여인들과의 사랑, 금지된 모험적 연애, 호색적인 행동, 여성들과 여성의 육체 묘사에 치중했다. 이슬람의 정복사업으로 막대한 부가 도시로 집중

13) 김능우, 위의 책, p.65.
14) Renate Jacobi, "Time and Reality in Nasīb and Ghazal", *Journal of Arabic Literature* 16, Leiden, 1985, pp.1~2.

되면서 사치와 향락이 만연하였으며, 그 결과 술과 음악, 감각적인 사랑시가 유행하게 되었던 것이다. 대표적인 시인으로는 우마이야시대의 시인 우마르 븐 아비 라비아('Umar bn 'Abī Rabī'ah, 644~711)를 들 수 있다.

라비아는 히자즈 지역의 부유한 상인 가문에서 태어나 상류층 여성들과의 접촉과 연애가 자유로운 환경에서 성장했다. 그의 시에는 40여명 이상의 연인들이 언급되고 있으며, 실제로 자유로운 형식의 히자즈 지역 가잘을 언급할 때 '우마리 Umarī'(우마르의)라는 용어가 사용될 정도였다. 그는 떠나버린 과거의 연인이 남긴 흔적과 그녀에 대한 향수를 노래하던 도입부의 규범적 패턴을 현재의 사랑으로 전환하였다는 점에서 높이 평가되며, 그의 사랑시는 노래로 불리기도 했다.[15)]

㉡ 가잘 바다위(가잘 우드리)

가잘 우드리는 우마이야시대에 아라비아반도의 사막지역에서 생성되고 발전되었으며, 힘든 현실로부터의 도피를 위한 이상적이고 절대적인 사랑을 추구하였다. 대표적인 시인으로는 우드리 부족의 시인 자밀(Jamīl ibn Ma'mar, ?~701)을 들 수 있다.

자밀은 그가 사랑한 부싸이나(Buthaina)에 대한 사랑을 공개적으로 밝혔다. 이것은 당시의 관습으로 볼 때, 부족의 명예와 부싸이나 가족의 명예를 해치는 행동이었으며, 그 결과 자밀과 부싸이나의 접촉은 완전히 금지되었다. 그는 고통과 괴로움과

---

15) Abbas H. Bafakih, *op. cit.*, pp.139~161.

절망 속에서 병이 들고 마침내 상사병으로 죽고 만다. 한편 그의 시에서 사랑하는 부싸이나는 이상적인 여성이며 초원과 숲에서 풀을 뜯는 가잘(가젤)이 된다. 그녀는 태양이나 달처럼 빛나고, 그녀의 두 뺨과 목, 가슴과 눈은 열정과 사랑과 파멸을 불러와 두 사람을 파괴한다. 이것이 바로 진실된 사랑과 영원한 이별이라는 가잘 우드리의 전형적인 상황이다.

안달루스의 유명한 서정시인 이븐 자이둔(Ibn Zaydun, 1003~1071)의 스페인어로 번역된 가잘을 보자.

¡Ay, aquella gacela joven!	아, 저 사랑스런 어린 사슴!
a quien pedí el licor,	그녀에게 술을 달라고 했지
y me dio generosa	마음씨 고운 그녀는
el licor y la rosa.	술과 장미를 주더군.
Así pasé la noche	그녀 침의 술을 마시고
bebiendo del licor de su saliva	그녀 뺨의 장미를 먹으며
y tomando la rosa en su mejilla.	그렇게 밤을 보냈다네.

이 사랑시 가잘에서 시인이 사랑하는 여인은 '어린 사슴' gacela[16]이다. 술은 '침'이며, 여인의 붉은 뺨은 '장미'로 노골적으로 묘사되고, '마시고' '먹는' 행위로 이어지는 이들의 밤은 짙은 사랑의 행위로 가득 차 있다. 그러나 연인 왈라다(Wallada, 994~1091)의 몸종과의 일탈로 시인은 연인인 왈라다의 사랑을

16) gazelle, gacela는 ghazal, 혹은 gazal을 가리킨다.

잃게 된다. 왈라다의 시를 보자.

> Si hubieses sido justo en el amor que hay entre nosotros
> no amarías, ni hubieses preferido, a una esclava mía.
> Has dejado la rama que fructifica en belleza
> y has escogido rama que no da frutos.
> Sabes que soy la luna de los cielos,
> pero has elegido, para mi desgracia, sombrío planeta.
> 그대가 우리 사랑에 충실했다면
> 내 노예를 사랑할 수는 없었겠지.
> 아름답게 꽃피울 가지를 팽개치고
> 열매를 맺지 않을 가지를 취했네.
> 내가 하늘의 달인 걸 그대는 아네.
> 허나 불행히도 어두운 별을 택했네.

④ 압바스시대의 주요 시인

압바스시대에는 가잘이 그 어떤 주제들보다 더 많이 시인들에 의해 다루어졌다. 여종 노예들에게 둘러싸여 사치와 향락을 누렸던 시인들은 많은 가잘을 지었으며, 특히 밧샤르 븐 부르드(Bashshr bn Burd, 714~784)와 아부 누와스같은 시인들은 이전의 아랍인들이 일찍이 듣지 못했던 육체적 탐욕을 노골적으로 드러내는 '적나라한 연시(戀詩)'(ghazal 'ibāḥī)를 짓기도 했다.[17] 아부 누와스는 칭송시, 풍자시, 애도시, 가잘, 금욕시, 사냥시 등 아랍시의 다양한 장르들을 두루 섭렵하였으며, 특히 술을 주제로 한 '주시(酒詩)'(khamriyah)를 하나의 독립된 주제의 단시로 발전시켰다. 또한 아부 누와스는 그가 진정으로 사랑했던 여종 지난(Jinan)에 대한 많은 가잘을 지었으며, 남성에 대한 사랑을 표현한 남성흠모시를 지은 게이(gay) 시인이기도 했다.[18]

⑤ **가잘-수피시**

이슬람의 예언자인 무함마드가 사망한 지 100여 년이 지나자, 방대한 영토 점령의 부산물인 물질적 풍요를 경험한 무슬림들은 예언자가 주창했던 순수한 이슬람 정신을 잃고 타락하기 시작했다. 이에 순수한 이슬람으로의 회귀를 외치며 모든 세속적인 쾌락을 버리고 양털 옷 하나만을 걸친 채 신과의 정신적인 합일을 추구하는 수피(sufi)들이 대거 등장했다. 그들은 아랍 본토, 중앙아시아, 북아프리카, 안달루스 등 이슬람의 영토뿐만 아니라 인도와 현재의 인도네시아와 말레이시아를 중심으로 한 동남아시아, 아프리카의 사하라사막 이남까지 활동 무대를 확장하였다. 이들 수피들 중 많

아랍 세계 최고의 수피 시인
이븐 알루미

17) 송경숙 외, 앞의 책, p.118.
18) Abbas H. Bafakih, *op. cit.*, pp.209~213.

은 이들은 이븐 알루미(Ibn al-Rūmī, 1207~1273)나 샴스딘 무함마드 하피즈(Shams al-Dīn Muḥammad Ḥāfiḍ, 1320?~1390)처럼시인들이었으며 지식인들이었다. 따라서 수피들은 단순한 이슬람 선교사가 아니라 아랍문화를 전달하는 문화 매개체였던 것이다. 이들은 압바스시대 말기, 가잘 우드리의 수사법과 이미지들을 통해 인간을 향한 세속적인 사랑이 아닌 신에 대한 사랑을 노래하였다.

이들 수피 시인들이 가장 큰 관심을 가졌던 것은 바로 '사랑'이었다. 물론 그들이 사랑하고 칭송한 대상은 '신'이었을 것이다. 그러나 이들의 지고지순한 신에 대한 사랑은 오랜 역사를 가진 가잘 시의 연인에 대한 사랑과 일맥상통하는 것이다. 이로 인해 오늘날 많은 수피시인들의 시를 신에 대한 사랑뿐만 아니라 연인에 대한 사랑으로도 해석하는 것이다. 대표적인 수피 가잘 시인으로는 이슬람 세계 최고의 신비주의자이며 시인인 이븐 알루미를 들 수 있다. 그는 뛰어난 종교인이며 학자로서 이슬람 신비주의 사상을 펼치는 한편, 신과의 사랑에 대한 기쁨을 노래한 수많은 가잘을 지었다. 또한 14세기에 활동한 하피즈는 사랑과 술을 주제로 한 수많은 가잘을 지음으로써 '신비의 혀'라는 별명을 얻었다.

이상에서 살펴본 대로, 아랍인들이 이슬람 이전시대부터 까시다 형식의 시를 썼으며, 이 시의 도입부인 나시브가 떠나온 곳에 대한 그리움과 연인에 대한 사랑을 격정적으로 토로했고, 이 시에서 사랑을 주제로 한 단시인 가잘이 태동되었음을 알 수 있다.

기원전부터 아랍인들이 주요 교역 무대로 삼았던 곳은 중앙아시아의 실크로드였다. 동쪽 끝단인 장안에서 타림분지를 남 · 북으로 돌아 서쪽의 사마르칸드에 이르는 이 길이 제2의 전성기를 구가한 때는 6세기에서 10세기로 중국에서는 수와 당이 제국을 형성하고, 중앙아시아에는 이슬람이 제국을 형성하던 시점과 일치한다. 이 길에서 중국, 페르시아, 인도, 아랍, 터키인들이 우정을 나누고, 하루의 일과가 끝나는 저녁에는 둘러 앉아 여행의 애환을 나눴을 것이다. 의사소통이 자유롭지 못한 이들은 음악을 통해 서로를 이해했을 것이고, 그 음악에는 필연적으로 노래가 따랐을 것이다. 떠도는 이들의 서러움은 이역만리 떨어진 연인, 방금 떠나온 도시에 대한 그리움을 배가시켰을 것이고, 슬픈 가락의 리듬에 그러한 감정을 발산했을 것이 분명하다. 새로운 악기는 이들의 호기심을 자극했을 것이며, 곧 그 악기 연주법을 배워 자신의 언어로 노래를 불렀을 것이다.

기원전부터 진행된 실크로드의 교류를 통해, 수 · 당 이전 시대부터 수많은 서역 악기가 중국에 유입되고, 새로운 가락에 맞춘 노래-곡자사(曲子詞)-가 태동했으리라는 것은 충분히 짐작할 수 있는 일이다. 특히, 제국의 팽창을 위해 이(異) 민족과 잦은 전쟁을 치룬 당(唐) 시대의 민중들은 전쟁이 가져오는 고통과 재난을 노래하고, 사회를 비판했을 것이며, 부녀자들은 전쟁터에 나간 남편을, 연인을 그리워하는 내용의 가사를 슬픈 곡조에 맞추어 불렀을 것이다. 돈황(敦煌) 막고굴(莫高窟)에서 발견된 수많은 곡자사가 정제되지 못한 시가라는 사실은 이 노래의 주체가 일반 민중이었으며, 이들이 소리에 따라 문자를 정하고, 악곡에 따라 가사를 정하는 원칙에 따라 시가를 불렀음을 입증한다.

한편 페르시아에서 꽃피운 사랑 노래 가잘은 위구르 문학과 음악, 현 파키스탄의 우르두 문학과 음악에서 가장 중요한 장르의 하나로 자리매김했으며, 수피들의 가잘시 역시 터키, 인도 등지로 유포된다. 19세기 독일의 문호 괴테(Goethe 1749~1832) 역시 가잘에 심취해서 여러 편의 시를 남겼으며, 현재 영어권 지역에서는 많은 이들이 가잘시 동호회를 결성해서 이 양식의 시를 쓰고 노래를 부른다. 동·서 고금을 막론하고 가장 아름다운 감정은 사랑이며, 이 사랑이 이루어지지 못할 안타까운 사랑일 때에 더욱 더 아름다운 것이다. 그 때문에 사랑을 주제로 한 가잘풍 노래는 끈질긴 생명력을 갖는 것이다.

2 동아시아의 시가

1. 사(詞)의 태동과 발전

지리적으로 인접한 서역과 중국은 밀접한 문화적 접촉을 가졌다. 특히 수·당시대는 서역과의 교역이 급증한 시대로, 당의 수도 장안에 많은 외국인들이 거주했다는 것은 주지의 사실이다. 이것은 한족과 서역 민족들이 교분을 나눌 수 있는 계기가 되었을 것이며, 언어 없이도 의사소통이 가능한 예술장르인 음악은 이들 간에 중요한 의사소통 수단으로 자리매김했을 것이다. 이로 인해 수·당시대에는 많은 서역의 악기가 수입되어 중국의 음악을 발전시켰다. 수는 7부기(部伎), 9부기, 당은 9부기와 10부기의 악단을 두어 자신들의 전통 음악 외에도 7~8개의 서역 출신 악단을 궁정에 둠으로써 예술적 발전을 도모했다. 이러한 음악의 발전은 시가의 발전과 연결된다. 즉, 음악을 따라 부르는 노래가 서역에서 도래하면서, 이국 악기에 맞추어 노래를 부르는 전통이 태동하며, 이로 인해 새로운 시가가 발전했다.

중국 문학의 내적인 요소도 작용했지만, 당에 이르면, "주(周)·수(隋) 이래 서북 각 민족으로부터 전래된 호악(胡樂), 즉 「연악(燕樂)」"[19]으로 인해 새로운 음악의 장단에 맞춘 문학적 양식인 사(詞)[곡자사(曲子詞)]가 창출된다. 특히, 당 현종 13년(754)에 이르러 서역 음악이 연악으로 자리를 굳건히 하게 되면서, 이 악곡에 어울리는 문학적 양식인 사(詞)가 탄생된다.[20] 사는 소리에 따라 문자를 정하고[倚聲定文] 악곡에 따라 가사를 정하는[由樂定詞] 원칙에 따라 관·현악기로 음악을 연주하고 노래를 불렀기 때문에, 음조에 따라 그 내용이 달라졌다. 즉, 느리고

19) 許世旭, 『中國古典文學史(上)』, 法文社, 1997, p.453; 金學主, 『中國文學概論』, 新雅社, 1991, p.212.
20) 허세욱, 앞의 글, p.454.

애잔한 곡조에는 슬픈 노래가, 빠른 곡조에는 행진풍의 노래가 불렀던 것이다. 이후 사는 다양한 형식으로 발전해 나간다. 당나라 초·중엽에 짧은 형식인 소령(小令)[영(令)], 오대(五代)에 이르면 가사와 악절을 증가시킨 근(近), 북송(北宋) 후기에 오면 만사(慢詞)[만(慢)] 등으로 확대해 갔다.[21] 당시 당사(唐詞)의 소재로는 농촌, 궁인 생활, 남녀의 연정 등이었으며, 시어는 속어(俗語)를 비교적 많이 사용하였다.[22] 이것은 엄격한 율시의 전통을 자랑하던 한족의 시 전통과는 전혀 다른 새로운 시가의 탄생을 의미한다. 그러나 수도인 장안에 페르시아인들이 거주했고, 남녀 간의 사랑, 이별을 주제로 한 가잘이 이미 7세기에 페르시아에서 불려지고 있었다는 것을 생각해 본다면, 일반 백성들 사이에 이미 이국적 사랑시, 이슬람의 나시브풍 노래, 혹은 페르시아 가잘풍의 노랫가락이 유행하고 있었으리라는 것은 미루어 짐작할 수 있다.

해금과 같은 서역 악기의 수입을 통해 궁중 음악을 더욱 발전시킨 송(宋)시대에, 사(詞) 역시 발전을 거듭했다. 전술한 바와 같이 사(詞)는 "수·당 무렵 북방의 중국음악이 호악화(胡樂化)된 서정 음악의 가사"[23]로 시대의 흐름에 따라 형식과 내용이 다양하게 변모해 갔다. 송대 장선(張先, 990~1078)과 유영(柳永, 1045 전후)에 오면 장편의 만사(慢詞)[24]가 유행하게 된다. 내용

21) 朴恩玉, 『高麗史 樂志의 唐樂研究』, 민속원, 2006, pp.20~22.
22) 양해명, 『당송사사(唐宋詞史)』, 송용준·류종목 공역, 제2판, 신아사, 2007, pp.64~66.
23) 양해명, 앞의 글, p.51.

도 기존의 사(詞)에 비해 주로 도시 남녀의 음정(淫情)과 애환, 향락과 유랑 등을 담게 되었다.[25] 특히 송대에 유행한 대곡은 대형 가무곡이므로 이에 따른 사(詞)가 여러 편이 수반된다. 대개 2~7편의 사가 하나의 대곡에 불리며, 곡에 따라 사의 형식이 영(令), 인(引), 근(近), 만(慢) 등에서 선택적으로 결정된다. 이처럼 대곡의 발전과 함께 사의 수요도 많아지기 때문에 송대에는 기존의 사를 수용하면서 새로운 사 창작에 적극적이었던 것으로 보인다.

다만 여기서 우리가 주목할 점은 송사의 창작이 두드러졌다 할지라도 사는 가무악의 테두리에 있다는 것이다. 다시 말해 당송사(唐宋詞)가 주로 궁중 연악의 가사라는 점을 상기할 때, 당 · 송대를 거쳐 사가 발전했다면 그것은 궁중 음악의 발달과 영향 안에서의 발전이라는 점이다. 중국 궁중의 호악(胡樂)에 대한 관심이 북제(北齊) 이후부터 시작되었으며[26] 이후 궁중 연악의 기원과 전통이 되었다는 사실에 비추어 볼 때 당 · 송사는 호악의 자기장에 놓여 있다고 할 수 있다.

---

24) 이슬람 시가는 장시 즉, 만시의 전통이 있다. 11세기에는 까시다가 상당히 짧아지고, 5~6개의 연으로 나뉜다 하나, 타 문학권의 시각에서는 여전히 장시라 할 수 있다.

25) 김학주, 앞의 글, pp.217~218; 許世旭, 『中國古典文學史』, 法文社, 1998, p.95.

26) 『文獻通考』 樂二. "自宣武(北齊)以後 始愛胡聲 …… 按此音所出源西域."; "북제 때 후주(後主) 고위(高緯)는 호직 호악만을 감상하여, 서역에서 온 악인 조묘달, 안미약, 안마구 등을 심지어 봉왕(封王), 개부(開府)의 총애를 받기도 하였다." 오응화, 앞의 글, p.21.

한편 원이 중원을 장악함에 따라 문학적 양식도 변화를 맞게 된다. 새롭게 탄생한 양식은 산곡(散曲)과 잡극(雜劇)으로, 양태상 전자는 서정적인 시문학, 후자는 가무극으로 나눌 수 있으나 대체로 이들은 같은 범주 안에 있다고 볼 수 있다. 이 두 양식의 발생이 대곡(大曲), 당송사(唐宋詞) 등에서 나왔고 음악 체계 또한 금·원(金·元) 시대에 북방 및 서역에서 수입된 것들을 함께하고 있기 때문이다.[27] 그리고 잡극의 대본 또한 산곡 작품이 차용되기 때문에 이 둘은 밀접한 관계를 맺고 있다고 볼 수 있다.

송사를 계승한 산곡은 이전 한·위(漢·魏)의 악부(樂府), 수·당의 가곡(歌曲), 송의 사(詞)와 원의 곡(曲)과 완전히 같은 계통의 가요라고 볼 수 있으며, 곡의 조(調), 조명(調名), 노래의 형식 등에서 사(詞)와 가깝다고 할 수 있다.[28] 또한 산곡은 이전의 당곡, 당송사, 송사, 송잡극, 호곡(胡曲) 등 다양한 양식의 영향으로 형성되었다고 볼 수 있다. 특히 (당곡과 같은) 〈대안락(大安樂)〉은 당 입부기(立部伎) 팔부(八部)의 초두(初頭) 안락(安樂)으로 호곡에서 비롯하였으며, (송잡극과 연관된) 〈태평령(太平令)〉은 호곡을 근본으로 하고 있으며, [북곡(北曲) 본생(本生) 곡패(曲牌)인] 〈호십팔(胡十八)〉, 〈야불라(也不羅)〉 등은 대부분 호곡으로 볼 수 있다. 그리고 형식적인 측면에서 연장체인 산곡은 당대의 청

27) 金學主·丁範鎭, 『中國文學史』, 同和出版公社, 1983, p.279; 許世旭, 『中國古典文學史』(下), 法文社, 1998, p.323; 李昌集, 『中國 古代散曲』, 金德煥 옮김, 문영사, 2001; 제1장 북곡의 연원과 형성: 王國維, 『宋元戲曲史』, 권용호 역, 學古房, 2001, pp.183~188.

28) 金學主, 『中國文學概論』, 新雅社, 1991, pp.249~253.

악대곡(淸樂大曲)과 이악대곡(夷樂大曲) 등에서 그 연원을 찾을 수 있다.[29] 이처럼 원대를 대표하는 산곡은 송사 이외에도 전대의 다양한 양식과 이국(異國)[호(胡), 이(夷)]적 요소를 기반으로 형성한 양식이라 할 수 있다. 이렇게 형성된 산곡은 통속적인 표현을 많이 사용하며 생활의 사물이나 감정을 주로 노래했다.[30]

2. 고려속요와 중국, 서역

한반도의 시가를 서역과의 관계에서 조명한 예는 사뇌가(詞腦歌)의 기원을 페르시아어에서 찾은 것에서 볼 수 있다. 즉 '찬양(하다)'라는 뜻을 지닌 'snay'가 중세 페르시아어의 하나인 파흘라비(Pahlavi)어에서 나온 것으로, 현대에는 'sanā'로 적는다. 이것은 초기 신라 지배계층의 일부를 이룬 흉노계 사람들이 페르시아계 문화 또는 그 문화의 영향을 받은 자신들의 문화를 초기 신라에 전래한 결과로 간주된다.[31] 이는 한반도의 문화가 이미 서역의 문화와 직 · 간접적으로 교류를 가졌음을 뜻하며, 통일신라와 고려시대를 거치며 이러한 교류는 중국을 통하여 더욱 강화되었다.

당송사가 음악적 반주에 따라 다양한 형식이 존재하듯이, 고

29) 李昌集, 『散曲形式發展史』, 金德煥 譯, 문영사, 2006, 제1~2장.
30) 김학주, 앞의 글, p.264.
31) 성호경, 「사뇌가의 성격 및 기원에 대한 고찰」, 『진단학보』 104, 2007, p.157.

려의 속악가사 또한 단연체와 분연체 형식을 가지고 있다. 또한 단연체는 단형(〈사모곡〉, 〈상저가〉, 〈유구곡〉)와 중형(〈정과정〉, 〈이상곡〉), 장형(〈처용가〉)으로, 분연체는 3연(〈서경별곡〉), 4연(〈가시리〉, 〈쌍화점〉), 6연(〈정석가〉, 〈만전춘별사〉), 8연(〈청산별곡〉) 등으로 분류될 수 있다. 이처럼 다양한 텍스트가 있다는 것은 많은 악곡이 있었기 때문에 가능하다고 추정된다. 또한 풍부한 악곡을 보유할 수 있었던 배경에 외래악의 수입을 간과해서는 안 될 것이다.

궁중 정재와 마찬가지로 궁중 연향 성악도 외래 연향 문화에서 기인한 까닭에 그 안에 적지 않은 외래 요소가 있음을 볼 수 있다. 〈청산별곡(靑山別曲)〉은 대표적인 고려속요로 많은 연구가 진행되어 왔음에도 불구하고 어석과 해석에서 난점을 안고 있는 작품이다. 그러나 서역 악기인 해금이 등장하고 있는 것으로 보아, 이 노래 역시 외래적 요소의 침윤을 추측해 볼 만하다. 주지하다시피 해금은 아시아 전역에 분포된 궁현(弓弦) 악기로 우리나라에는 당악과 함께 수입된 것으로 보인다. 노래에 특정 악기가 등장한다는 것은 그 악기가 사용될 가능성이 매우 높기 때문에 〈청산별곡〉은 해금 반주로 불렀을 것으로 보이며, 따라서 음악적 분위기 자체가 서역적일 수 있다.

그리고 우리가 주목할 것은 이 해금을 사슴이 탄다는 점이다. 사슴과 해금을 직접적으로 연관짓는다는 것은 어렵다. 그러나 해금이 서역의 악기인 점에서 출발해본다면, 사슴의 의미 역시 같은 관점에서 찾아 볼 수도 있을 것이다. 전술한 바와 같이 사랑시 가잘이 바로 사슴이라는 단어에서 나왔으며, 가잘 시가 사향 사슴인 가잘에게서 향을 빼내기 위해 배를 가를 때 내는 울음소리처럼 이루지 못한 애절한 사랑에 대한 노래를 의미한다면, “사ᄉᆞ미 ᄌᆡᇝ대예 올아셔 奚琴을 혀거를 드로라”는 해금 연주에 따라 서글픈 사랑의 노래인 가잘을 부르는 모습을 형상화했거나, 이별을 해야만 하는 애절한 사랑 노래를 듣는 것으로 유추할 수 있을 것이다.

〈이상곡(履霜曲)〉은 고려속요 가운데 어석의 난해성이 가장 심한 작품이다. 4구의 “다롱디우셔마득사리마두너즈세너우지”는 “서린석석사리, 열명길” 등과 함께 납득할 만한 답을 찾지 못한 상태이다. 4구에 대해서는 무의미한 여음 혹은 유의어로 보는 관점에 따라 각각의 설을 개진하고 있다. 여기서 관심이 가는 주장은 범어(梵語)의 진언(眞言)으로 보는 견해들이다. 불교적 성격이 강한 〈이상곡〉이 불교의 교류를 통해 범어를 수용했을 가능성이 크기 때문이다. 따라서 〈이상곡〉은 우리말과 범어의 혼용을 통해 노랫말을 만들어 냈으며 그런 까닭에 시어에 외래성을 담지할 수 있었던 것으로 보인다.

〈가시리〉는 후렴구를 제외하면 비교적 민요의 모습을 잘 갖춘 작품으로 볼 수 있다. 이런 점에서 기존 연구는 후렴구를 궁중 악곡화 과정의 산물로 보아 유의미어의 조흥구로 규정하고 있다. 하지만 “가시리 가시리잇고 나ᄂᆞᆫ ᄇᆞ리고 가시리잇고 나ᄂᆞᆫ”과 “위 증즐가 太平盛代”는 의미상 배치(背馳)의 정도가 너무 크다. 다시 말해 내용과 후렴의 불일치성을 단지 궁중 악곡화 과정에서 비롯한 것으로 보기에는 문제가 있다는 것이다. 이러한 내용과 배치되는 송축적 시어 삽입은 〈가시리〉만의 현상일까. 송 대곡(大曲)을 보면 반드시 그렇지만은 않은 것 같다. 송 대곡 〈어부무(漁父舞)〉는 물고기 방생으로 거짓 자비 행위를 하는 관료들을 비판하는 내용의 무곡(舞曲)인데, 후단가사 중간에 황제를 축송하는 "모두 머리를 조아려 태평천자의 만수무강을 기원합니다.[齊稽首 太平天子無疆壽]"라는[32] 시어가 삽입되어 있다. 이처럼 내용과 맞지 않은 시어를 엮는 방식은 이미 대곡의 전통에서 성립된 것이고, 〈가시리〉의 후렴도 이러한 차원에서 이해될 수 있다. 따라서 〈가시리〉는 민요적 내용과 궁중 가악적 후렴, 전통적 별리(別離)와 외래적 수사(修辭)가 다중 언어 혼용을 통해 잘 드러냈다고 할 수 있다.

〈처용가〉는 '처용' 자체가 바다 건너에서 왔다는 기록, 달을 숭배하는 중앙아시아지역 전통처럼 달밤에 춤을 추었다는 기록 등으로 미루어 아랍 혹은 서역인이었을 가능성이 있다. 또한 처용무가 빙빙 도는 회무(回舞)라는 점, 처용의 장식품이 서역 도래품이라는 점 등에서 역시 서역적 요소를 찾아볼 수 있다. 〈쌍화점〉 역시 '회회아비'의 등장으로 그 무엇보다 서역적 요소가 강한 시가이다.

이상에서 본 바와 같이 〈청산별곡〉, 〈이상곡〉, 〈가시리〉, 〈처용가〉, 〈쌍화점〉 등은 시어, 다중 언어 혼용, 수사적 측면에서 작품의 전부 혹은 일부를 구성하는 데 외래적 영향을 받았으며, 그

32) 『무봉진은대곡』 권2.

외래적인 것은 중국과 서역을 다 포함하고 있다고 볼 수 있다.

3 결 론

중세 서역, 중앙아시아 문화는 이슬람 문화라 해도 과언이 아니다. 이것은 아라비아반도의 아랍인들이 이슬람을 앞세워 7세기부터 중앙아시아를 정복하기 시작하고 동으로는 인도와 현재의 중국 서부를, 서로는 유럽의 끝단인 이베리아반도까지 이르는 대 제국을 건설했기 때문이다. 일반적으로 정복자는 피정복지 문화의 우수성을 부정하고 그 문화의 잔재를 파괴하려는 속성을 지닌 반면, 당시 이슬람은 피정복지의 우수한 문화를 적극적으로 수용함으로써 세계 문화의 발전에 기여했다. 이들이 적극적으로 받아들인 문화는 페르시아, 인도, 그리스를 망라하는 것이다. 시문학의 경우도 예외는 아니다.

이슬람 세계의 시문학 전통의 근간이 되는 것은 까시다이다. 하나의 운율로 100행 이상의 장시로 구성된 까시다는 이미 이슬람 형성 이전부터 아랍인들 사이에 존재하던 시 형식으로 이슬람이 확산되면서 피정복지 전역에서 하나의 규범으로 자리잡게 된다. 페르시아의 경우, 이슬람 이전에 이미 4행시가 존재했고, 터키의 경우에도 구전시의 전통에 4행시가 있었으나, 이슬람에 동화되면서 까시다 형식을 차용하게 된다. 그러나 엄격한 정형시인 까시다는 점차 개혁의 대상이 되어, 페르시아계가 큰 영향권을 행사한 압바스조에 이르면 여러 가지 형식상의 변모를 겪는다. 이 때 등장한 것이 무삼마트와 단시(短時)이다.

무삼마트는 장시인 까시다 형식에 연을 도입한 것으로, 시가 짧아지고, 율격이 자유로워진 것이 특징이다. 단시는 까시다처럼 여러 주제를 사용하는 대신, 한 주제를 독립시켜 작성한 시이다. 따라서 까시다처럼 길지도 않았으므로, 노래로 부르기에 아주 적합했다.

이들 단시 중에서 사랑을 주제로 한 노래가 가잘이다. 가잘은 사랑시, 연애시를 의미하며, 까시다 서두부인 나시브 발전설과 페르시아 기원설이 제기되어 왔다. 가잘은 사랑을 주제로 하나, 이루지 못할 사랑을 노래하고, 이별을 노래했다는 점에서 애달픈 사랑의 노래가 된다. 이것은 유목민 시절의 아랍인들의 정서에도 부합하는 것으로, 그 태동 시기는 이슬람 이전이나, 9세기에 이르러서 페르시아와 파키스탄에서 꽃을 피우고, 이어 이슬람 세계 전역으로 전파된다.

가잘은 사슴을 가리킨다. 특히 향초를 가진 사슴, 즉 사향노루에 해당하며, 사향을 취하기 위해 배를 가를 때 내는 아픈 비명과 유사해야만 완성도가 높은 시로 칭송받았다. 따라서 시인들은 남성이면서도 여성 화자의 입을 빌거나, 때로는 동성에 대한 사랑을 표현하기도 했다. 가잘은 또한 신비주의자들인 수피들이 신에 대한 사랑을 표현하기 위해 사용했던 시가이다. 금욕적인 생활을 하던 수피들은 신과의 합일, 신과의 통교가 사랑의 열락과 상통하는 것으로 간주했으며, 이로 인해 이들이 쓴 많은 시는 색정적인 것으로 오해를 받기도 한다.

중앙아시아의 시가는 인접국에 영향을 미치게 된다. 특히 실크로드를 접경으로 한 중국에 필연적으로 영향을 주었을 수밖에 없다. 이것은 서역의 악기가 이미 이슬람제국 이전부터 중국으로 유입되어 중국 음악 형성에 영향을 주며, 특히 수 · 당 시대에 형성되기 시작한 당악에 큰 영향을 끼치게 된다. 이로 인해 음악을 따라 들어온 악곡에 가사를 붙이면서 곡자사(曲子詞) 혹은 사(詞)가 발생하게 된다. 엄격한 율격에 얽매인 전통 시가는 일반 백성들과는 거리가 먼 양식의 고급 문학이다. 반면, 연주되는 음악에 자신의 감정을 이입시켜 흥얼대는 노래는 쉽게 접근할 수 있는 문학이다. 따라서 한족의 평민들은 자신들의 애환을 노래에 담고, 이별을 아쉬워하고, 연인을 그린 것이다. 초기의 사가 세련되지 못하고 정제되지 못했으며, 그 대부분의 작가가 무명이라는 것은 사를 즐긴 계층이 평민이었음을 알려주는 좋은 지표이다. 이들의 노래가 서역 악기의 반주에 따른 것이었다는 점, 많은 주제가 남녀 간의 사랑, 이별이라는 점은 격정적인 노래였던 아랍 까시다의 나시브, 혹은 이성 간의 사랑, 동성 간의 사랑까지 노래한 가잘을 생각하면 쉽게 이해할 수 있다. 가잘 역시 까시다와 같이 엄격한 운율을 요구하지 않기에 쉽게 지을 수 있었으며, 누구나 공감할 수 있는 사랑, 가슴 아픈 이별을 노래했기 때문에 호소력이 강했을 수밖에 없기 때문이다.

서역의 음악과 서정시는 중국을 통해 고려까지 전파된다. 중국의 당악이 통일신라시대를 거쳐 고려시대의 궁궐 음악으로 확고히 자리잡았다는 것은 고려 음악에 중국 및 서역 요소가 유입되었음을 입증하는 것이다. 뿐만 아니라, 이러한 음악을 따라온 노래는 고려인의 민요와 결합하면서 연이라는 새로운 형식, 새로운 주제의 시가를 낳게 된다. 특히 원의 간섭기에 고려에 거주하던 색목인과의 직접적인 교분은 고려 백성들 간에 외래요소가 자연스럽게 유입될 환경을 마련해 주었고, 이런 이국적 요소는 고려가요의 시어 형성에 영향을 주었다.

아랍의 정통 까시다와 단시 및 가잘, 서부 이슬람 세계였던 안달루스 지방의 무왓샤하트, 자잘은 모두 중세에 아랍의 영향력 하에 있던 모든 지역, 즉 중앙아시아에서 스페인 안달루스에 이르는 방대한 지역에서 많은 사랑을 받았던 노래시 형식이며 주제였다. 이 노래시들은 아랍이나 페르시아 또는 안달루스에서 시작되었으나 다민족, 다종교, 다문화를 추구하던 아랍 문화의 속성으로 인해 태어난 곳에 머물지 않고 주변 지역으로 전파되어 나갔다. 이로 인해 서역의 시가는 자신들의 영역을 넘어 동북아시아로 전파되며, 이베리아반도 유포에 이어 유럽, 아메리카로까지 유포된다.

참고문헌

『高麗史節要』

『及庵先生詩集』

『太宗實錄』

『高麗圖經』

『무봉진은대곡』

『文獻通考』

『三國史記』

『玉海』

『파한집』

『高麗史』

강헌규, 「고려속요 이상곡 신고」, 『인문과학』 36, 성균관대학교 인문과학연구소, 2005.

고혜선, 「중세 동 · 서 시가류 연구 개관」, 『중세 동 · 서 시가류의 비교연구』, 단국대학교 아시아아메리카 문제연구소 국내학술대회 논문집, 2007.

고혜선 · 김명준 · 김승기 · 김철웅 · 윤선미 · 임병필, 『중세 동 · 서 문화의 만남』, 단국대학교출판부, 2008.

국립제주박물관 편, 『실크로드의 역사와 문화』, 서경문화사, 2008.
權應相 譯著, 『中國 詞曲의 理解』, 중문, 1995.
金鍾國, 「東西의 交流와 元代의 文化」, 東洋史學會 편, 『概觀 東洋史』, 지식산업사, 1983.
金學主, 『中國文學概論』, 新雅社, 1991.
金學主 · 丁範鎭, 『中國文學史』, 同和出版公社, 1983.
김능우, 『아랍시의 세계』, 명지출판사, 2004.
김명준, 『악장가사 연구』, 도서출판 다운샘, 2003.
람 아와드 디웨디, 노영자 역, 『힌디문학의 이해』, PUFS. 1995.
朴魯埻, 『高麗歌謠의 硏究』, 새문社, 1990.
박용운, 『고려시대사』 상, 일지사, 1985.
박현규, 「'고려인 이슬람 신도' 원나라 때 있었다」, 『주간조선』 1799호, 조선일보사, 2004.
빙심 · 동내빈 · 전리군 지음. 김태민 외 3인 옮김, 『중국문학 오천년』, 예담, 2000.
삐에르 브뤼넬 · 끌로드 삐슈와 · 앙드레-미셸 루소, 『비교문학이란 무엇인가』, 미리내, 1993.
사희만, 『아랍의 언어와 문학』, 조선대학교 출판부, 2000.
成昊慶, 『제2판 韓國詩歌의 類型과 樣式 硏究』, 영남대학교출판부, 1997.
송경숙, 전완경, 조희선 공저, 『아랍문학사』, 송산출판사, 1992.
신영명, 『고전문학 사회사의 탐구』, 새문사, 2005.

양해명, 『당송사사(唐宋詞史)』, 송용준 · 류종목 공역, 제2판, 신아사, 2007.

呂運弼, 「雙花店 硏究」, 『국어국문학』 92, 국어국문학회, 1984.

吳熊和, 『唐宋詞通論』, 李鴻鎭 譯, 啓明大學校出版部, 1991.

王國維, 『宋元戱曲史』, 권용호 역, 學古房, 2001.

이종화, 「안달루스 아랍시와 초기 스페인 시에 대한 상호관계 연구」, 『외국문학연구』 제11호, 2002.

李昌龍, 『比較文學의 理論』, 一志社, 1990.

李昌集, 『中國 古代散曲』, 金德煥 옮김, 문영사, 2001.

임기중, 『우리의 옛노래』, 玄岩社, 1993.

임영애, 『서역불교조각사』, 一志社, 1996.

임주탁, 『고려시대 국어시가의 창작 · 전승 기반 연구』, 부산대학교 출판부, 2004.

장사훈, 『국악대사전』, 세광음악출판사, 1984.

전완경, 「안달루스 무왓샤하트 발전과정」, 『아랍어와 아랍문학』 제7집 2호, 2003.

정수일, 「회회고(回回考)」, 『문명교류사 연구』, 사계절, 2002.

정은혜 편저, 『정재연구 1』, 대광문화사, 1999.

조희선, 『아랍문학의 이해』, 명지출판사, 1999.

차주환, 『당악연구』, 범학도서, 1976.

崔龍洙, 『高麗歌謠硏究』, 계명문화사, 1996.

폴 펠리오, 『실크로드』, 시공사, 1995.

許世旭, 『中國古典文學史』(上 · 下), 法文社, 1998.

洪德善,「高麗詩歌에 끼친 元 散曲의 影響 一考察」, 교육학 석사 학위논문, 영남대학교 교육대학원, 1993.

黃俊淵,「雙花曲과 길군악(折花)」,『민족음악학』 14, 서울대학교 동양음악연구소, 1992.

후지이 도모아끼,『아시아 민족음악순례』, 沈雨晟 譯, 동문선, 1990.

Arberry, A. J., (edit.) *Arabic Poetry: A Primer for Students,* Cambridge, Cambridge University Press, 1965.

Badawi, M., "From Primary to Secondary Qasidas", *Journal of Arabic Literature, XI,* 1980.

Bafakih, Abbas H., *Taha Husain and the Classical Arabic Literature Heritage,* UMI, 1987.

Bakalla, M. H., *Arabic Culture through its Language and Literature*, Kegan Paul: London, 2002.

Ferrando, Ignacio, "Andalusi Musammat some Remarks on its Stanzaic and Metrical Structure", *JAL 30-1,* 1999.

Jacobi, Renate, "Time and Reality in Nasīb and Ghazal", *Journal of Arabic Literature* 16, Leiden, 1985.

________, "Theme and Variations in Umayyad Ghazal poetry", *Journal of Arabic Literature* 23, Leiden, 1992.

________, "Reperceiving the Pre-Islamic Nasīb", *Journal of Arabic Literature* 33-1, Leiden, 2002.

제2부
서역(아랍)과 안달루스 시가

1 안달루스 시가의 형성과 발전

1. 안달루스의 다중 언어

711년에 시작된 이슬람세력의 이베리아반도 정복 이후 압둘라흐만 1세(Abd al-Rahman Ⅰ, 731~788)는 코르도바를 중심으로 독립적 위상을 갖춘 후기 우마이야조(750~1031)를 세웠고, 특히 929년에는 압둘라흐만 3세(Abd al-Rahman Ⅲ, 889~961)의 칼리프국 선포와 함께 최전성기를 누리게 된다. 소수에 불과했던 이슬람 정복자들은 그리스도교계 안달루스인들과의 평화 공존을 위해 회유책을 활용했다. 이슬람인들은 코란과 유사한 성서를 갖고 있는 유대교 및 그리스도교와 일정 부분 관련이 있음을 처음부터 인정했다. 따라서 이들 이교도들에게 개종을 강요하지 않았으며, 히브리인들과 그리스도교도들을 정복 지역의 주민들과 맺은 협정 또는 동맹조약의 일종인 딤마(dhimma)라는 특별체제에 따라 대우했다. 이 동맹에 참여하는 주민들에게는 종교적 자유가 허용되었다. 이들은 히브리인이나 그리스도교도로 살 수 있었으며, 사회 및 경제 제 분야 활동에 참여할 수 있었다. 대신 특별세를 내고 그리스도교로의 개종을 권유하지 말 것, 새로운 성소를 세우지 말 것, 공공 장소에서 종교의식을 행하지 말 것 등의 몇 가지 규칙만 따르면 되었다. 이러한 우호적인 분위기로 인해 안달루스에는 정복자의 아랍어와 피정복자의 모자라브어, 히브리어가 공존할 수 있었다.[1)]

1) 아랍어

아랍인들은 이베리아 정복과 동시에 자신들의 언어인 아랍어를 이식하는 정책을 취한다. 모든 공공 문서의 작성은 아랍어로 해야 했으며, 이로 인해 그리스도교도들은 이슬람으로 개종하지는 않아도 언어는 아랍어를 배워야 했다.

아랍어는 고전 아랍어와 통속 아랍어로 나뉜다. 고전 아랍어는 코란에 사용된 아랍어로 식자들 간의 의사소통을 위한 언어였으며, 글을 쓰기 위한 언어였다. 반면 통속 아랍어는 일반 백성들의 의사소통 도구였다. 이베리아반도에서도 역시 고전 아랍어와 통속 아랍어가 공존했다.

정복이 고착화한 9세기 중엽, 아랍어는 안달루스에서 이슬람으

---

1) 안달루스 언어와 사회상황에 대해서 María Rosa Menocal, *La joya del mundo*, Barcelona, Plaza Janés, 2003, pp.71~82; Otto Zwartjes, Zwartjes, Otto, *Love Songs from Al-Andalus: History, Structure and Meaning of the Kharja*, Leiden, Brill Academic Publishers, 1997, pp.5~22.

로 개종하지 않은 원주민 사이에서 조차도 이미 우세한 문화어로 자리를 잡았다. 기독교 공동체의 문화어였던 라틴어는 과거 로마가 지배하던 지역에서 로망스어로 변화되어 사라져가고 있었으며, 일부 사제 계급이나 행정 관료들 사이에서나 겨우 살아남아 종교 행사나 공증문서 등에서나 쓰이는 화석화된 언어로 전락했다. 안달루스에서는 이슬람 치하라는 정치 상황으로 인해 공증문서들조차 아랍어로 쓰임으로써 라틴어는 계속 위축되었다.

아랍어는 이베리아반도에서 수 세기 동안 채워지지 않았던 문학, 철학, 과학, 역사 등 많은 인간의 지적, 미적 욕구를 충족시키는 수많은 작품들의 매개체가 되었다. 그로 인해 기독교도들과 유대인들도 자신들의 신앙을 배신하고 있다는 것을 느끼지도 못한 채 정복자들의 언어와 문화에 동화되어 갔다. 스페인 식자들은 주민들의 아랍화를 개탄했지만, 아랍어를 모르면 불편한 일이 한 두 가지가 아닌 상황에서 민중들의 선택의 폭은 좁았다.

2) 모자라브어[2)]

이슬람교도들의 침공 시 이베리아반도에는 그리스도교계 주민과 유대계 주민들이 살고 있었으며, 그리스도교계 주민들은 라틴어에서 유래된 로망스어[3)]로 의사소통을 했다. 그러나 아랍 정복

---

2) 스페인어로는 mozárabe로 표기하며, '모스아라베'로 읽는다. 그러나 여기서는 일반적인 발음으로 표기한다. '모자라브'는 이슬람 치하의 그리스도교도인을 지칭하며, 동시에 언어 이름으로도 사용된다.

3) 로망스어는 라틴어의 방언으로, 라틴어가 각 지역마다 독특한 음성학적, 차용어적 변화를 겪으면서 생긴 언어들이다. 라틴어를 모체로

자들이 언어와 문화를 이식시키면서, 이들의 언어는 타 지역 로망스어와 달리 아랍어 어휘가 뒤섞인 언어로 변모되었다. 이 언어를 우리는 '모자라브'(스페인어로는 mozárabe)어라고 부른다. 종교에서도 이들은 변화를 겪는다. 시간이 지날수록 그리스도교계 주민들은 교회를 버리고 정치적, 사회적 권력을 쥐고 있는 이슬람으로 개종한 것이다. 그리스도교 공동체가 무너지면서 두 이민족 간의 결혼과 그로 인해 태어나는 자녀들이 늘어갔다. 이들은 이슬람 율법에 따라 교육되었으며 아랍어와 로망스어를 동시에 배우면서 자랐다.

문어와 구어 모두에서 아랍어의 두드러진 사회적 약진으로 인해, 로망스어인 모자라브어는 그리스도교 공동체 내의 일상생활에서나 혼혈 가정의 자녀들이 어머니와 대화를 나눌 때에만 구어로 보존되었다. 이러한 이중 언어 사용은 침입 초기 몇 세기 동안만 지속되었음에 틀림없다. 이슬람 치하에 있던 톨레도가 재정복된 1085년 이 도시에 다시 진출한 안달루스의 그리스도교도들은 이미 그리스도교 땅이 된 톨레도에서 모든 문서를 모자라브어 대신 아랍어로 썼다는 사실에서 확인할 수 있다. 이는 이들이 이미 언어학적으로는 완전히 아랍화되었음을 입증한다.

3) 히브리어

유대인들이 언제부터 이베리아반도에 살고 있었는가에 대해서

해서 태어난 현재의 프랑스어, 이탈리아어, 스페인어, 포르투갈어, 카탈란어, 루마니아어는 모두 다 로망스 언어로 부른다.

는 의견이 분분하다. 몇몇 학자들은 기원전 2세기를 주장한다. 확실한 것은 이미 예수의 제자인 바오로가 이베리아 땅에 사는 유대인들에게 포교를 하기 위해 '이스파니아'로 가겠다고 했다는 것이다. 이것은 이미 반도에 유대인 공동체가 있었음을 시사하는 대목이다. 로마제국이 끝나고 서고트 시대가 오면서 유대인들은 매우 가혹한 대접을 받았다. '후데리아(judería)'라는 제한 구역에서만 살도록 강요당했으며, 일부 서고트 왕들은 이들을 추방하거나 박해했다. 따라서 이들이 이슬람 침략자들을 환영한 것은 당연한 일이다. 이슬람교도들은 처음부터 이들을 동맹자로 여겨 정복한 도시의 일정 구역 수비를 맡기고, 그리스도교도들을 다스리는데 상당 부분 협조를 받았다. 히브리인들은 이처럼 초기부터 침략자들에게 협력하면서 좀 더 나은 사회적 지위를 얻었으며, 정복된 도시의 행정을 맡게 되면서는 점점 더 중요한 지위를 차지하게 되었다. 즉 이들은 그리스도교도들과 이슬람 정복자들 사이의 중재자가 된 것이다. 코르도바 칼리프 왕조(929~1031) 때가 황금기로서, 이 때 히브리인들의 사회적 지위는 최고조에 달했다. 그리스도교 왕조 치하에서는 궁핍과 노예 상태를 벗어나지 못하던 그들의 공동체는 사무엘이라는 유대 사람이 그라나다 왕국의 수상 자리에까지 오를 정도로 사회적 지위가 향상되었다.

이들의 언어인 히브리어는 이미 기원전 2세기에 사어(死語)로 변했기 때문에 안달루스의 유대인들은 그리스도교 공동체처럼 일상생활에서는 모자라브어를 쓰고, 제의나 교리서에서만 히브리어를 사용했다. 그러나 아랍인들의 침입 후, 히브리인들의 아랍화는 그리스도교도들보다 훨씬 더 빨랐다. 문학에서도 안달루스의 히브리인들은 아랍시를 모방해 히브리어로 작품을 썼다. 이는 두 언어의 뿌리가 같은 셈어이기 때문에 쉽게 이루어질 수 있었다.

2. 안달루스 시가

1) 동부 아랍 시가의 전승

안달루스에도 동부 아랍처럼 찬양시, 사랑시, 애도시, 비방시, 묘사시 등이 많이 등장했으나, 몇몇 주제에서는 그들과 구별되는 특징을 지니고 있었다. 즉 묘사시, 멸망한 왕국들에 대한 애도시, 불평시, 구원시, 학문과 예술의 시 등이 많은 호응을 받았으며, 자연에 대한 묘사시와 애도시에서 동부 아랍 세계의 시인들을 능가하는 역량을 보여주었다. 특히 묘사시는 안달루스에서 널리 사랑받았으며 독창성이 발휘된 주제였다. 시인들은 도시, 공원, 건물들의 경이로움을 묘사했고 계곡과 산, 정원과 초원, 꽃과 열매, 봄과 겨울 등 자연현상과 관련되는 모든 것을 시로 표현하였다. 또한 연회, 음식, 화장, 의상, 전투와 군대, 음악과 춤, 오락 등 묘사의 대상이 다양했으며, 정확한 관찰을 바탕으로 미에 대한 찬탄을 그려냈다. 따라서 이들의 시어는 달콤했고, 문체는 섬세했으며, 기교가 정확했다. 애도시 역시 안달루스인들의 재능이 돋보인 주제이다. 시인들은 예전에 살던 곳을 묘사하고, 사라져간 영광을 슬퍼하고 지난 세월의 변화를 애도하였다. 또한 그리스도교도의 수중에 떨어진 도시들에 대한 그리움을 노래하였으며, 빼앗긴 조국에 대한 그리움, 남편이나 아내를 잃은 슬픔을 묘사하는 애도시를 많이 지었다. 사랑시도 안달루스 시인들의 감성이 돋보인 주제이다. 특히 이븐 자이둔과 알무스타크피(al-Mustaqfi, 946~974 재위) 왕의 딸인 왈라다는 자신들의 비극적 사랑에 대해 많은 가잘풍의 시를 남겼다.

이외에도 동부 아랍과는 다른 안달루스만의 독특한 주제로는 재상과 통치계급들에 대한 불평과 탄원을 주제로 한 시가 있으며, 시인은 시련과 불운으로 명예가 실추되어 수치 속에서 살아가는 고통스러운 현재를 애통해하며 행복했던 과거를 회상하기도 했다. 또 국가의 허약함과 적에 대한 두려움에서 나온 시로, 시인들이 후원자에게 도망가 도움을 청한 구원시도 있었다. 학문과 예술의 암기를 보다 쉽게 하기 위한 시가 등장하였으며, 운율법과 역사, 코란 독경법에 관한 시도 있었다.

2) 새로운 시가의 탄생 : 무왓샤하트

무왓샤하트(muwashshahat)[4]는 이슬람 치하의 안달루스에 설립된 우마이야조에서 꽃피운 시가이다. 이 시기는 압둘라 븐 무

---

4) '무왓샤하트'는 복수형을 뜻하지만, 여기서는 단수를 뜻하는 '무왓샤하'(muwashshaḥah)와의 혼동을 피하고 통일성을 기하기 위해 아랍문학사에서 사용되고 있는 용어를 사용하였다.

함마드('Abdullah bn Muḥammad, 888~912년 재위)가 통치하던 때로, 안달루스 사회에 음악과 노래가 크게 유행하였으며 아랍 요소와 안달루스 요소가 매우 강하게 결합하던 때였다. 무엇보다 무왓샤하트는 예술적 필요성에 대한 부응과 사회적 현상의 결과로 나타났다.

822년 동부 아랍의 명가수이며 중앙아시아(페르시아 또는 터키) 출신의 시인이며 음악가인 지르얍(Ziryab, 789~857)이 안달루스에 온 이래로 안달루스인들은 음악에 큰 관심을 갖게 되었고, 그의 음악과 노래가 유행하게 되면서 자연스럽게 시에 영향을 끼치게 되었다. 안달루스에 음악과 노래가 크게 유행하게 됨에 따라 동부 아랍과는 다른 모습의 시가 등장하였으며, 이것이 바로 다양한 율격과 여러 개의 각운으로 구성된 노래시 무왓샤하트였다. 또한 당시 아랍인과 안달루스인 간의 인종 혼합이 이루어지면서 아랍어와 로망스어 간의 언어혼합이 일어났으며, 이는 무왓샤하트라는 독특

우드를 연주하는 지르얍

한 장르의 중요한 발생 원인이 되었다. 무왓샤하트에는 발생 초기부터 수세기 동안 고전 아랍어와 로망스어가 함께 쓰였으며, 다양한 율격과 각운 때문에 노래에 매우 적합하여 안달루스인들 사이에 크게 유행하였다.

이처럼 9세기 말경 출현한 무왓샤하트는 10세기 말 새로운 발전 단계에 접어들게 되었으며, 11세기 초에 형식이 완성되었고, 11세기와 12세기에 최정상에 도달하였다. 이것은 동부 이슬람 세계와는 다른 안달루스만의 독창적인 시가라는 점에서 우리의 관심을 끈다. 이러한 새로운 형식의 시가는 독특한 사회구조의 결과로 빚어진 것이라 할 수 있다. 무왓샤하트의 무대가 된 안달루시아의 상황을 시문학을 중심으로 살펴보자.

① 무왓샤하트의 형식

무왓샤하트는 9세기 말경 발생한, 노래를 위한 시 혹은 노래시로서, 하나의 시에 단일 각운과 단일 율격을 엄격히 고수하는 까시다와는 달리 여러 개의 운과 율격을 사용하는 보다 자유로운 형식의 시가이다. 이것은 당시 정형률을 고집하던 까시다에 변형을 주었다는 점에서 가히 혁명적 시가라 할 수 있다. 주제는 까시다와 유사하나, 형식적인 측면에서 볼 때, 무왓샤하트는 까시다와 달리 상당히 짧은 5~6연으로 구성된다. 각 연은 두 부분으로 나뉘며, 첫째는 독립된 운을 갖고 있는 부분이고, 다른 하나는 쿠플(qufl)이라 불리는 부분이다. 여기서 마지막 연에는 쿠플 대신에 카르자(kharjah) 혹은 하르자(jarcha)가 등장한다.

카르자의 화자는, 원 시(詩), 즉 무왓샤하트의 남성 화자와는 다른 화자로, 대부분이 여성이다. 또한 많은 무왓샤하트는 마틀라아(matla '머리')라고 하는 서두를 갖기도 하는데 필수적인 요소는 아니며, 그 연의 운(xxx)도 카르자와 동일하다.[5)] 이 구조를 도식화하면 다음과 같다.

(마틀라아)	1연	2연	3연	4연	5연
xxx	bbbxxx	cccxxx	dddxxx	eeexxx	fffXXX
	xxx : 쿠플	xxx : 쿠플	xxx : 쿠플	xxx : 쿠플	XXX : 카르자

무왓샤하트에서 카르자는 각 연의 마지막 행들인 쿠플의 운율

5) 이븐 자흐르 알하피드(Ibn Zahr al-Ḥfīd, ?~1217)의 5연으로 된 무왓샤하트 일부. 1연과 2연에서 연속된 세 개의 행들은 바이트이며 1연의 운은 /hi/, 2연의 운은 /wa/로서 바이트마다 다르다. 그러나 1연과 2연의 마지막 한 줄로 되어 있는 것이 쿠플인데, 운은 /'i/로서 모든 연에서 동일하며, 카르자도 이와 동일한 운을 갖는다.

١

ونـديـمٍ هِمـتُ في غُـرَّتِـهِ
وشـربتُ الـراحَ من راحـتِـهِ
كـلَّمـا استيقظَ من سكـرتِـهِ

جـذب الـزِقَّ إلـيـه واتَّـكـا وسـقـاني أربـعـاً في أربـعِ

٢

غصنُ بـانٍ مال من حيث استـوَى
بـاتَ مَن يهواهُ مِن فـرطِ الجـوَى
خـافقَ الأحشـاءِ مـوهـونَ القُـوَى

كـلَّمـا فكَّـر في البيـنِ بـكى وَيْحَـهُ يـبـكـي لِمـا لم يـقـعِ

을 결정하기 때문에 가장 중요한 핵심 요소이다. 동시에 카르자는 무왓샤하트와는 별개의 단시 혹은 노래라고도 할 수 있다. 왜냐하면 카르자의 화자는 시의 본체인 무왓샤하트의 화자와 다른 인물이기 때문이다. 카르자의 화자는 주로 여성이거나 여성적 자세를 취한 인물로 등장하는데, 마치 다른 사람의 말을 인용한 것처럼 보인다.

1147년 사망한 안달루스의 역사가이자 시인인 이븐 밧삼(Ibn Bassām, ?~1147)은 자신의 『기억 Al-Dakhira』이라는 책에서 무왓샤하트의 시작법(詩作法)은, 먼저 시 끝 부분에 놓을 아랍 구어나 외국어(즉, 모자라브어)로 된 단시나 노래를 고른 후에, 이 끝 연에 기초해 나머지 부분을 짓는 것이라고 설명하고 있다.

또한 『Dar-at-Tiraz』라는 무왓샤하트 전집을 쓴 이집트 시인인 이븐 사나 알물크(Ibn Sanā al-Mulk, ?~1211)는 서론에서 무왓샤하트에 관한 시학을 전개하면서 카르자의 가장 특징적인 면들을 다음과 같이 언급하였다.[6)]

첫째, 아랍 속어나 로망스어로 쓰임으로써 언어학적으로 무왓샤하트보다 하위에 있다.

둘째, 카르자는 무왓샤하트의 진수에 해당된다.

셋째, 카르자는 무왓샤하트와는 독립된 단위이며, 이보다 더 먼저 만들어진다.

넷째, 카르자는 대체로 일반 대중들 사이에서 구전되던 것들

6) Emilio García Gómez, "Estudio del *Dar-at-Tiraz,* preceptiva egipcia de la muwassah", *Arabica XXXI*, 1984, pp.80~117.

이다. 대부분 여자들(주로 소녀들)이나 젊은이들, 술주정뱅이들, 심지어는 덫에 걸려 신음하는 비둘기들이 읊던 노래나 비유 기법을 동원해 도시나 영광, 전쟁 등과 같은 무생물들이 읊는 노래를 옮기기도 한다.

다섯째, 시인이 스스로 훌륭한 카르자를 짓지 못하는 경우에는 동료로부터 빌려 쓰기도 한다.

그의 첫째 주장은 여러 언어 층위의 혼용이 무왓샤하트 작법의 기본이라는 것을 보여주고 있으며, 넷째는 많은 카르자가, 특히 모자라브어로 된 경우에, 민요의 후렴구이거나 일부분이었다는 것을 시사한다. 다섯째의 경우, 다른 시인들의 무왓샤하트를 모방하는 관습은 매우 광범위하게 퍼져 있었다는 증거다. 그럴 경우 그 무왓샤하트의 운율 구조와 각운도 모방했으며, 대부분의 경우 카르자는 그대로 차용했다. 이것이 동일한 카르자가 여러 무왓샤하트에서 나타나는 이유이다. 또한 카르자가 무왓샤하트와는 독립된 단위이면서 동시에 그 핵이라는 둘째와 셋째 내용은 기본적으로 무왓샤하트가 카르자를 감싸 돋보이게 하기 위해 만들어진 것이라는 사실을 웅변해주고 있다. 이는 곧, '카르자는 보석이요, 무왓샤하트는 이 보석을 더 빛나게 하기 위한 세팅'이라는 것이다. 또한 사나 알물크는 "카르자는 무왓샤하트의 소금이요, 설탕이며, 사향"이라고 했다. 대개 시에서 가장 중요하고 예민한 부분은 청중이나 독자들에게 가장 호소력을 갖는 맨 끝 연이기 때문이다. 따라서 카르자가 파격적일수록 무왓샤하트 전체가 더 각광을 받았다.

다음은 알아으마 알투틀리(al-A'mā al-Tuṭlī, ?~1147)의 작품이다.

Dam'un safūḥun wa-ḍulu'un ḥirār
Mā'un wa-nār
Mā-jtama'ā illā li-amrin kubār
비탄의 눈물, 불타는 가슴,
물과 불,
이 둘이 절대 함께 오지 않기를.

1
Bi'sa, la-'amrī, mā arāda l-'adhūl.
'Umrun qaṣīrun wa-'inā'un ṭawīl.
Yā zafarātin naṭaqat 'an 'alīl,
Wa-yā dumū'an qad aṣābat masīl.
Imtana'a l-nawma wa-shaṭṭa l-mazār,
Wa-lā qarār.
Ṭirtu wa-lākin lam uṣādif maṭār.
우리 사랑을 밀고한 자는 아주 나쁜 짓을 했다네.
생은 짧고 고통은 긴 법.
한숨은 사랑의 열병을 앓고 있는 나를 들키게 했고,
이젠 눈물조차 말랐다네.
내 사랑 너무 멀리 있어 꿈조차 꾸지 못하고
편히 쉬지도 못 한다네.

날아서라도 가고 싶지만, 어디로 갈지도 모른다네.

2

Yā Ka'batan ḥajjat ilay-ha l-qulūb
Bayna hawan dā'in wa-shawqin mujīb,
Da'wata awwāhin ilay-hā munīb.
Labbayka! Lā'alwi li-qawli l-raqīb.
Jud lī bi-ḥajjin 'inda-hā wa-'timār
Wa-lā 'tidhār:
Qalbiya hadyun wa-dumū'ī Jimār.
오 카아바, 마음들의 순례지여
부르는 사랑과 답하는 열망 사이에서
후회하는 사람이 기도를 한다네.
여기 있네! 캐묻는 사람의 말에 신경 쓰지 않겠네.
나는 순례를 계속할 것이고
아무런 죄의식 없이 그곳에 머물 것이라네.
내 마음은 희생, 내 눈물은 기원의 돌.

3

Ahlan, wa-in 'araḍa bī li-l-manūn,
Bi-mā'isi l-a'ṭāfi, sājī l-jufūn.
Yā qaswatan yaḥsibu-hā l-ṣabbu līn.
'Allamtu-nī kayfa tasa'u l-ẓunūn,
Mudh bāna 'an tilka l-layālī l-qiṣār
Dam'ī ghizār,

Ka-anna-ma bayna jufūnī ghir**ār**.
나를 죽음으로 이끌지라도 좋다네.
눈을 내리 깔고 몰래 다가오는 사람.
사랑은 부드러우나 상처를 주는구나.
당신은 내 생각이 얼마나 나쁜지 가르쳐 주었네.
짧은 밤들이 지나간 후,
많아진 눈물.
눈동자 사이에 칼날이라도 있는지.

4

Ḥakkamtu mawlan jārafī hukmi-**hi**.
Ahdhī bi-hi, lā mufṣiḥan bi-smi-**hi**.
Wa-'jab li-'inṣāfī 'alā ẓulmi-**hi**,
Wa-s' al-hu'an waṣlī wa-'an ṣurmi-**hi**.
'Alwā bi-haẓẓī 'an hawan wa-khtiy**ār**,
Ṭū'a l-nif**ār**,
Wa-kulli 'unsin ba'da-hu bi-l-khiy**ār**.
엄하게 다스렸던 내 주인을 사모했다네.
그분 생각에 정신을 잃고 그의 이름을 더듬거리네.
독재자를 보면 편안해지는 마음, 참으로 이상하지.
내 사랑을, 나를 얼마나 피하는지 그에게 물으시게.
내 행복을 파괴해버린 그분,
그저 나를 피하기만 하는데,
다른 사람은 안중에도 없다네.

5

Lā budda lī min-hu ‘alā kulli ḥ**āl**,
Mawlan tajannā wa-jafā wa-staṭ**āl**,
Ghādara-nī rahna ‘asan wa-‘til**āl**.
Thumma shadā bayna l-hawā wa-l-dal**āl**:
*mio al-habib enfermo de mio am**ar***
*ke no ad san**ar***
*benge-se a mibi ke sanad mio leg**ar**.*
무뚝뚝하고 거만하기만 했던 내 님을
그래도 난 잊을 수가 없다네.
날 버려 슬픔과 아픔의 포로로 만들고는
사랑과 유혹의 노래를 다시 불러준 내 님.
내 님은 상사병에 걸렸답니다.
어찌하면 나을까요?
내게 오면 다 나을 텐데.

이 무왓샤하트에서 각 행의 마지막에 검게 칠한 부분은 각운이다. 이 부분을 따로 발췌하면 다음과 같다.

마틀라아 : **ār, ār, ār**
1연 : ūl, īl, īl, īl, **ār, ār, ār**
2연 : ūb, īb, īb, īb, **ār, ār, ār**
3연 : ūn, ūn, īn, ūn, **ār, ār, ār**
4연 : hi, hi, hi, hi, **ār, ār, ār**

5연 : āl, āl, āl, āl, **ār, ār, ār**

각 연의 두 번째 부분인 쿠플은 모두 동일한 운인 /-ār/로 끝나며, 첫 번째 부분인 바이트는 동일한 각운이 아님을 보여준다. 또한 마지막 5연에는 아랍어 쿠플 대신, 라틴어계 모자라브 로망스 언어(이탤릭체로 적은 부분)로 적혀 있다. 또한 전체 화자가 남성으로 나를 떠난 님, 혹은 왕, 주인을 그리워하고 사랑한다는 감정을 표출하는데 반해, 5연의 마지막 부분 화자는 여성으로 상사병에 걸린 '내 님'을 유혹하고 있다. 이것이 바로 카르자로 전체 시의 흐름과는 전혀 관계없는 내용이며, 아랍어가 아닌 모자라브어로 쓰인 것이 특징이다.

② 무왓샤하트 형성

무왓샤하트의 형성과 관련해서는 다양한 주장이 제기되어 왔다. 대표적으로 많은 아랍문학 학자들은 까시다를 변형한 무삼마트 형식의 영향을 주장하는 한편, 스페인 학자들은 안달루스 민요의 영향에 더 큰 무게를 두고 있는 실정이다.

㉠ 아랍 정통 시가의 변형설

이 주장은 안달루스가 이미 우수한 문화를 가지고 있었던 아랍 본토를 모방하려 노력했고, 시에 있어서도 까시다의 주제와 형식을 모방하여 무왓샤하트라는 독특한 형식이 탄생되었다는 점에 기초하고 있다. 아부 하이다르(Abu Haidar), 알렌 존스(Alan Jones), 코리엔테(Corriente) 그리고 즈와르트제스(Zwartjes)[7]와 같은 아랍문학 연구자들은 대체로 까시다가 통속화되고 연을 추가하는 '중간 단계'를 거치면서, 그 이후에 생긴 것이 무왓샤하트라는 주장을 하고 있다.

특히 알렌 존스는 "무왓샤하트는 고전 아랍시의 운율체계를 사용하지 않았다."는 안달루시아 시인 이븐 밧삼의 주장을 반박하면서, 무왓샤하트의 운율 체계가 까시다의 규범적인 운율 체계와는 매우 다르지만 상당히 관련이 있다는 점에서 까시다의 운율체계가 "수정되고(modified) 확장된(expanded)" 것이라는 주장을 하였다.[8)]

동부 아랍에서 까시다를 개혁한 현대주의 시인들의 시가 안달루스 시인들에 의해 모방되었으며 이들이 즐겨 노래했던 술, 외설적인 사랑, 금욕주의 등과 같은 주제들, 비유법의 문체, 명확하고 단순한 어휘, 짧은 운율과 섬세한 각운에 의한 음악성이 안달루스 시에 수용되었다[9)]는 사실을 염두에 둔다면, 페르시아 현대주의 시인들이 실험했던 무삼마트 형식이 무왓샤하트에 영향을 줄 개연성은 충분하다고 본다. 또한 스페인의 유대 시인들, 무왓

7) Jareer Abu Haidar, "The Kharja of the Muwashshah in a New Light", *Journal of Arabic Literature*, IX, 1978, pp.1~13; Alan Jones, *Romance Kharjas in Andalusian Arabic Muwashashah Poetry*, Ithaca Press, Londres, 1988, Federico Corriente, *Poesía dialectal árabe y romance en al-Andalús*. Madrid, Gredos, 1997.
8) Alan Jones, "Romance Scansion and the Muwassat", *JAL* 11, 1980, pp.36~37; pp.54~55.
9) 전완경, 「안달루스 무왓샤하트 발전과정」, 『아랍어와 아랍문학』 제 7-2호, 2003, p.188.

샤하트 시인들 역시 지속적으로 무삼마트 형식을 사용했다는 것은 무왓샤하트의 무삼마트 유래설을 지지하고 있다.

안달루스 시인들이 동부 아랍의 까시다를 적극적으로 모방하였다는 시대 상황을 고려해 볼 때, 9세기 초 아랍 세계의 가장 유명한 시인들이었던 페르시아 시인들에 의해 실험되었던 무삼마트 또한 당연히 안달루스 시인들에 의해 수용되었을 것이다. 특히 무삼마트가 유절시 형식이면서도 까시다와 같은 고전 아랍어와 동일한 주제를 사용하고 있다는 점에서 새로운 정복지에서 더욱더 환영받았을 것이다.

또한 8세기에 안달루스로 건너온 시인이며 음악가인 지르얍의 역할 또한 간과할 수 없을 것이다. 지르얍은 압바스 칼리파의 궁중 악사로서 동시대의 인물이며 무삼마트 실험자들의 작품을 잘 알고 있었을 것이다. 따라서 무삼마트와 안달루스 토착 민요와의 결합에 시인이며 음악가인 지르얍이 큰 역할을 했을 것이다. 까시다의 규범을 크게 벗어나지 않는 무삼마트와 토착 민요와의 결합이 있었기 때문에 무왓샤하트가 안달루스에서 크게 유행할 수 있었다.

무삼마트 형식의 구조를 약간만 변경하면 무왓샤하트 형식을 만들 수 있다는 다음의 구체적인 예는 무왓샤하트에 끼친 무삼마트의 영향을 보다 확실하게 증명해 주는 것이다.

다음은 아부 누와스의 무삼마트 일부인데, 각 반행의 중간에 동일한 운(내운)을 사용하고 있다. 이 시에서 이탤릭체로 된 부분은 시의 전체 운이며, 밑줄 친 부분은 내운을 가리킨다.

Sulāfu danni ka-shamsi dayni, / ka-dam'i yafnī, ka-jamri '*Adni*
tabīju shamsi ka-lawni warsi, / rabību Fursi, ḥalīfu *siyni*
Ra'aytu 'ilyā bi-Bāṭurunya / la-hā tarayya fa-lam *yuthanni*

아부 누와스의 무삼마트 한 행을 내운을 기점으로 분절하여 수직으로 나열하면 다음과 같이 무왓샤하트의 한 연에 해당하는 부분들이 분명하게 나타난다.

Sulāfu danni
ka-shamsi dayni,
ka-dam'i yafnī,
ka-jamri '*Adni*

tabīju shamsi
ka-lawni warsi,
rabību Fursi,
ḥalīfu *siyni*

Ra'aytu 'ilyā
bi-Bāṭurunya
la-hā tarayya
fa-lam *yuthanni*

위에서 볼 수 있듯이, 각 연마다 무왓샤하트의 바이트처럼 다른 운이 온다. 즉 첫 번째 연의 운은 /-ni/이고, 두 번째 연의 운은 /-si/이며, 세 번째 연의 운은 /-yā/이다. 또한 각 연의 마지막에서 동일한 운을 갖는 쿠플은 /-ni/운을 가지고 있다.[10] 따라서 까시다의 변형인 무삼마트가 페르시아 출신의 유명한 시인들을 중심으로 실험되다가 안달루스 시인들에 의해 수용되었고, 위의 보기에서와 같은 변형을 거쳐 무왓샤하트로 탄생되었다는 주장은 상당한 설득력을 가지고 있다.

㉡ 안달루스 전통민요 영향설

무왓샤하트의 상당수 카르자가 안달루스 로망스 언어로 적혀 있는 민요라는 점에서 제기된 주장이다. 즉, 아랍 시인들은 그리스도교 여인들이 부르던 로망스어 민요 가락에 매료되어 민요의 일부분을 무왓샤하트의 카르자로 사용하게 되었다는 것이다. 일례로, 안달루스의 역사가이자 시인인 이븐 밧삼이나 이집트의 시인인 이븐 사나 알물크는 카르자가 무왓샤하트보다 먼저 존재했고, 무왓샤하트가 카르자의 의미와 리듬을 확장해서 만들어진 시 형식이라고 기록했으며, 이로 인해 많은 학자들은 무왓샤하트가 로망스 민요에서 차용된 카르자의 리듬을 기초로 해서 만들어진 형식으로 간주한다. 이들 학자들은 1912년 스페인 왕립 학술원(Real Academia Española)에서 연설한 리베라(Julián Ribera), 스턴(Samuel M. Stern), 메넨데스 피달(Menéndez Pidal), 다마소 알론소(Dámaso Alonso), 가르시아 고메스(García Gómez)[11] 등

10) Emilio García Gómez, "Una pre-muwashshaḥa atribuida a Abū Nuwās", *Al-Andalus*, XXI, 1956, pp.406~414.

이 그 뒤를 잇고 있다.

무왓샤하트가 로망스 시가를 기층으로 삼고 있다는 주장은 정통 아랍시에 연이 없었던 반면에, 그리스-라틴 시의 전통을 이어받는 로망스 시가류와 유대 시가류에는 본래부터 연이 있었다는 점에 근거한다. 또한 자잘 형식의 민요풍 시가류가 전 유럽의 민요에서 발견된다는 사실 또한 로망스 시가가 무왓샤하트와 자잘의 토대를 이룬다는 주장을 뒷받침해주고 있다.[12)]

무왓샤하트의 주제 또한 이들 민요와 동일하다. 이베리아반도에서 가장 오래된 서정시의 하나로 간주되고 있는 갈리시아-포르투갈 지방의 '님의 찬가'(cantiga de amigo) 역시 무왓샤하트의 카르자처럼 여성의 입을 빌어 사랑을 노래하고 있기 때문이

---

11) Stern, Samuel M. "Les vers finaux dans les muwassahs hispano-hébraïques: Une contribution à l'histoire du muwassh et à l'étude du vieux dialecte espagnol mozarabe", *Al-Andalus*, XIII (1948), pp.299~348; Ramón Menéndez Pidal, "Cantos románicos andalusíes, continuadores de una lírica latina vulgar", *Boletín de la Real Academia Española*, XXXI (1951), pp.187~270; Dámaso Alonso, "Cancioncillas de amigo mozárabes (primavera temprana de la lírica europea)", *Revista de Filología Española,* XXXIII (1949), pp.297~349; Emilio García Gómez, "Nuevas observaciones sobre las jaryas romances en muwassahas hebreas", *Al-Andalus*, XV (1950), pp.161~163.

12) 일례로 프랑스에서는 'estornel', 'rondel', 'refrain', 'virelai', 갈리시아-포르투갈에서는 'cantiga', 이탈리아에서는 'lauda', 'frottola'. 'ballata', 카탈루냐에서는 'goig', 스페인에서는 'estribote', 'desfecha', 'dezir', 'seguidilla', 'villancico' 등의 민요에서 자잘 형식이 엿보인다.

다. 카르자에서 여인은 사랑하는 사람을 아랍어 어휘인 '하비비'(al-habibi)라고 부르고 있는데, 이는 '님의 찬가'의 해당 어휘인 님(amigo)과 같은 개념이다. 또한 '님의 찬가'에서 여인은 자신의 감정을 어머니나 자매에게 얘기하고 조언을 구하는데, 카르자에서도 또한 사랑의 고통을 토로할 신뢰할 수 있는 상대로서 어머니와 자매가 등장한다.[13] 로마제국의 영토에 속했던 많은 지역에서 여성 화자의 입을 빌어 사랑을 노래한 많은 민요가 발견되며, 독일의 'frauenlieder', 프랑스의 'chansons de femme'도 역시 여성 화자의 사랑 노래이다. 로망스어권 전역에 공통적인 이러한 서정시는 그리스-라틴 시대에 봄이 되면 군무를 추며 합창하던 풍습에서도 발견된다.[14]

또한 카르자는 프랑스 민요의 후렴부인 르프렌(refrain)과도 매우 유사하다. 르프렌이 오랜 시기가 지났음에도 대중들의 기억

---

13) 「카르자 33」

garid bos ay yermanel(l)as	언니들, 말 좀 해줘요.
kom kontenir e(l) mio male	이 내 고통을 어떻게 달래야 할지.
sin al-habib *non bibreyo*	난 그이 없인 못 살아요.
ed bolarey demandare	날아서라도 찾아 갈래요.

「님의 찬가」

Irmana, o meu amigo,	언니, 그이에게
que mi quer ben de coraçon	나를 진심으로 사랑하고
e que é coitado por mí [...]	나를 걱정해주는 그이에게
treide-lo-veer comigo	속히 나를 찾아와 달라고 전해줘요.

14) Leo Spitzer, "La lírica mozárabe y las teorías de Theodor Frings", en *Lingüística e historia literaria*, Gredos, Madrid, 1955, pp.79~80.

속에 각인되어 오랫동안 살아남은 것은 바로 이 부분을 많은 사람이 합창으로 불렀기 때문이다. 르프렌은 독립적으로 보존되지는 않았으나, 식자 시인들이 더 긴 시를 지을 때 그 일부를 차용했다. 예를 들어 virelai로 씌어진 3연으로 구성된 시에서는 결혼을 잘못한 여인이 남편에 대해 불평하고 있다. 이때 르프렌은 시의 첫 머리에 등장하며, 이것은 각 연의 끝에서 후렴처럼 반복된다. 이 시의 르프렌을 살펴보자.

A cuer les ai, les jolis malz;	내 마음 속에 이를 어떻게 치료할거나?
coment en guariroie?	커다란 고통이 있다네.

virelai 시의 모두(冒頭)를 여는 르프렌의 내용은 「카르자 38」의 마지막 2행 "내 사랑으로 인해 고통 받아 / 이렇게 아픈 내 마음, 언제나 나을까요?"(tan mal me doled li-al-habi / enfermo yed kuand sanarad)라는 구절과 매우 흡사하다. 교양시를 짓는데 르프렌이 차용되었다는 사실은 로망스 민요가 무왓샤하트보다 더 앞서서 존재했었다는 이론을 뒷받침해 주는 증거이다.15)

무왓샤하트는 안달루스의 통속시가가 지배층 문화 수준으로 격상되고 아랍화되면서 생겨난 로망스 시의 한 갈래라는 위의 주장 또한 많은 지지를 얻고 있다. 까시다가 연이 없지만 그리스-라틴 시의 전통을 이어받는 로망스 시가류와 유대 시가류에는 연

15) Margit Frenk Alatorre, *Lírica española de tipo popular: Edad Media y Renacimiento*, Madrid, Cátedra, 1977, pp.38~43.

이 존재하고 있었다는 점과, 자잘 형식의 시가류가 전 유럽의 민요에서 발견된다는 점 또한 로망스 시가가 무왓샤하트와 자잘의 토대를 이룬다는 주장을 뒷받침해 주고 있다. 무엇보다 중요한 것은 로망스 민요의 일부분이 무왓샤하트의 카르자로 차용되고 이를 기초로 무왓샤하트가 완성되었다는 주장이 사실이라면 이는 안달루스 민요가 무왓샤하트보다 먼저 존재했다는 명백한 증거가 된다. 이 외에도 카르자가 주로 여성화자의 사랑노래라는 주제의 유사성 또한 안달루스 민요의 영향에 힘을 더해주고 있는 실정이다.

이상에서, 무왓샤하트의 형성과 그 영향에 관해 폭넓은 지지를 받고 있는 두 가지 주장들을 살펴봄으로써 다음과 같은 결론을 추론할 수 있다. 현재까지 남아 있는 수백여 개의 카르자들 중 대부분은 구어체 아랍어로 기록되어 있으며, 약 60여 개 정도가 로망스어 카르자로 간주된다. 그러나 로망스어 카르자들 중에서도 많은 부분은 구어체 아랍어가 포함되어 있어 어떤 경우에는 로망스어 카르자라고 할 수 없는 것들도 상당수가 되므로, 결국 순수한 로망스어 카르자는 60여 개 중의 약 1/3 정도에 해당된다고 볼 수 있다. 따라서 많은 학자들이 주장하듯 로망스 민요가 무왓샤하트의 형성에 절대적인 영향을 끼쳤다고 보기는 어려워 보인다. 또한 안달루스를 정복한 아랍인들은 아랍어와 까시다를 포함한 아랍문화에 대한 자긍심이 대단했을 것이다. 따라서 아랍인들이 안달루스 토착 문화를 습득하기 보다는 토착민들이 우수한 아랍문화를 배우려고 했을 것이다. 로망스어를 알지 못했던 아랍인들이 토착 민요를 듣고 무왓샤하트를 만들었으며, 카르자에 로망스어를 첨가했다고 보는 것은 어려운 일이다. 결국 무왓샤하트는 까시다가 변형되어 절(연)을 가지게 된 무삼마트가 안달루스로 보다 쉽게 전파되고, 이미 안달루스에 뿌리를 내리고 있던 로망스 민요의 유절적 특성, 리듬감 있는 가락과 결합하면서 '노래시'로 탄생되었던 것이다.

한편 무왓샤하트의 형성과 영향을 다룸에 있어 아랍인과 비아랍인, 교육받은 이와 교육받지 못한 이, 남성과 여성, 종교적이고 세속적인 내용, 아랍어 · 히브리어 · 로망스어 등과 같은 안달루스의 다양성에 주목할 필요가 있다. 낭송을 위한 까시다의 형식과 노래를 위한 무왓샤하트의 형식이 차이가 나는 것은 너무도 당연한 일임에도 불구하고, 많은 아랍 학자들은 무왓샤하트를 까시다의 유절(분절)화나 대중화로 보고 있는 반면, 스페인 학자들은 무왓샤하트의 아랍적 영향과 특징을 애써 무시한 채 안달루스 민요와의 연관성을 부각시키려 노력해왔다. 그러나 다인종, 다문화, 다언어 속에서 태어난 무왓샤하트가 어느 한편에 의한 일방적인 영향의 결과물이라기보다는 다양한 요소들의 결합과 조화에 의한 산물이라는 사실을 간과해서는 안 된다.

3) 무왓샤하트의 변형 : 자잘의 탄생

자잘에 관한 연구는 스페인문학과 아랍문학 양 분야에 걸쳐 핵심적 이슈가 되지 못하고 논의의 중심에서 소외되어 왔다. 그런데 스페인 서정시의 첫 흔적은 자잘의 원형이라 할 수 있는 무왓샤하트의 마지막 연에 해당되는 카르자를 통해 찾을 수 있다. 20세기 중반, 스턴 교수에 의해 카르자의 존재와 함께 스페인 중세 서정시의 기원에 관한 중요한 진전이 있었다. 당시까지는『쿠즈만 시가집』(1933)에 수록된 자잘 82번에서 살펴볼 수 있는 로망스어 어휘로부터 최초의 흔적을 찾았다.[16] 그러나 자잘은 로망스어 계통의 안달루스 방언인 모자라브[17]어 어휘 일부를 제외하고는 시의 내용이 통속 아랍어로 쓰여 비평가들의 주목을 끌기 어려웠다. 아랍문학 역시 아라비아반도에서 출현한 고전 까시다를 중심으로 중세시를 다루어온 결과, 11세기 무렵 안달루스에서 생성된 자잘을 극히 이색적인 주변 문학으로 치부해왔던 것이다. 그러나 자잘의 시 형식과 그에 관련된 음악, 춤 등 문화 예술 형식은 시공간을 뛰어넘어 오늘날 스페인 남부 안달루스와 아프리카 북부는 물론이고 아랍, 인도, 아메리카 등 세계의 여러 지역에 뚜렷한 자취를 남기고 있다.

자잘의 최초 창안자에 관해서는 여러 가지 주장이 제기되고 있다. 코르도바에서 9~10세기에 살았던 무카단 벤 무아파로 추정되기도 하며, 11세기 말~12세기 초의 철학자인 아벰파세

16) Juan Luis Alborg, *Historia de la literatura española*, Tomo I, 2ª edición ampliada, Madrid, Gredos, 1992, p.91.

17) 모자라브는 본래 '아랍화한'이란 뜻의 아랍어 'musta'rib'에서 유래했다. 이 단어는 처음에는 아랍어와 아랍문화에 매료된 사람들을 조롱하는 경멸사로 사용되다가, 안달루스로부터 이주한 그리스도교도들을 지칭하는 데 쓰였다. 이후에는 이슬람 지역에 사는 그리스도교도들을 가리키는 용어로 사용되었다. 따라서 그들의 로망스어를 가리킬 때는 모자라브어라는 용어를 쓴다.

(Avempace, ?~1138)가 거명되기도 한다.[18] 자잘은 통속 아랍어로 쓰였기 때문에 시집에 담을 가치가 없다고 간주되었으며, 그러한 이유 때문에 무왓샤하트보다 더 후기인 11세기에 가서야 기록으로 남게 되었다. 그러나 현재 많은 연구자들은 자잘이 무왓샤하트보다 더 이전에 생겨났으며, 자잘이 상당한 인기를 누렸기 때문에 궁정 시인들은 자잘 형식을 모방해서 좀 더 세련된 형식인 무왓샤하트를 만들어낼 수 있었으리라고 추정하기도 한다.[19]

① 형식 및 구성

자잘은 무왓샤하트가 약간 변형된 형식이다. 두 시형(詩形) 간의 차이점을 살펴보면, 무왓샤하트가 고전 아랍어를 사용하고 카르자가 있는 반면, 자잘은 통속 아랍어를 사용했으며 카르자가 없다는 것이 가장 주요한 특징이다. 또 다른 차이점은 자잘은 시작 부분과 각 연의 마지막 행들에 후렴구를 반복한다는 것이다. 이를 표로 나타내면 다음과 같다.

	무왓샤하트	자잘
언어	고전 아랍어	통속 아랍어
카르자	○	×
후렴구(시작과 각 연 마지막)	×	○

18) José Víctor Llatse, "El zéjel", julio de, 2003. http://www.literonauta.com/lit/victor/precep/zejel.html.

19) Otto Zwartjes, *op. cit,* p.123.

자잘은 다음 네 부분으로 구성되어 있다.

㉠ 노래의 첫 단계이며 시의 서두 부분으로서, 기억하기 쉽도록 단운을 사용한다.
㉡ 각 연에서 주제를 전개하는 부분으로서, 한 연 내에서는 운이 동일하나, 연마다 서로 다른 운을 가진다.
㉢ 각 연의 마지막 행으로, 서두와 동일한 운을 지닌다. 이는 후렴을 어느 순간에 불러야 하는지를 예고해주는 역할을 하며, 돌아간다는 것을 알리는 행이다.
㉣ 첫 시행을 반복하는 후렴 부분이다.

위의 구조에서 알 수 있듯이, 자잘은 짧은 시행과 강렬한 리듬성에 기반을 두며, 연을 갖는다. 운율의 일반적인 구조는 xx/ aaax: xx/ bbbx: xx/ cccx: xx /... 이며, 각 연의 4번째 운 /x:/는 돌아간다는 것을 알리는 행, 즉 후렴이 시작된다는 것을 알리는 역할을 담당한다.

당시 가장 인기 있었던 자잘 시인인 이븐 쿠즈만(Ibn Quzman, 1078~1160)이 쓴 12번 자잘의 서두와 1연을 예로 들어 보자.[20] 1연의 1~3행은 시의 내용을 전개하는 변화 부분에 해당되며, 마지막 4행은 후렴구와 동일한 각운을 지닌 돌림 부분을 의미한다.

20) Ramón Menéndez Pidal, *Poesía árabe y poesía europea*, Madrid, Espasa Calpe, 1941, p.18.

Ya meliha 'd-dunya, qul;	x
'ala's ent, ya 'bni, malul?	x
Ey ana indak wagih,	a
yatmaggag minnu wafih	a
tumma fa'bla ma tatih,	a
targa 'anasak wasul	x:
Ya meliha 'd-dunya, qul;	x
'ala's ent, ya 'bni, malul?	x

위의 자잘은 *Ya meliha 'd-dunya, qul; / 'ala's ent, ya 'bni, malul?* 라는 후렴구를 시의 첫머리와 끝부분에 배치하고 있다. 연의 첫 3행(aaa)은 이 후렴구의 운과 다르나, 4행(x:)은 후렴구의 운과 유사한 운(-ul)을 배치함으로써 이제 후렴구가 시작됨을 알리는 것이다. 일반적으로 이븐 쿠즈만의 시는 아랍인들의 장시 율격보다는 음절의 강세에 따른 리듬체계에 토대를 둔다. 이러한 변화는 중세 안달루스 사회의 언어 환경과 깊은 연관성이 있다. 모자라브 민중은 음운 체계에서 음절수를 강세로 대체시켰고, 아랍계 민중이 그러한 리듬상의 변화를 수용하게 됨에 따라 고전시의 장시 율격과 일상 속어의 음운 형식은 거리감을 초래하게 되었던 것이다.[21)]

자잘에 사용된 어휘 또한 안달루스 지역에서 널리 사용되던

21) T. J. Gorton, "Zajal and muwaššah: The continuing metrical debate", *Journal of Arabic Literature*, IX, 1978, 32; Federico Corriente, *op. cit.*, pp.34~35.

아랍 속어 내지 통속 아랍어이며, 모자라브어 어휘가 가끔 나타나기도 한다. 후렴의 반복을 통한 강렬한 운율성과 리듬은 노래시 자잘의 특성으로 대중 합창곡의 성격을 명백하게 나타낸다. 곧 자잘의 형식은 후렴에 의한 돌림 노래로써, 시 내용을 전개시키는 가운데 음악과 춤을 수반하는 집단적 성격의 대중 예술을 표현하기에 매우 적합하다고 할 수 있다. 이후 자잘의 형식은 약간의 변형을 취하기도 한다.

② **주제**

자잘의 주제는 사랑, 삶의 즐거움, 세태 풍자, 코란의 미덕 등이 대부분으로, 까시다의 전통적인 주제들에서 크게 벗어나지 않는다. 자잘 또한 무왓샤하트와 마찬가지로 에로틱하거나 술에 취한 모습 등 좀 더 경박한 측면이 가미되지만 대개는 아랍 고전시의 주제와 장르를 따랐다.[22]

그러나 자잘의 완성자로 알려진 이븐 쿠즈만은 풍성하고 이색적이며 자전적인 삶의 체험과 사회현실에 대한 비판이나 냉소를 표현하기도 하였다. 시인은 여러 여인들과의 관계뿐만 아니라 젊은 남성들과의 동성애적인 모습을 보이기도 한다. 연모(戀慕)의 대상인 남성에게서 냉랭함을 느낀 시인은 자신의 애잔하고 비통한 심정을 토로하기도 하며, 여인의 아름다움을 칭송하고 사랑을 호소하는 장면에서는 정감어린 속삭임과 열정적이고 반어적인 표현을 사용하기도 한다. 삶의 즐거움을 다루는 시에서는

22) Teresa Garulo, *La literatura árabe de al-Andalus*, Madrid, Ediciones Hiperión, 1998, pp.180~181.

술, 음식에 관계되는 인간의 희노애락과 쾌락적인 모습이 나타난다. 또한 사회 현실이나 기존 제도에 대한 풍자와 비판, 결혼에 대한 부정적 시각, 잡초에 뒤덮여 있는 이슬람 성전과 같은 과거의 영화로움에 대한 회상이 나타나기도 한다.

③ 형성과 발전

㉠ 음악적 요소의 도입

자잘은 노래시이다. 당시 안달루스 지역에서는 상류 계층은 물론 일반 민중들도 노래와 춤을 즐겼다. 안달루시아 음악은 페르시아-발루키 음악의 대가였던 지르얍 덕분에, 그리스, 라틴, 페르시아, 비잔틴, 힌두스탄의 요소를 망라한 아랍음악의 전통에 안달루스의 토착 음악 전통을 접목한 독특한 분위기를 갖게 되었다. 지르얍이 도입한 음악, 노래, 악기의 결합 형식인 '누바'는 전통적인 궁중음악으로서 전주, 악기 연주, 성악이 곁들인 서곡으로 구성되는 예비 부분과 본 부분으로 나뉜다. 기본적으로 5악장으로 구성되는 본 부분은 '미잔'이라는 특유의 리듬을 토대로 하며, 노래로 불리는 하나의 시와 몇 개의 시구로 구성된다. 누바 양식은 군소왕국, 무라비툰

누바 연주단

조(almoravid, 1056~1147), 무와히둔조(almohads, 1130~1269)의 통치기에 구체적 형식을 갖추고 나스르왕국(1238~1492)의 시기에 그라나다에서 완성되었다.[23)]

노래시 자잘에는 이러한 모든 음악적 요소가 수용되어 있으며, 음악적 요소 때문에 자잘은 민중의 사랑을 받았다. 당시의 기록은 이슬람의 모든 행사에 무왓샤하트와 민중적 성격이 짙은 자잘이 불리어지고 종종 춤을 수반하게 되었음을 말해 준다.

㉡ 자잘과 이븐 쿠즈만의 역할

자잘의 개발자 또는 완성자로 알려진 이븐 쿠즈만은 통속 아랍어로 된 이해하기 쉽고 듣기에 좋은 간결한 자잘을 창작함으로써 '안달루스 자잘 시인들의 왕'이라는 명성을 얻었다. 이븐 쿠즈만의 등장과 함께 자잘은 광범위한 지역으로 급속도로 확산되었다. 안달루스 전 지역은 물론이고 아프리카 북부, 이집트를 거쳐 동방에까지 전파되었다.

자잘이 이븐 쿠즈만을 통해 널리 전파되어 유행하게 된 이유는 다음 몇 가지로 요약될 수 있다.

첫째, 자잘이 안달루스 민중의 수준에 부합된다는 점이다. 안달루스에는 아랍화의 진행 이후 언어 체계에서도 급격한 변화가 일어나 이중 언어 사용자가 급증하게 되었다. 이후 무라비툰조의 지배를 전후하여 그러한 경향은 아랍어 방언 위주로 재정립되기

23) María Ángeles Bazalo Miguel, "La cultura literaria andalusí", http://www.juntadeandalucia.es/averroes/iesbajoguadalquivir/docu/ibnjaldun/ibnjaldum/segunda.htm.

시작했으며, 궁정시의 퇴조에 힘입어 대중적 취향의 시가 풍미하게 되었다.[24] 이븐 쿠즈만은 고전 아랍어로 쓰인 무왓샤하트 대신에, 통속 아랍어를 토대로 모자라브어 어휘를 가미시킨 자잘을 통해 청중들에게 좀 더 친숙하게 다가설 수 있었던 것이다.

둘째, 자잘은 민중의 의식과 정서를 반영한다는 점이다. 이븐 쿠즈만은 시의 적절한 주제와 함께 방랑 생활을 통해 체득한 대중적 취향을 성공적으로 표출함으로써, 고전 아랍어에 익숙지 않은 일반 대중도 축제와 의식을 통해 자잘을 쉽게 접할 수 있었다.

셋째, 자잘의 풍부한 시어와 뛰어난 음악성을 통해 청중에게 짙은 호소력, 진실감을 안겨줄 수 있었다는 점이다. 이븐 쿠즈만은 간결하고 리듬감 있는 어휘를 구사했으며, 의도적으로 자신의 노래시가 다양한 어조를 띠게끔 만들었다.[25] 이븐 쿠즈만은 통속 아랍어, 로망스어 계통의 모자라브어를 선호하는 대중 취향을 갖고 있음과 동시에 시적 기교에 해박한 지식인이었다. 대중 앞에서 노래시 자잘을 낭송하는 경우에, 처음에는 익살맞고 외설적인 주제를 유쾌한 형식으로 풀어가다가 자신이 존경하는 인물에 대해 찬사를 늘어놓기도 하고 청중에게 적선을 요청하는 장면을 능수능란하게 연출하였다. 그는 자연스럽고 다양한 어조나 우아함, 위트, 경구(警句), 교활함, 정겨움, 신랄함 등의 지적인 멜로

---

24) Valeriano Bozal, *Historia del Arte en España*, I, Ediciones Istmo, 1973, p.57.

25) Eduardo Iáñez, *Historia de la Literatura Universal*, Vol. II (La Edad Media), Barcelona, Ediciones Tesys & Bosch, Casa Editorial, 1989, pp.77~78.

디를 통해 시의 주제와 내용을 변화시킴으로써 청중의 감성을 자극할 수 있었다.

따라서 많은 시인들이 이븐 쿠즈만의 시를 모방하였다. 무왓샤하트와 자잘이라는 안달루스 민중시를 추종하는 이들이 매우 많아서, 그들이 북아프리카로 간다면 같은 부류의 사람들로 길거리가 좁아터질 지경이라고 할 정도였다.[26] 또한 당시의 저명한 학자였던 이븐 잠라크(Ibn Zamrak, 1333~1394), 이븐 칼둔(Ibn Kaldun, 1332~1406)의 저술을 통해서도 자잘이 그라나다를 위시하여 안달루스의 여러 지역에서 커다란 반향을 울리고 있었음을 알 수 있다.[27]

안달루스에서 새롭게 변용되어 나타난 자잘은 그 이전에 유포되었던 무왓샤하트와 더불어 이베리아반도뿐만 아니라 유럽 남부, 아프리카 지역을 거쳐 동부 무슬림 세계로 전파되었다. 13세기 초에 사망한 이집트의 저명한 시인인 이븐 사나 알물크가 그 전파자로 알려져 있다.[28] 13세기 팔레스타인에서 채록된 이븐 쿠즈만의 시가집 필사본 또한 자잘의 동방 세계 전파에 관한 소중한 자료이다. 12~13세기에 안달루스의 지식인, 신비주의 종교가, 의사, 문인들이 아라비아반도로 이주하여 영향을 주기도 했

26) Abén Quzmán (Ibn Kuzmân), en *Andalusíes Ilustres*, agosto de 2003. http://www.islamyal-andalus.org/agosto03/abenquzman.htm
27) A. R. Nykl, *Hispano-Arabic Poetry and its Relations with the Old Provençal Troubadours*, Baltimore, J. H. Furst Company. 1946, p.357.
28) 송경숙 외, 앞의 책, p.275.

다. 또한 이 시기를 전후하여 그리스도교도에 의한 이베리아반도의 재정복 과정에서 나타난 무슬림의 이주와 추방은 자잘이 안달루스 음악과 더불어 북아프리카의 마그립 지역으로 확산되는 계기가 되었다.[29)]

이상에서 본 바와 같이 안달루스에는 동부 이슬람 출신 시인들이 까시다 형식의 시를 지으면서 문학 활동을 시작한다. 그러나 8세기 중반부터는 이슬람으로 개종한 안달루스인들과 안달루스에서 태어나 자란 새로운 사회계층이 출현하면서 이베리아반도 태생의 제2세대 문인들이 등장하게 되었다. 안달루스에서는 직업적인 문인뿐만 아니라, 일반 서민은 물론 최고 통치자, 심지어 여성까지도 까시다 형식의 시 짓기에 동참하였으나, 아프리카 왕조의 지배를 받은 12세기와 13세기 전반까지는 문학이 상당히 위축되었다. 단, 안달루시아에서 태동된 무왓샤하트와 자잘은 예외였다. 이들 시가는 일반 민중이 쉽게 이해하고 감동을 받을 수 있었으므로 상당히 많은 사랑을 받았다. 이슬람 세력이 그리스도교세력에 의해 안달루스에서 밀려난 1492년 이후, 무왓샤하트와 자잘은 북아프리카와 아랍 본토로 역 유입되어 현재까지도 다양한 이름으로 지속되고 있다.

---

29) Joaquín Vallvé Bermejo, *Al-Andalus: sociedad e instituciones*, Madrid, Real Academia de la Historia, 1999, pp.265~282.

2 안달루스 시가의 유럽 전파

1. 자잘의 확산

이븐 쿠즈만 당대에 동부 무슬림 세계에까지 알려졌던 자잘 형식의 시와 그것을 표현하는 음악 양식은 점차 프로방스, 프랑스 북부, 이탈리아 등의 유럽과 모로코, 튀니지, 이집트 등 아프리카 북부, 인도 및 중동 지역인 레바논, 이란, 이라크 등지에도 전파되며, 바로 이들 지역에서 제2의 전성기를 맞는다.

스페인 문학에서는 13세기 『성모 마리아 찬가집』에 자잘 형식이 나타난다. 알폰소 10세 당시에 쓰인 이 작품에는 거의 3백여 편에 해당하는 시들이 수록되어 있는데, 그 대부분이 순수한 형식의 자잘이다.[30] 이후 14세기 시문학을 주도했던 후안 루이스(Juan Ruīz, 1283~1350)는 가톨릭 사제로서 카스티야어로 여러 편의 자잘을 남겼다. 또한 힐 비센테(Gil Vicente, 1465~1536)와 후안 델 엔시나(Juan del Encina, 1468~1509)를 비롯한 다른 시인들 역시 소박한 정서가 돋보이는 자잘을 썼다. 15세기에 출현한 『바에나 시가집 Cancionero de Baena』에 수록된 51번은 알폰소 알바레스 데 비야산디노(Alfonso Álvarez de Villasandino,

30) http:// www.cacac.org/Arabic_musical_forms.htm 참조; 박철, 『서반아 문학사』 상, 송산출판사, 1992, p.128.

?~1424)가 쓴 것으로 완벽한 자잘 형식을 간직하고 있다.[31]

그 외에도 그리스도교도의 노래들에서 채록된 비얀시코(villancico), 갈리시아-포르투갈의 '님의 찬가'(cantiga de amigo)를 비롯한 전통 서정시, 유럽의 음악, 특히 프랑스 음유시인들의 시적, 음악적 형식에서도 자잘의 흔적을 발견할 수 있다.[32] 특히 비얀시코는 구전 전통의 대중 민요에 기원을 두며, 자잘의 영향으로 보이는 2~4행의 후렴구를 둔다. 비얀시코의 민중적 성격이 나타나는 후렴구의 시행은 자잘에서 비롯된 것이며, 자잘의 시 형식은 17세기까지 지속되었다.

2. 안달루스 시가와 프로방스 시가

안달루스의 아랍계 문화가 이베리아반도는 물론이고 남부 프랑스에 지대한 영향을 주었음에 비추어, 자잘 형식이 중세 유럽시에 널리 확산될 수 있었다는 사실은 분명하다. 리베라는 자잘의 형식이 이베리아반도는 물론이고 유럽 각 지역에서 불리어졌던 '후렴을 지닌 노래들'의 모태가 될 수 있다고 주장했고, 또한 메넨데스 피달은 자잘 형식의 연시가 모든 로망스어 사용 지역에 유포되어 음유시로부터 15세기 스페인 시가집에 이르기까지 자취를 남겼다고 보았다. 즉 자잘이 프랑스 중세시, 갈리시아-

31) José Víctor Llatse, *op. cit.*

32) María Ángeles Bazalo Miguel, *op. cit.*

포르투갈 서정시, 이탈리아 프란시스코회 수도사들의 시에 영향을 끼쳤다는 것이다. 한편, 프로방스 서정시에는 돌림 부분은 있지만 후렴이 나타나지 않아 자잘 형식과 차별되는 요소로 간주된다. 돌림 부분은 자잘의 영향을 받은 모든 시에 특징적인 요소로 나타나지만 후렴은 그렇지 않음에 비추어 프로방스 시에 대한 자잘의 영향이 어느 정도 인가를 추측해 볼 수 있다.[33)]

안달루스의 로망스어를 사용한 카르자가 1948년에 발견되기 전까지 프로방스 시는 중세 유럽에서 로망스어로 씌어진 최초의 서정시로 간주되어 왔다. 프랑스 남부에 있는 프로방스는 온화한 기후로 인한 비옥한 토지를 가진 지방으로, 전쟁의 참화를 비켜갈 수 있었고, 이로 인해 11세기 말에는 평화와 경제적 풍요를 함께 누릴 수 있었다. 이로 인해 새로운 서정시가 출현하기에 적합한 이점을 지니고 있었으며, 당시 서구의 공용어였던 라틴어 대신에 자신들의 지역에서 말하던 로망스어인 오크어(langue d'oc)로 시를 썼다. 이러한 서정시를 짓고 노래한 첫 번째 시인이 아키텐(Aquitaine) 공작인 기욤 드 푸아티에 9세(Guillaume de Poitiers, 1086~1127)이다.

프로방스 서정시는 형식과 운율뿐만 아니라 시의 내용에 있어서도 매우 새로운 것이었다. 특히 '궁정식 사랑'(amour courtois, courtly love)이라고 불리는, 당시까지 알려진 것과는 전혀 다른

33) Teresa Garulo, *op, cit.*, 168 재인용; Francisco Marcos Marín, "Observaciones preliminares sobre el zéjel de Al-Andalus", *Revista de Filología Románica,* III, 1985, pp.292~293.

방식으로 사랑을 노래했다. 이 새로운 형식의 사랑 표출에서 사랑받는 여인은 성스런 존재로 격상되며, 사랑하는 남성은 그녀의 종, 그녀를 추종하는 신앙인으로서 그녀에게 완전히 사로잡힌 존재로 등장한다.

이러한 새로운 사랑의 개념을 표현한 프로방스 시의 기원에 대해서는 프로방스 시인들의 독창적-자생적인 창작, 전통 민요의 영향, 타 지역 시가의 영향이라는 설이 존재한다. 프로방스 시인들의 독창적-자생적인 창작이라는 설은 내용면에서나 표현 양식에서 이처럼 완성도가 높은 서정시가 아무런 외부 영향도 받지 않았다는 점에서 가능성이 매우 낮을 것으로 여겨진다. 전통 민요의 영향이라는 두 번째 가설은 민요가 프로방스 시와는 전혀 다른 방식으로 사랑을 표현하고 있다는 점에서 역시 가능성이 낮은 가설이다. 즉, 전통 민요는 소녀의 입을 통해 연인의 부재를 한탄하는 소박한 시로, 프로방스 풍의 궁정식 서정시처럼 남자 입장에서 사랑의 대상인 여인을 세련되게 예찬하지 않는다. 타 지역 시가의 영향이라는 세 번째 가설에 대해서는 라틴 고전 시, 중세 라틴 문학, 성가, 아랍의 사랑시인 가잘 등 여러 가지 모델이 제시되고 있다. 이 중에서도 아랍 서정시, 즉, 안달루스 지방의 아랍 서정시는 프로방스 서정시와 가장 많은 유사점을 지니고 있다.

19세기까지만 해도, 프로방스 시와 궁정식 사랑의 기원은 아랍과 안달루스 시와 관련이 있다는 것이 정설이었다. 그러나 19세기 초 유럽에서는 프로방스 서정시가 그리스도 세계의 고유한 것이며, 유럽의 고유한 것이라는 주장이 강력히 제기되었다. 이를 주장하는 이들은 중세의 중심 세력이 그리스도교였으며, 라틴적 특징을 가지고 있다고 간주하면서 이슬람 치하의 스페인은 적대적, 외래적 세력이었고 변방의 영향을 받은 문화로 기타 유럽과는 전혀 무관한 문화였다고 주장했다. 중세에 대한 이러한 시각은 19세기 초에 유럽이 아랍세계를 식민화하기 시작한 것과 밀접한 연관이 있다. 즉, 나폴레옹의 이집트 진격이 19세기 초인 1798~1801년에 일어났으며, 이로 인해 이러한 시각이 태동되기 시작한 것이다.[34)]

그러나 1948년에 히브리학자 사무엘 엠. 스턴(Samuel M. Stern)은 이집트 카이로의 유대교회당에서 발견된 이베리아반도의 안달루스의 모자라브어로 쓰인 여러 편의 카르자에 대한 연구를 발표하였다.[35)] 이것은 프로방스 서정시가 출현하기 거의 1세기 전에 이슬람 치하의 안달루스 지방에 살던 그리스도교도들 사이에 구전되어 오던 서정시가 존재했음을 입증하는 것이었다. 이로 인해 스페인 남부 지방에서 태동된 카르자가 당시 유럽 로망스 언어로 쓰인 최초의 서정시임이 밝혀졌다. 이후 중세 유럽에서

---

34) María Rosa Menocal, *The Arabic Role in the Medieval Literary History. A Forgotten Heritage*, Philadelphia, University of Pennsylvania Press, 1987, pp.81~82.

35) Samuel Stern, "Les vers finaux dans les muwassahs hispano-hébraïques: Une contribution à l′histoire du muwassh et à l′étude du vieux dialecte espagnol mozarabe", *Al-Andalus* XIII, 1948, pp.299~348.

이슬람 치하의 스페인이 문화의 중심지로서 얼마나 중요한 위치를 차지하고 있었는지에 대한 연구가 지속적으로 이루어졌다.

3. 궁정식 사랑 : 아랍과 유럽 서정시의 공통 인자

전술한 바와 같이 아랍 서정시는 프로방스를 위시한 유럽 서정시에 영향을 미쳤으며, 그 코드는 궁정식 사랑이라고 할 수 있다. 궁정식 사랑이라는 개념은 아랍에서 이슬람교가 시작되기 이전에 이미 그 흔적이 발견된다. 즉 까시다의 도입부인 나시브에는 쌀쌀맞고 변덕스런 여인과 그 여인의 아름다움에 대한 예찬과 같은 궁정식 사랑의 특징이 등장한다. 이 궁정식 사랑은 8세기 압바스조 초기의 서정시에서 구체적 형식을 갖추게 되며, 이는 플라토닉 사랑, 수피의 신비주의, 우드리 사랑 혹은 정결한 사랑 관념이 결합된 결과로 볼 수 있다. 우드리 사랑이란 사막의 몇몇 베두인 족의 사랑 방식으로, 이들의 이상적 사랑은 이루어지지 못하는 상황에서 사랑의 열망을 영속화하는 것이다. 이 시에서는 거리를 두는 여인의 냉정함, 고통과 괴로움 속에서 느끼는 쾌락, 사랑으로 인한 죽음을 순교로 간주하는 것 등이 특징이다.

9세기에는 이러한 궁정식 사랑관이 바그다드에서 절정에 이르렀다. 이븐 다우드 알이스파하니(Ibn Dawud al-Isfaḥānī, ?~1185)는 그의 책 『꽃의 책』(*Kitab al-Zahra*)에서 궁정식 사랑을 체계적으로 정리했다. 이러한 궁정식 사랑의 원리와 주제의 서정시는 9세기 안달루스 지방으로 확산되었고, 11세기에는 같은 맥락의 사랑을 다룬 이븐 하즘(Ibn Ḥazm, ?~1063)의 『비둘기의 목걸이』(*Tawq al-hamama*)가 출간되었다. 이 책들에서 체계화된 궁정식 사랑관은 다음과 같다.[36)]

1) 궁정식 사랑을 구성하는 요소

① 귀부인의 우월함

아랍의 시가나 프로방스 시에서 귀부인은 아무리 가까이 있어도 가질 수 없는 존재로 묘사된다. 여인은 아름답고 장엄하며 성스런 분위기를 소유한 존재로, 시인은 많은 경우에 이 여인을 신과 동일시한다. 시인은 순종적인 노예로 자칭하면서 사랑하는 귀부인을 '나의 주군(主君)'(sayyidi)이나 '나의 주인'(mawlaya)이라고 부른다. 여기서 흥미로운 것은 '주군', '주인'이라는 남성명사를 사용하고 있다는 점이다. 프로방스 시에서도 이와 동일하게 귀부인에 대한 복종의 표시로 여인을 남성명사인 midons로 부른다.

② 복종과 섬김

사랑에 대한 최대의 표현이 순종이므로 남성은 사랑하는 여인의 뜻에 절대 복종해야 한다. 프로방스적 섬김에 대한 관점은 전제적 존재인 귀부인에 대한 노예적 순종을 의미하지만, 봉건제도

---

36) Álvaro Galmés de Fuentes, *El amor cortés en la lírica árabe y en la lírica provenzal*, Madrid, Cátedra, 1996.

하의 군주와 신하 간의 상호 협력이나 충성 요구와는 질적으로 다른 복종과 섬김이다. 오비디우스의 『사랑의 기술』(*Ars Amatoria*)에서처럼 남녀 간의 사랑을 논한 고전 라틴어 시에서는, 사랑에 대한 순종이 의무이거나 혹은 사랑하는 여인의 우월함을 인정하는 데서 나오는 것이 아니라, 단지 사랑하는 여인의 관심을 끌기 위한 하나의 방편으로 등장한다.

③ 고통의 쾌락

사랑하는 남자는 그 어떤 거부나 무시도 기꺼이 감내한다. 사랑은 달콤한 고통이며 죽음에 이르는 순간까지 추구해야 하는 것이기 때문이다. 따라서 사랑 때문에 죽는 것은 순교라는 등식이 성립한다. 사랑을 주제로 한 서정시에서 고통은 흔히 등장하는 주제이다. 그러나 그 고통 속에서 기쁨과 쾌락을 느끼는 것, 그리고 그 고통을 달콤하게 받아들이는 것은 로마식 감성과는 거리가 먼 정제된 열정이다.

④ 순수한 사랑

정결은 사랑의 대상인 귀부인에 대한 헌신과 존경을 의미한다. 또한 사랑하는 남자의 정신적인 순수를 표현하는 것이다. 사랑은 두 육체의 결합이 아닌 두 영혼의 결합이다. 이것은 정결한 사랑, 즉 "사랑이 이루어지는 순간 그 사랑은 이미 망가진다."는 아랍의 우드리 사랑관의 영향을 받은 사고이다. 우드리 사랑처럼, 순수한 사랑은 assai 혹은 assag라 불리는 절제를 시험한다. 즉 여인은 연인에게 자신과 함께 누워, 포옹하고, 입을 맞추고,

애무하는 것을 허용하나 육체의 결합은 허용하지 않음으로써 욕망과 사랑을 무한정으로 연장하려 한다. 이것은 신을 기쁘게 하기 위한 개념에서 출발하는 그리스도교적 정결의 차원과는 본질적으로 다르다.

그러나 이것이 늘 이루어질 수 있는 이상적인 것은 아니었다. 많은 경우에 남녀의 관계는 육체적인 결합으로 발전되며, 이것 또한 궁정식 사랑에 모순되는 것은 아니었다. 이것은 바로 프로방스식의 순수한 사랑이 결정적인 육체적 관계까지도 용인하는 아랍의 신비주의와 유사한 신비한 사랑으로 이어질 수 있기 때문이다. 전통적으로 사랑을 주제로 한 아랍시에서는 '순수한 사랑'과 '혼합된 사랑'을 구별하며, 프로방스 시에서도 육체적 관계의 차이점에서 출발하는 '정결한 사랑'과 '거짓 사랑'이 서로 반대 선상에 놓인다. 계약에 근거를 둔 법적 제도인 결혼은 종족보존이라는 중요한 목적을 가지는 것인 반면, 사랑과 욕망에서 출발하는 자연적인 관계는 그러한 목적을 가지지 않는다. 이 관계를 아랍인들은 우드리 사랑으로 표현하고, 프로방스인들은 순수한 사랑이라 부른다.

⑤ 사랑의 비밀

궁정식 사랑의 또 다른 규칙은 연인 관계를 비밀리에 간직해야 한다는 것이다. 이것은 비밀 자체가 고귀함과 충성의 징표이기 때문이며, 이 목적은 사랑하는 여인을 보호하기 위한 것이다. 이로 인해 사랑의 대상인 귀부인을 별명으로 부르게 된다. 이처럼 궁정의 귀부인인 사랑하는 여인의 이름을 숨기기 위해 프로방스 시인들도 그녀가 가진 장점을 의인화하는 등의 방법을 통해 '세날'(senhal)이라는 별명으로 지칭했다.

⑥ **듣는 것만으로도 사랑에 빠짐**

사랑하는 이에 대한 단순한 묘사, 혹은 그의 목소리와 노래만을 듣고도 사랑이 싹튼다. 사랑을 담론한 『비둘기의 목걸이』에서는 이 주제에 한 장(章)을 할애할 정도이다. "지금까지 전해진 열정의 가장 오래된 원칙의 하나는 결코 본 적이 없다 해도 어떤 사람에 대한 묘사만으로도 연모가 생길 수 있다는 것이다." 이 모티프는 그대로 유럽의 로망스 문학에 전해져 기사 소설에서도 자주 나타난다.

⑦ **증오스런 새벽**

사랑을 방해하는 여명은 고전 아랍시에 흔히 등장하는 소재이다. 동이 터오면서 연인들은 이별을 해야만 하므로 새벽에 대한 탄식은 고전 까시다의 도입부인 나시브에 중요한 모티브로 등장한다. 이와 유사한 모티브는 모자라브어 카르자에도 나타나며 안달루스 태생의 이븐 쿠즈만의 시에도 등장한다. 이것은 안달루스 지방에서 이 주제가 상당한 인기를 얻고 있었음을 입증하는 것이다. 반면, 고전 라틴어로 쓰인 사랑시나 다른 로망스 민요에서는 아침이 온다는 것이 사랑을 일깨워 주거나 사랑을 위해 좋은 것으로 그려진다.

⑧ **소식을 전해주는 미풍**

아랍시 전통에서 바람은 서정적 모티브로 많이 등장한다. 특히 미풍은 사랑하는 이의 소식을 전해주는 모티브로 등장하며, 이때 소식을 듣는 사람은 바람을 통해 멀리 떨어진 연인에 대한 추억을 떠올린다. 이런 의미에서 바람은 연인에 대한 추억을 새롭게 하며 기분 좋은 소식을 전해주는 메신저로 부각된다. 바람에 대한 이러한 관념은 프로방스의 서정시에서도 그대로 반영된다.

⑨ 봄의 정취

아랍 사랑시에서는 흔히 봄과 같은 계절이 자주 등장한다. 이 때에는 갓 피어난 꽃, 지저귀는 새, 깨끗한 물, 부드러운 바람, 고요한 밤과 같은 소재가 적극 활용된다. 봄을 주제로 삼은 것은 사랑을 읊은 시뿐만 아니라 유럽의 바커스적인 시나 종교시 등의 도입부에서도 자주 나타난다.

⑩ 연인들의 훼방꾼

사랑하는 연인들을 방해하고 이들 사이에 장애물로 자주 등장하는 악인들은 고전 아랍시뿐만 아니라 프로방스시에도 나타난다. Waashi는 아랍어에서 '중상 모략가'를 뜻하며, 프로방스 시에 등장하는 lauzengier에 해당한다. 아랍어의 raqiib은 '스파이'로, 프로방스 시에서 남편의 종으로 귀부인의 보디가드를 뜻하는 gardador 혹은 devin에 해당한다. 아랍어에서 '질투'를 뜻하는 gayuur는 프로방스시에서는 gilos 혹은 gelos이며, 아랍어의 '샘'을 뜻하는 hasid는 프로방스의 enveios에 해당한다. 이 어휘들은 모두 질투에 사로잡힌 경쟁자, 끼어드는 이웃, 자신들의 영예만 지키는데 급급한 친인척과 같은 실제적 인물과 연결되는 것들이다.

2) 형식의 유사성

무왓샤하트와 자잘은 10~11세기 안달루스 뿐만 아니라 전 아랍 세계에 널리 유포된, 당시 최고의 유행 음악이었다. 특히 자잘 형식은 유럽으로도 확산되어 프로방스 시의 최초 시인인 기욤 9세도 이 형식으로 상당수의 서정시를 남겼다. 프로방스 시의 경우, 한 연은 단운의 3행으로 구성되며, 돌림행 또는 아랍어로 심트(simt)라고 불리는 후렴과 동일한 각운을 가진 제4행만 있지만 후렴구가 없는 편이다.[37] 이것은 합창보다는 음유시인이 혼자 부르기에 적합한 형식이라, 프로방스 영주의 궁정에 모인 소수의 청중 앞에서 부르기에 적당했을 것이다.

자잘 형식으로 쓴 기욤 9세의 시 7번은 본문의 3행에 돌림행의 3행을 덧붙인 형식으로, 돌림행의 가운데 행은 다른 두 행보다 길다. 이 형식은 모든 연에서 동일하며, 운율은 AAAbAb, CCCbAb, DDDDbCb이다.

I　　Pos vezem de novel flo**rir**
pratz, e vergiers reverde**zir**,
rius e fontanas esclar**zir**,

37) 프로방스를 제외한 기타 유럽 지역, 일례로 프랑스 전역, 이탈리아, 스페인의 민요에서는 후렴구가 반복되는 자잘 형식의 시가가 발전했다.

aura e v**ens**
ben deu chascus lo joi jauz**ir**
don es jauz**ens.**

IV Per tal n'ai meins de bon sab**er**
quar vueill so que non puesc av**er.**
E si.l reprovers me ditz v**er**:
“Certam**ents**
a bon coratge bon pod**er**
qui.s ben sufr**ens.**

V Ja no sera nuils hom ben f**is**
contr'amor, si non l'es acl**is**,
et als estranhs et als vez**is**
non es cons**ens**,
et a totz sels d'aicels aiz**is**
obedi**ens.**

VI Obedienssa deu port**ar**
a maintas gens, qui vol am**ar**
e cove li que sapcha f**ar**
faitz avin**ens**
e que.s gart en cort de parl**ar**
vilanam**ents.**

IX Mon Esteve, mas ieu no.i vau,
sia.l prezens
mos vers, e vueill que d'aquest lau
me sia guirens.

이븐 쿠즈만이 쓴 자잘의 상당수(123, 138, 141, 142, 등)도 바로 이 형식을 취하고 있다. 그의 자잘은 봄을 부르는 노래(1행~6행)로 시작한다. 이것이 궁정식 사랑시에 등장하는 주제라는 것은 이미 언급한 바 있다. 또한 고통을 감내하며 느끼는 기쁨(19행~20행), 순종의 원칙(25행~32행), 사랑의 비밀 간직하기(33행~36행), 자신이 사랑하는 귀부인을 숨기기 위해 'Esteve'라는 별명을 사용하기(47행~50행)와 같은 궁정식 사랑 코드를 찾을 수 있다. 이 짧은 프로방스 시에 아랍 서정시의 특징인 여러 요소들이 이처럼 많이 발견된다는 사실은 단순한 우연이 아닌 프로방스 시에 미친 아랍시의 영향을 보여주는 것으로 보인다.

3) 안달루스와 프로방스의 역사적, 문화적 관계

11세기 안달루스 지역은 우마이야조가 붕괴하고 군소 왕국들로 분할되지만, 이슬람의 통치자들은 예술, 과학, 철학을 지원하는데 앞장섬으로써 안달루스 문학은 진정한 의미의 황금시대를 맞는다.

한편, 기욤 9세가 태어나기 약 12년 전인 1064년 아키텐의 군대는 아라곤의 왕을 도와 피레네 산맥 남쪽에 있던 이슬람 도시인 바르바스트로(Barbastro) 탈환에 참여해 수천 명의 여종 악사들을 전리품으로 데려 갔다. 이 숫자에 과장이 섞여 있을 수 있으나, 11세기 말 프로방스 궁정에서도 이들 안달루스 출신 전쟁 포로들에 의해 당시 전 아랍 세계에서 유행하던 안달루스의 무왓샤하트와 자잘이 연주되고 불렸다. 기욤 9세도 이들의 노래를 들으면서 자랐을 것으로 짐작할 수 있다.

당시 아랍풍의 노래는 안달루스 출신 악사들의 유입과는 별도로 프랑스 남서부에 널리 알려져 있었을 것이다. 이는 프랑스와 스페인 영주들이 밀접한 관계를 유지하고 있었다는 사실에서도 유추할 수 있다. 일례로 기욤 9세의 두 여동생이 각각 스페인 카스티야의 알폰소 6세(Alfonso VI)와 아라곤의 페드로 1세(Pedro I)와 결혼했고, 기욤 9세 본인도 아라곤 공주인 필리파(Filipa)와 결혼했기 때문이다. 또한 기욤 9세는 제1차 십자군 전쟁에 참전해 예루살렘에서 몇 년을 보냈다. 이런 경로로 그는 아랍식 생활양식을 접할 수 있었던 것이다.

프랑스 남서부와 이슬람 세력에서 그리스도교도 세력으로 재정복된 스페인 북부가 지리적, 정치적으로 밀접했다는 것은 프로방스가 아랍적 영향이 강했던 국경지방과 밀접한 관계를 가졌음을 의미한다. 12세기 초, 아라곤 왕국은 외견상으로는 그리스도교 세력 왕국이었으나, 문화적으로는 그리스도교적인 색채보다 아랍적인 색채가 훨씬 더 강했다고 할 수 있기 때문이다. 그리스도교도 세력인 스페인 왕국의 궁정, 영주의 저택 등지에서 이슬람 음유시인들의 존재는 매우 중요했다는 것은 바로 이것을 입증하는 사례이다. 일례로 알폰소 10세(Alfonso X el Sabio, 1221~1284)의 노래집인 『성모 마리아 찬가집』에는 함께 류트를 타는 이슬람 음유시인과 가톨릭 음유시인의 모습이 그려져 있다. 이들이 두엣으로 노래했다는 것은 공통의 레퍼토리가 존재했음을 나타내는 것이다.

의상이나 외모로 볼 때 왼쪽에 있는 인물은 이슬람 음유시인이며 오른쪽에 있는 인물은 가톨릭 음유시인이라 것을 분명히 알 수 있다.

또한 마르카브루(Marcabrú), 피에레 비달(Peire Bidal)과 같은 많은 프로방스 음유시인들이 재정복된 안달루스의 도시들을 방문했다는 기록이 남아 있다.

이 모든 문화적 교류는 그리스도교도와 이슬람 세력이 지중해의 패권을 놓고 경쟁을 벌이던 시대에 일어난 것이며, 이들 중에서 정신적, 문화적 활동이 활발히 전개된 곳은 이슬람 지역이었다. 그리고 그 아랍 문화 전파의 선봉에 섰던 지역이 바로 안달루스이다. 따라서 자잘과 같은 아랍풍 안달루스 서정시 형식이나 궁정식 사랑과 같은 아랍식 관념 등이 가톨릭 지역으로 전파되어 프로방스 서정시의 결정적인 영향을 주었고, 후에 이 시가 유럽 로망스어 서정시의 모체가 되었으리라는 추측은 놀라운 것이 아니다. 이처럼 활발한 교류의 와중에서 훨씬 월등한 아랍 문화가 그 어느 유럽 지역으로도 전파되지 않았다는 주장이 오히려 더 놀라운 것이다.

중세에 하나의 음악이 가장 중요한 세 문화권을 어떻게 연결해 주고 있었으며, 시인들이 이를 어느 정도 잘 인식하고 있었는지에 대해서는 12세기 말 카탈란 출신의 음유시인 라이몽 비달(Raimon Vidal, 1196~1252)의 저서인 『연주하는 이유 Razos de trobar』의 한 구절에 잘 나타나 있다.

> 모든 사람들, 즉 그리스도교인, 유대인, 이슬람인은 시를 짓고 노래하는 법을 알려고 항상 온 정신을 쏟는다.

3 서역(아랍)과 안달루스의 음악

1. 유럽 음악의 서역적 요소

서아시아의 메소포타미아 유역을 중심으로 건설된 수메르 문화와 바빌로니아 문화가 이미 기원전 2000년에 일반민들의 민요와 정악을 나눌 정도였다면, 이 지역의 악기가 상당한 수준에 있었음을 의미한다. 이들은 sistra라 불리는 타악기를 연주했으며, 하프, 리라(lyre), 류트(lute)와 유사한 악기도 사용했다. 북아프리카의 이집트 역시 고분의 벽화에 류트 탄주자들이 등장하는 것으로 보아, 이미 유사한 악기를 연주했을 것으로 보인다. 기원전 1500년에 이집트가 소아시아를 정복하면서, 메소포타미아 문화, 특히 오보에, 트럼펫, 리라, 류트, 캐스터넷, 심벌과 같은 악기가 이집트 악기에 유입된다. 기원전 4세기에 알렉산더 대왕의 동진정책으로 페르시아와 인도가 유럽과 접촉을 가지면서, 서역에 동·서양의 혼합미술인 간다라 양식이 탄생한다면, 이들의 교류는 음악, 적어도 악기 차원의 교류는 충분히 이루어졌을 것은 미루어 짐작할 수 있다.

8세기 초의 이슬람 세계가 3개 대륙에 걸쳐 있었고, 페르시아, 인도, 터키 등지의 피정복지 문화를 활발히 받아들여 새로운 문화를 창출했다는 것은 주지의 사실이다. 또한 통일제국의 역내

이집트 벽화의 하프, 류트 연주자들

민들 간의 자유로운 이주 및 이동이 가능해짐으로써, 아시아 문화와 유럽 문화는 활발히 교류할 수 있었다. 이러한 교류를 통해, 당시 학문적 암흑기에 있던 그리스도교계 유럽사회의 문화보다 우위에 있던 아랍 세계의 철학, 천문학, 수학, 과학, 의학 등이 유럽에 전수되었으며, 아랍의 예술은 유럽의 음악, 문학, 미술, 건축에 새로운 기운을 불어넣는 계기가 된다. 음악의 경우에는 서역 출신 지르얍이 안달루스에서 동부 아랍의 음악을 유포했고, 이 음악은 다시 인접한 프로방스 지방과 그 너머의 유럽 왕국들로 전파되었다. 음악의 전파는 악기의 전수와 동시에 일어난다.

유럽이 수용한 서역 악기는 다음과 같다.

• alud

소아시아 제국의 악기로, 고대 이집트, 히타이트, 그리스, 로마, 불가리아, 터키, 중국, 아르메니아 문화권에서 사용되었다. 특히 7세기 초에는 아라비아와 페르시아, 아르메니아, 비잔틴 제국에서 유사한 모양의 악기를 연주했으며, 불가리아인들은 코부즈(Kobuz)라는 이름으로 이 악기를 발칸 반도에 전파했고, 9세기에는 무어인들이 이베리아반도로 이 악기를 전했다. 스페인에서는 laud로 개칭되며, 스페인을 통해 이탈리아, 프로방스 지방으로 전파되었다. 프로방스 지방에서는 laut으로 정착된다.

• rabab

rebab, rababh로도 불리는 이 현악기의 원산지는 아프가니스탄으로, 8세기에 아랍인들에 의해 근동, 북아프리카, 스페인 등지로 전해졌다. 스페인에서는 rabel로, 프로방스에서는 rebeb, rebec, rebeca으로 불렸으며, 바이올린의 전신이다.

• tabla

타악기로, 북이다. 지중해 연안의 이슬람인들이 자신들의 종교의식을 거행할 때에 사용했으며 십자군 전쟁 때 유럽으로 전해졌다. 스페인과 유럽 등지에서는 atabal로 불리며, 프로방스에서는 tabalb로 불린다.

• al-nafir

실린더 모양의 금관 트럼펫으로 유럽에서는 anafil로, 스페인에서는 añafil, 프로방스에서는 anafil, sanafil, lanafil로 불린다.

- anbur

소아시아와 중앙아시아가 기원인 타악기로. 스페인에서는 tambor로, 프로방스에서는 tabor, taborel로 정착된다.

- qitara

인도의 sitar에서 페르시아어의 sihtar로, 다시 아랍어 qitara로 변형된 것에서도 보이듯이 인도가 기원이다. 그리스어로는 kithara, 라틴어로는 cithara로 불렸으며, 이미 기원 후 40년에 로마인들이 스페인에 전해준 기록이 있다. 그러나 현대 형태의 기타는 8세기 아랍인들이 이베리아반도에 전해준 것이다. 스페인어 guitarra는 kaithaar라는 아랍어에서 유래되었다는 설도 있다. 프로방스에서는 guitara로 불린다.

- naqqura

naker로도 불리며, 유럽의 팀파니와 비슷한 작은 북으로 13세기에 십자군 전쟁 때 유럽으로 전해졌다. 스페인에서는 nácara로 불리며, 프로방스에서는 naquaire(프랑스 고어)로 불린다.

- ad-duff

탬버린과 유사하며, 나무로 된 틀 위에 자개로 장식한다. 스페인에서는 adufre로 불리며, 기타 유럽에서는 adufe로 불린다.

- al-buq

목관악기로, 아랍어로는 트럼펫을 의미하며, 스페인에서는 alborgue로, 기타 유럽에서는 alboca로 불린다.

- al-San Toor

72~100에 이르는 현을 가진 악기로 기구를 사용해서 연주한다. 그리스어로 psalterium이며, 바스크 지방에서는 악기의 소리를 흉내내어 ttunttun으로 부르고, 아라곤에서는 chicotén, 피리네오 산악지방에서는 psalterium으로 불린다.

- zulami

9세기 초에 바그다드에서 만들어진 목관악기로 중세 유럽에서는 xelami로 불렸다.

- al-zuma

오보에와 유사한 관악기로 스페인에서는 dulzaina로 불린다.

- zamr

현대 오보에의 전신으로 유럽에서는 shawm으로 불리며, 13세기에서 17세기까지 사용되었다.

- ghaita

목관악기로 스페인어의 gaita가 유럽으로 확산된다.

- iraqya, iraquiyya

basoon의 전신에 해당되는 관악기로 유럽에서는 rackett으로 정착된다.

- qanun

harp와 같은 탄현악기로 발전한다.

- ghichak

바이올린의 전신으로 볼 수 있으며, geige로 불린다.

- tarab

터키의 탄현악기로, 이탈리아에서는 tiorba, 프랑스에서는

tourbe, 독일에서는 theorbe로 불리며 영어로는 theorbo이다.

- sunuj al-sufr
  캐스터넷의 일종으로 스페인에서는 sonajas de azófar로 불린다.

이상에서 본 바와 같이, 유럽은 기원전부터 서역의 악기를 수용했으며, 특히 아랍의 안달루시아 점령 이후, 페르시아 등지의 서역 악기는 스페인을 통해 유럽 전역으로 유포된다. 이로 인해 유럽 음악은 새로운 악기를 통해 더욱 더 많은 음악적 발전을 이룬다. 또한 아직은 논란이 많으나, 서구어의 음계인 도레미파솔라시도가 아랍어에서 왔을 가능성을 제기하는 학자들도 있을 정도로 유럽 음악에 미친 서역 및 아랍 음악의 영향은 크다고 할 수 있다.

2. 안달루스 음악

711년 이슬람군대는 북아프리카에서 이베리아반도의 지브롤터(Gibraltar)에 상륙해서 남부지방을 정복하고 중부지방 톨레도까지 진격한다. 당시 소왕국들의 난립으로 내부 분열을 겪던 그리스도교계 왕국들은 힘없이 무너져 내렸다. 이들은 8세기 후반에 이슬람 세력에 대항해서 전투를 벌이나, 이슬람의 지배는 1492년까지 이어진다. 하루 아침에 이교도의 정복을 받게 된 이베리아 주민들은 지배자의 문화를 받아들일 수밖에 없었을 것이다. 어떤 이들은 이슬람으로 개종을 했고, 어떤 이들은 자신의 종교를 고수했고, 어떤 이들은 그리스도교도가 지배하는 이웃 왕국으로 도주하기도 했다. 이슬람 주민들의 사정 역시 비슷했다. 그리스도교도들의 재정복 전쟁으로 자신들의 삶의 터전을 빼앗기게 되자, 이들 역시 그리스도교 문화에 동화되어 살아가거나, 이슬람 지역으로 도피할 수밖에 없었을 것이다. 그러나 이러한 정치적 불안은 문화적으로는 새로운 문화의 탄생을 가져오게 되었다.

몰리나(Molina)와 마이레나(Mairena)는 중세 안달루스의 음악적 요소를 다음과 같이 언급하였다.

> 이오니아와 프리기아 양식들은 비잔틴이나 그리스의 의식에 사용되던 노래에 영감을 제공하였고, 이들 양식들은 13세기까지 코르도바에서 모사라베 교회를 통해 유지되었다. 초기의 인도음악 체계는 지르얍을 통해 전파되어 화성의 기교적 측면과 함께 반복적이고 장식적인 형식을 첨가하게 되었다. 이슬람의 음악과 노래는 구전되어 오던 중국-페르시아의 음계와 리듬을 사용함으로써 새로운 음악계통을 도입하는 계기가 되었다. 판당고(fandango)와 그에 관련된 수많은 변주에 이러한 영향이 드러나며, 빈번한 멜로디의 활용은 플라멩코와 현재 북아프리카 노래의 공통적인 특징이다. 성가의 멜로디와 유대의 음악체계는 9~15세기에 출현하며, 시나고가(유대교회)에서 불렀던 노래는 몇몇 시기리야와 짧은 종교적 영송에 그 모습이 드러난다. 모자라브(이슬람 치하의 그리스

도교도)가 부르던 민중 노래들은 안달루스의 토착민요이다. 이 전통 민요에는 '카디스 노래'라는 토착 노래의 형식과 리듬이 바탕에 깔려 있으며, 카르자는 바로 이것의 전형이다. 모사라베는 거리의 춤인 '삼라스' 혹은 '삼브라스'를 추기도 했으며, 코르도바의 무슬림 왕들 앞에 자주 불려가기도 했다. 안달루스 음악이 지닌 다양성 속에는 아랍계-안달루스 민중의 고유한 노래와 춤인 하르차스와 삼라스가 상존하고 있었다.[38)]

서역 및 중국, 인도의 음악을 수용한 이슬람 음악과 노래는 아프리카적 요소, 히브리적 요소, 모자라브의 민요 등을 융합하면서 독특한 안달루스 음악 세계를 형성한다. 삼라스 혹은 삼브라스는 일종의 아랍계 밸리 댄스를 가리키는 말이다. 위의 인용에서 보듯이 이슬람 치하의 아프리카를 통해서 온 아랍 춤을 배웠고, 이러한 춤을 역으로 무슬림 왕들 앞에 나가 출 정도로 이슬람 문화의 전파자 역할을 했다.

지배층이 요구하던 규범, 문학 양식 등은, 또 다른 지배층에 점령당하면 사라지는 운명에 처한 것은 동·서 고금을 통해 공통적인 현상이다. 그러나 민중 사이에서 자라난 민요와 같은 전통 예술은 생명력이 길다. 9세기 모자라브 출신 시인이며 학자였던 알바로 코르도바(Álvaro de Córdoba)는 안달루스의 모자라

---

38) Ricardo Molina, Antonio Mairena, *Mundo y formas del cante flamenco*, Sevilla, Librería Al-Ándalus, 1971, pp.25~34; Aziz Balouch, *Cante Jondo (su origen y evolución)*, Madrid, Ediciones Ensayos, 1955.

브인들이 어떻게 그렇게 쉽게 지배층의 문화에 동화해 가느냐고 한탄을 했다. 그러나 카르자의 발견에서도 보이듯이 모자라브 일반 민중은 자신들의 노래, 놀이, 풍습을 그대로 간직하고 있었다. 사라진 것은 cuaderna vía라는 중세 그리스도교 사회 지배층이 요구하던 라틴풍의 엄격한 율격의 4행시였을 뿐, 민중들이 즐겨 부르던 민요는 그대로 살아남았고, 이들 민요를 시가에 적극적으로 도입하고 응용한 이들은 역설적으로 새로운 지배계층인 이슬람인들이었던 것이다.[39)]

711년은 이슬람에게 서부 유럽으로의 확산만을 의미하지 않는다. 역시 같은 해 이들은 파키스탄의 신드(Sindh) 지방을 정복한다. 신드 지방에는 먼 옛날 아리아인들이 둥지를 틀었고, 그 뒤를 이어 아랍인이 둥지를 튼 것이다. 또한 아랍 다음으로는 페르시아인이 도착하고, 이어서 터키인, 아프가니스탄, 몽골인이 도래했다. 이로 인해 신드지방은 가장 국제적인 지역이 되었다. 8세기에 이르면, 이미 안달루시아에서 북아프리카를 거쳐, 다마스커스 그리고 동쪽 끝단의 신드까지의 교통로가 완성되며, 수많은 악사, 예술가, 건축가가 이 길을 통해 동에서 서로, 서에서 동으로 이동한다.

집시들은 바로 이 지역에 살던 사람들로, 10세기에 서역의 펀잡 지방을 떠나, 15세기 초 북아프리카를 거쳐 이베리아반도의

39) Juan Cano-Ballesta, "Cultura popular y diálogo intertextual en el *Cancionero Musical de Palacio*" *AIH*, Actas VIII (1983), Centro Virtual Cervantes.

동부 해안에 정착했다. 그리고 또 다른 그룹은 소아시아반도에서 유럽으로 이동하며, 15세기 중반에 이베리아에 정착했다. 이들은 이 지역의 무어인(북 아프리카 출신 무슬림), 유대인, 모리스코(이슬람을 믿는 스페인인들을 지칭함)인과 자신들의 음악 전통을 결합시켜 칸테(cante)라는 독창적인 노래를 만들었다. 즉, 최초의 플라멩코 또는 집시-안달루스 노래의 리듬과 춤은 카디스(Cádiz)의 전통적 정서, 세비야(Sevilla)와 헤레스(Jérez)의 경작지대에 거주하던 모리스코 농부들의 소박한 노래들, 비밀 유대교도의 은밀한 의식 및 무슬림들의 민요와 같은 요소들을 포함하는 것이다.[40] 파코 데 루시아, 카마론 델 라 이슬라 같은 일단의 음악가들 또한 플라멩코의 안달루스-모리스코 기원설에 토대를 둔다. 이들은 그 이유를 이 음악과 춤에 사용되는 블레리아스, 삼브라스, 호타, 시기리야, 판당고와 같은 어휘들이 아랍어에서 파생된 것이기 때문이라고 주장한다.[41]

인도대륙에 살던 집시들이 왜 그곳을 떠나 서쪽으로 이주했는가에 대해서는 여러 가지 가설이 있다. 인도 카스트 제도 하에서 불가촉천민(不可觸賤民)이었던 자신들의 신분에 대한 불만이라는 설, 이슬람의 통제를 벗어나려 했을 것이라는 설, 이슬람 군대에 끌려가지 않기 위해서라는 설 등이 분분하다. 분명한 것은 현재 가장 많은 숫자의 집시가 살고 있는 서유럽 국가의 하나가 스페인이며, 이들의 주 거주지가 안달루스라는 사실이다. 이것은 안달

---

40) Ricardo Molina, Antonio Mairena, *op. cit.*, pp.25~34.
41) María Ángeles Bazalo Miguel, *op. cit.*

루스가 기원전부터 외지인의 문화, 외지인의 정착에 관대했음을 말해준다.

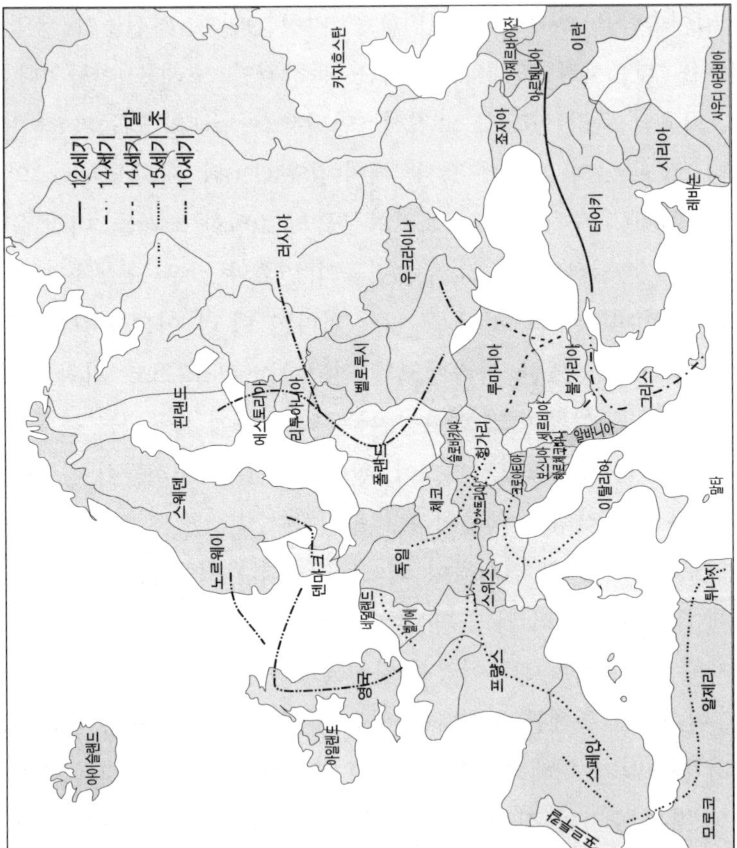

집시들의 유럽 이주

4 결 론

서기 8세기 초부터 15세기 말까지 진행된 이슬람의 이베리아 반도 통치의 중심지역은 현재의 안달루시아로, 이를 아랍어에서는 안달루스라고 부른다. 기원전부터 아프리카와 지중해 연안 이민족의 외침을 겪은 이 지역은, 이국 문화 수용에 큰 거부감은 없었을 것이다. 또한 정복자인 이슬람이 자신들의 언어와 문화를 강제로 이식하려는 정책을 강하게 취하지 않음으로써, 안달루시아 지방의 언어, 시가(詩歌) 전통은 그리스도교도인 모자라브 사이에 그대로 살아 있었다. 지배층은 동부지방의 문화의 연장을 시도하나, 세월이 흐르면서 피정복민의 문화를 자신들의 문화 속에 유입시키는 현상을 낳았다. 이러한 결과로 안달루스만의 독특한 시가가 탄생하게 된 것이다.

정통 아랍시 까시다의 변형인 무삼마트, 나시브에서 파생되어 독립 장르로 자리매김한 가잘, 그리고 그 연장선상의 무왓샤하트와 자잘 같은 시가가 태동하면서, 안달루스는 유럽에서 가장 아랍적인 시가, 아랍 시각에서는 가장 유럽적인 시가를 갖게 된 것이다. 이들 다양한 장르는 자신들만의 독특한 특징을 지니면서도 '아랍'이라는 공통 요소를 소유함으로써 상호 유기적으로 연관되어 있다. 우선 단일운과 단일 리듬을 고수하는 정형시 까시다는 정복 초기에 이슬람 지배층을 중심으로 발전한다. 다음에 출현한 안달루스 고유 시가 무왓샤하트는 까시다의 엄격한 형식을 타파한 노래시로, 절(연)과 다양한 리듬, 다양한 운을 가지며, 마지막 연에 모자라브의 전통민요를 모자라브어, 혹은 히브리어로 적음으로써, 기층문화의 시가를 유입하게 된다. 그럼에도 불구하고 무왓샤하트가 아랍인들의 지배 하에서 탄생되었으며 아랍어를 사용하는 아랍시라는 점에서 까시다의 영향을 완전히 부인할 수는 없다. 더욱이 무왓샤하트가 형성되기 이전에 아랍 본토에서는 이미 무삼마트라고 하는 유절시가 실험되고 있었으며, 이들 시인들이 어떤 점으로나 안달루스 시인들의 시 창작 모델이 되었다는 점 또한 주목할 필요가 있다.

그러나 안달루스에는 이미 절(연)이 있는 로망스 민요가 존재하고 있었고, 무왓샤하트의 변이형인 자잘 형식이 전 유럽의 민요에서 발견되고 있다는 점에서 무왓샤하트 형성에 유럽의 시가가 영향력을 행사했을 가능성도 있다. 이런 이유 때문에 로망스 문학가들은 무왓샤하트를 안달루스의 통속시가 지배층 문화 수준으로 격상되고 아랍화되면서 생겨난 로망스 시의 한 갈래라고 주장하는 것이다. 현재까지도 어느 설이 사실인가에 대해서는 명확히 규명할 자료가 부족하다. 다만, 다양한 인종, 종교, 문화가 뒤섞여 있던 안달루스의 환경을 고려해 볼 때 하나의 요인보다는 다양한 요인들이 무왓샤하트의 형성에 작용했을 것이라고 여겨진다.

자잘은 무왓샤하트의 변이 형식으로 무왓샤하트가 정통 아랍어를 사용한 반면, 통속 아랍어를 사용했다는 점이 다르다. 또한 무왓샤하트에는 카르자가 필수적인 요소인 반면에 자잘에는 카르자가 없다. 그리고 무왓샤하트와 달리 시의 시작 부분과 각 연의 마지막 행들에 반복되는 후렴구를 가지고 있다는 점이 특징이다. 자잘은 통속 아랍어를 사용함으로써 일반 대중들에게 더욱더 쉽게 다가갈 수 있었다. 자잘은 11세기 말부터 12세기 중반까지 활동했던 이븐 쿠즈만에 의해 완전한 형식을 갖추었으며, 이후에는 모로코, 튀니지, 이집트 등 아프리카 북부와 동부 아랍세계와 중앙아시아뿐만 아니라 프로방스, 프랑스 북부, 이탈리아 등의 유럽 지역으로까지 전파되었다.

자잘은 특히 프로방스 지방의 서정시에 영향을 준 것으로 판단된다. 특히 궁정식 사랑을 노래한 이들 시가는 귀부인의 우월함, 귀부인에 대한 복종과 충성, 고통의 쾌락, 순수한 사랑 등의 요소에서 완전히 일치한다. 프로방스는 이베리아반도에 인접한 지역으로, 아랍문화가 가장 먼저 전파된 유럽지역으로 볼 수 있다. 이들 시가의 유사성은 이미 안달루스가 유럽문화와 소통을 하고 있었음을 입증하는 예로 볼 수 있다.

마지막으로 살펴본 것은 음악 부문의 교류이다. 아랍과 유럽은 인접문화권으로, 이들 사이에는 기원전부터 활발한 악기 교류가 있었다. 특히 알렉산더의 페르시아 점령으로 그리스 문화가 서역으로 유입되며, 역으로 서역 문화가 그리스를 통해 유럽으로 소개되었다. 뿐만 아니라, 이미 로마 시대 이전부터 이집트는 유럽인에게 낯선 지역이 아니었다. 유럽에 전수된 서역 혹은 아랍 악기의 긴 목록은 서역 음악이 유럽 음악의 발달에 어떠한 기여를 했는가를 보여준다.

동부 아랍의 지르얍이 안달루스에 인도-페르시아-아랍 음악을 전해 주면서부터, 안달루스 음악은 토속적인 요소를 가미해서 새로운 음악을 만들어 냈다. 안달루스 지방의 아랍 시가가 노래를 부르기 위한 시가였다는 것은 음악과 문학이 함께 움직였다는 것을 의미하며, 이런 차원에서 볼 때, 무왓샤하트와 자잘 같은 노래시는 동부 유럽의 노래시와는 다른 각도에서 발전했다. 특히 자잘은 합창을 하기에 적합한 후렴구를 시의 앞뒤에 배치함으로 인해 많은 이의 참여를 유도할 수 있었으며, 이로 인해 더욱 더 많은 사랑을 받을 수 있었다. 뿐만 아니라, 자잘의 언어도 통속 아랍어를 사용함으로써 일반 민중들에게 좀 더 쉽게 다가갈 수 있었다. 자잘이 안달루시아뿐만 아니라, 북아프리카, 아라비아반도까지 지금도 유행하고 있다는 사실은, 자잘이 가진 끈질긴 생명력을 보여준다고 할 수 있다.

참고문헌

김능우, 『아랍시의 세계』, 명지출판사, 2004.

김호동, 『이슬람 1400』, 까치, 2003.

박 철, 『서반아 문학사』 상, 송산출판사, 1992.

송경숙, 전완경, 조희선 공저, 『아랍문학사』, 송산출판사, 1992.

이종화, 「안달루스 아랍시와 초기 스페인 시에 대한 상호관계 연구」, 『외국문학연구』 제11호, 2002.

전완경, 「안달루스 무왓샤하트 발전과정」, 『아랍어와 아랍문학』 제7집 2호, 2003.

Abu Haidar, Jareer, "The Kharja of the Muwashshah in a New Light", *Journal of Arabic Literature*, IX, 1978, pp.1~13.

Arberry, A. J.,(edit.), *Arabic Poetry: A Primer for Students*, Cambridge, Cambridge University Press, 1965.

Alborg, Juan Luis, *Historia de la literatura española, Tomo I*, 2ª edición ampliada, Madrid, Gredos, 1992.

Alonso, Dámaso, "Cancioncillas 'de amigo' mozárabes (primavera temprana de la lírica europea)", *Revista de Filología Española,* XXXIII, 1949, pp.297~349.

______________, "Jarchas, cantigas de amigo y villancicos", en Francisco Rico, *Historia y crítica de la literatura española,* I Edad Media, Barcelona, Editorial Crítica, 1980.

Asensio, Eugenio, "Folklore y paralelismo en la cantiga de amigo", en Francisco Rico, *Historia y crítica de la literatura española,* I Edad Media, Barcelona, Editorial Crítica, 1980.

Badawi, M., "From Primary to Secondary Qasidas", *Journal of Arabic Literature*, XI, 1980.

Balouch, Aziz, *Cante Jondo (su origen y evolución)*, Madrid, Ediciones Ensayos, 1955.

Bazalo Miguel, María Ángeles, "La cultura literaria andalusí", http://www.juntadeandalucia.es/averroes/iesbajoguadalquivir/docu/ibnjaldun/ibnjaldum/segunda.htm

Bozal, Valeriano, *Historia del arte en España,* I, Ediciones Istmo, 1973.

Cano-Ballesta, Juan, "Cultura popular y diálogo intertextual en el *Cancionero Musical de Palacio*" AIH, Actas VIII, 1983, Centro Virtual Cervantes.

Corriente, Federico, "Again on the Metrical System of Muwaššah and Zajal", *Journal of Arabic Literature XVII,* 1986.

__________, *Poesía dialectal árabe y romance en al-Andalús*. Madrid, Gredos, 1997.

Frenk Alatorre, Margit, ed., *Lírica española de tipo popular: Edad Media y Renacimiento*, Madrid, Cátedra, 1977.

Ferrando, Ignacio, "Andalusi Musammat some Remarks on its Stanzaic and Metrical Structure", *JAL 30-1*, 1999.

Galmés de Fuentes, Álvaro, *El amor cortés en la lírica árabe y en la lírica provenzal*, Madrid, Cátedra, 1996.

García Gómez, Emilio, "Una pre-muwashshaḥa atribuida atribuida a Abū Nuwās", *Al-Andalus,* XXI, 1956, pp.406~414.

______________, "Estudio del *Dar-at-Tiraz*, preceptiva egipcia de la muwassaha", en *Al-Andalus*, XXVII, 1962, pp. 27~104.

______________, ed., *Las jarchas romances de la serie árabe en su marco*, Madrid, Alianza, 1990.

Garulo, Teresa, *La literatura árabe de Al-Andalus durante el siglo XI*, Madrid, Hiperión, 1998.

Gorton, T. J., "Zajal and Muwaššah: The Continuing Metrical Debate", *Journal of Arabic Literature IX,* 1978.

Iáñez, Eduardo, *Historia de la Literatura Universal, Vol. II (La Edad Media)*, Barcelona, Ediciones Tesys & Bosch, 1989.

Jones, Alan, "Romance Scansion and the Muwassahat", *Journal of Arabic Literature 11*, 1980.

______, *Romance Kharjas in Andalusian Arabic Muwashashah*

Poetry, Ithaca Press, Londres, 1988.

______, & Richard Hitchcok (eds.), *Studies on the Muwaššaḥ and Kharja,* Oxford University, 1991.

Kennedy, Philip F., "Thematic Relationships Between the Kharjas, the Corpus of Muwaššaḥāt and Eastern Lyrical Poetry", *Studies on the Muwaššaḥ and Kharja*, Oxford University, 1991.

Llatse, Víctor José, "El zéjel", julio de 2003. http://www.literonauta.com/lit/victor/precep/zejel.html

Marcos Marín, Francisco, "Observaciones preliminares sobre el zéjel de Al-Andalus", *Revista de Filología Románica* III, 1985.

Martin Lings, *Sufi Poems*, The Islamic Texts Society: Cambridge, 2004.

Menéndez Pidal, Ramón, *Poesía árabe y poesía europea*, Madrid, Espasa Calpe, 1941.

_______________, "Cantos románicos andalusíes, continuadores de una lírica latina vulgar", *Boletín de la Real Academia Española* XXXI, 1951, pp.187~270

Menocal, María Rosa, *The Arabic Role in the Medieval Literary History. A Forgotten Heritage*, Philadelphia, University of Pennsylvania Press, 1987.

________, *La joya del mundo. Musulmanes, judíos y cristianos, y la cultura de la tolerancia en al-Andalus*, Barcelona, Plaza Janés, 2003.

Molina, Ricardo & Mairena, Antonio, *Mundo y formas del cante flamenco*, Sevilla, Librería Al-Ándalus, 1971.

Nykl, A. R., *Hispano-Arabic Poetry and its Relations with the Old Provençal Troubadors* Baltimore, J. H. Furst Co., 1946.

Spitzer, Leo, "La lírica mozárabe y las teorías de Theodor Frings", *en Lingüística e historia literaria*, Madrid, Gredos, 1955.

Stern, Samuel Miklos, *Hispano-arabic Strophic Poetry,* Oxford, Clarendon Press, 1974.

__________, "Les vers finaux dans les muwassahs hispano-hébraïques: Une contribution à l'histoire du muwassh et à l'étude du vieux dialecte espagnol mozarabe", *Al-Andalus* XIII, 1948, pp.299~348.

Vallvé Bermejo, Joaquín, *Al-Andalus: sociedad e instituciones*, Madrid, Real Academia de la Historia, 1999.

Zwartjes, Otto, *Love Songs from al-Andalus: History, Structure and Meaning of the Kharja*, Brill, Leiden, 1997.

http://en.wikipedia.org/wiki/Ghazal

http://www.thesongsofhafiz.com/ghazal.htm

http://www.islamyal-andalus.org/agosto03/abenquzman.htm

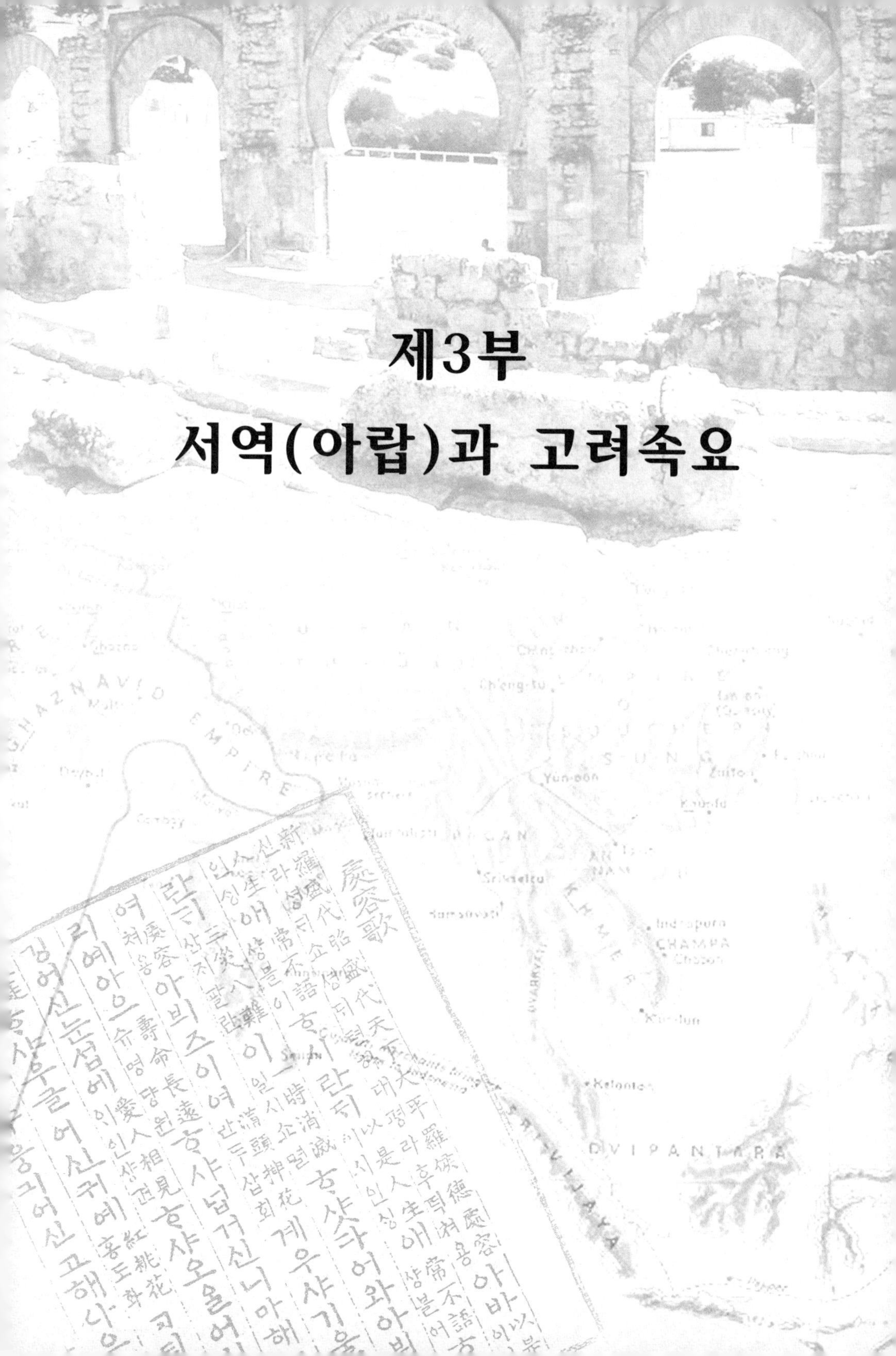

제3부

서역(아랍)과 고려속요

1 고려 속악가사의 서역적 요소 :〈쌍화점〉과 〈처용가〉를 중심으로

1. 〈쌍화점〉

대부분의 고려속요가 형성과 관련된 여러 정보가 부족한 데 비해 〈쌍화점〉은 형성 시기와 담당층에 대한 기록을 갖고 있다. 『고려사』[1]와 『고려사절요』[2]에 따르면 그 형성 시기는 충렬왕 25년(1299) 5월 이전으로 볼 수 있으며, 담당층 또한 충렬왕 대의 측근 신료들임을 알 수 있다.[3]

이렇듯 형성 시기와 형성 담당층에 대한 뚜렷한 기록이 있음에도 불구하고 일부 연구자들은 〈쌍화점〉을 민요와 밀접한 연관

1) 『高麗史』 卷71 樂志 俗樂.
2) 『高麗史節要』 卷22 忠烈王 己亥(二十五年) 五月.
3) 박노준은 이 노래의 궁중 이입 시기를 충렬왕 22년 7월 이후로 보고 있다. 朴魯埻, 「〈雙花店〉의 재조명」, 『高麗歌謠의 硏究』, 새문社, 1990, pp.168~174.

을 짓고 있다. 그들에 의하면 고려속요 대부분이 전래 민요 가운데 여러 경로를 거쳐 – 지방 기생 및 무녀 차출 등 – 궁중 무악으로 채택되었기 때문에 〈쌍화점〉 역시 같은 과정을 겪었을 것으로 보고 있다.[4] 하지만 여러 연구자가 지적하다시피 일부 고려속요가 민요에서 시작되어 지방 차출 기생 · 무녀들에 의해 가창 · 공연되었다고 할지라도, 궁중무악(宮中舞樂)으로서의 기능을 수행하기 위해서는 당대 영향력이 있는 궁중 음악 담당층들에 의해 개작이 수반되었을 것으로 보인다.[5] 그리고 민요에 원천을 두었다고 보기 어려운 〈쌍화점〉의 경우 현저한 수준의 개작 내지 윤색된 노래라 할 수 있다. 물론 〈쌍화점〉을 창작에 준한 가요라 했을 때, 오잠(吳潛) 단독 개작 · 창작설에 대한 논의가 분분하지만 대부분 연구 결과는 그 형성 동인을 충렬왕과 밀접하게 연관시키고 있다. 따라서 〈쌍화점〉은 관련 기록을 존중할 때 고려 원 간섭기 충렬왕 시대에 충렬왕의 측근 신료에 의해 그와 밀접한 제작 배경을 가진 작품이라 할 수 있다.

한편, 역사 기록이 〈쌍화점〉 2연에 해당하는 〈삼장(三藏)〉만을 적시(摘示)하고 있고, 〈쌍화점〉에 대한 제명(題名)이 조선시대 문헌에서만 발견되기 때문에 고려시대의 〈삼장〉이 〈쌍화점〉 2연의 한역시(漢譯詩)인가에 대해 의문이 제기되기도 하였다.[6]

---

4) 崔美汀, 「雙花店의 解釋」, 『韓國文學史의 爭點』, 集文堂, 1986, p.258.

5) 정기호, 「〈履霜曲〉 이해를 위한 몇 문제」, 『한국고전시가작품론』, 集文堂, 1992, p.274; 임주탁, 「〈三藏〉 · 〈蛇龍〉의 生成 文脈과 含意」, 『韓國詩歌硏究』, 第16輯, 한국시가학회, 2004, p.123.

하지만 양주동 이후 대부분 논자들은 이 두 노래를 같은 것으로 보고 있다. 그리고 민사평(閔思平, 1295~1359)의 소악부 가운데 〈쌍화점〉 2연(〈삼장〉)을 거의 그대로 옮긴 노래가 있기 때문에[7] 〈삼장〉 또한 〈쌍화점〉 2연의 한역시로 보는 것이 나을 듯하다. 다시 말해 고려후기 소악부 제작이 기존 우리말 노래를 한역하고 있다는 점을 비추어 볼 때,[8] 〈삼장〉 이전에 국문가요 〈쌍화점〉이 존재했다고 할 수 있다.

이처럼 〈쌍화점〉을 원 간섭기인 충렬왕 시대의 노래로 이해할 때, 우리의 의문은 이 작품 형성에 어떠한 요소들이 관여하고 있는가 하는 점이다. 기존 연구에서도 이 부분에 대한 논의는 있어 왔으며,[9] 이들 연구 성과를 통해 〈쌍화점〉을 이해하는 데 적지

---

6) 朴焌圭, 「高麗俗謠 31篇에 대하여」, 국어국문학회 편, 『高麗歌謠研究』, 백문사, 1979; 崔龍洙, 『高麗歌謠研究』, 계명문화사, 1996, p.299.

7) "三藏精廬去點燈 執吾纖手作頭僧 此言若出三門外 上座閑談是必應." 『及庵先生詩集』 卷3.
"삼장사에 등불 켜러 갔더니, 내 가냘픈 손잡는 저 높은 스님. 이 말이 삼문 밖으로 나간다면, 상좌의 쓸데없는 말에 오르내리리."

8) "昨見郭翀龍 言及菴欲和小樂府 以其事一而語重 故未也 僕謂劉賓客作竹枝歌 皆其峽間男女相悅之辭 東坡則用二妃屈子懷王項羽事 綴爲長歌 夫豈襲前人乎 及菴取別曲之感於意者 飜爲新詞可也 作二篇挑之." 『益齋亂藁』 卷4. "어제 곽충룡이 급암이 소악부에 화답하려 해도 한 가지 일에 거듭되는 말이 되어 그만두었다 한다. 내가 이르기를 '유빈객의 죽지사는 모두 기주나 협주 사이의 남녀가 서로 좋아하는 말이고, 동파는 이비, 굴자, 회왕, 항우 등의 일을 가지고 긴 노래를 지었으니, 어찌 전대 사람들을 도습하겠는가?' 하였다. 급암도 별곡에서 감동한 뜻이 있다면 새로운 가조로 지어도 좋을 듯하다. 이에 두 편을 지어 인도하다."

않은 도움이 되었다. 하지만 기록에서 보듯 〈쌍화점〉 형성에는 충렬왕이 중심에 서 있음에도 불구하고 앞서의 논의들은 이를 다소 소홀히 다룬 면이 있었다.

〈쌍화점〉이 충렬왕의 취향과 맞물려 있으며, 그 기호의 형성에 그의 이국적 체험과 동경 그리고 당대 사회상 등이 어느 정도 기여했을 것이라는 가설 아래 이 작품에 내재된 이국적 요소를 살피고자 한다.

1) 충렬왕

〈1〉 오른쪽의 두 노래(〈삼장〉, 〈사룡〉)는 충렬왕조에 지은 것이다. 왕이 군소배를 친근히 하고 연악(宴樂)을 좋아했다. 행신(倖臣) 오기(吳祈)와 김원상(金元祥), 내료(內僚) 석천보(石天補)와 석천경(石天卿) 등이 성색(聲色)으로 왕을 기쁘게 해주기에 힘썼다. 관현방(管絃房), 태악서의 재인(才人)으로도 부족하자 여러 도에 행신을 보내서 관기로 자색과 기예가 있는 자를 고르고 또 성중에 있는 관비와 무당으로 가무를 잘하는 자를 골라다가 궁중에 등록해 두고 비단옷을 입히고 마종립을 씌워서 따로 한 대(隊)를 만들어 남장(男粧)이라 칭하고 이 노래들을 가르쳤다. 군소배들과 밤낮으로 가무를 하고 난잡하게 구니, 군신 사이의 예는 없어졌으며, 접대하고 하사하는 비용이 이루 기록할 수 없을 정도로

9) 呂增東, 「雙花店 考究(其一)—發源적 考察을 中心으로—」, 『語文學』 19, 韓國語文學會, 1968; 呂運弼, 「雙花店 硏究」, 『국어국문학』 92, 국어국문학회, 1984; 임주탁, 『고려시대 국어시가의 창작·전승 기반 연구』, 부산대학교 출판부, 2004.

많았다.[10)]

〈2〉 5월 수강궁에 행차하였다. 왕이 여러 소인들을 가까이하며 유흥을 즐기니, 행신(倖臣) 오기(吳祈), 김원상(金元祥)과 내료 석천보(石天補), 석천경(石天卿) 등이 노래와 여색으로 환심을 사기에 힘썼다. 관현방(管絃坊), 태악서의 재인(才人)이 오히려 부족하다 하여 행신들을 각 도에 나누어 보내 관기(官妓)로서 인물과 재예가 있는 자를 뽑고, 또 도성 안의 관비(官婢)나 무당으로서 노래와 춤을 잘 추는 자를 선발하여 적(籍)을 궁중에 두었다. 그리고는 비단옷을 입히고 말총모자를 씌워 따로 한 떼를 만들어 '남장(男粧)'이라 부르고, 새 음악[新聲]을 가르쳤다. …… 왕이 수강궁에 행차하면, 천보의 무리들은 그 곁에 장막을 치고 각기 명기(名妓)를 끼고는 밤낮으로 노래하고 춤추며 무례하고 방자하여 군신간의 예의를 다시 찾아볼 수 없었으며, 공궤하고 하사하는 경비가 이루 다 기록할 수 없을 만큼 많았다.[11)]

---

10) "右二歌 忠烈王朝所作 王狎群小 好宴樂 倖臣吳祈金元祥 內僚石天補天卿等 務以聲色容悅 以管絃房太樂才人 爲不足 遣倖臣諸道 選官妓有姿色伎藝者 又選城中官婢及女巫 善歌舞者 籍置宮中 衣羅綺 戴馬鬃笠 別作一隊 稱爲男粧 教閱此歌 與群小 日夜歌舞褻慢 無復君臣之禮 供億賜與之費 不可勝記."『高麗史』 卷71 樂志 俗樂.

11) "幸壽康宮 王狎昵群小 嗜好宴樂 倖臣吳祁 金元祥 內僚石天補 夫卿等 務以聲色容悅 謂管絃坊大樂才人 猶爲不足 分遣倖臣 諸道 選官妓有色藝者 又選城中官婢 及巫善歌舞者 籍置宮中 衣羅綺戴馬尾笠 別作一隊 稱爲男粧 教以新聲 …… 王之幸壽康宮也 天補輩 張幕其側 各私名妓 日夜歌舞褻慢 無復君臣之禮 供億賜與之費 不可勝記."『高麗史節要』 卷22 忠烈王 己亥(二十五年) 五月.

앞서 언급했다시피, 이 두 기록은 〈쌍화점〉 형성과 관련된 여러 정황을 말해주고 있다. 내용은 행신들이 충렬왕을 위해 〈쌍화점〉을 지었고 또 이들이 궁중 연향을 위해 전국적으로 기생 및 무당을 차출했다는 것이다. 물론 행신들이 이렇게 할 수 있었던 것은 충렬왕의 적극적 지원이 있었기 때문이라 할 수 있다. 또한 기록에 '남장별대' 운운(云云) 등을 통해 볼 때, 이 작품의 연행은 대규모로 공연되었고, 이 공연은 여증동이 지적했다시피[12] 극적 성격을 가지고 진행되었을 것으로 보인다.

한편 충렬왕의 연향 취향 및 태도에 대한 기록은 조선시대 사관이 반영된 점을 감안하더라도 다소 독특하다고 할 수 있다. 그렇다면 이런 취향은 어디로부터 연유한 것일까. 다양한 요소들이 있겠지만 그 가운데 태자시절 원나라 체류기간과 등극 이후 여러 차례 원나라에 입국했던 경험 등을 들 수 있겠다.

충렬왕은 고종 23년(1236) 원종의 장자로 태어났으며, 원종 8년(1267)에 태자로 책봉되었다. 이후 원종 13년(1272) 원 나라에 가서 원종 15년(1274) 원 세조의 딸 홀도로게리미실(忽都魯揭里迷失, 齊國大長) 공주와 결혼하였고, 같은 해 6월 계해일에 부왕인 원종이 죽자 8월 고려로 돌아왔다.[13]

---

12) 呂增東, 「雙花店 考究(其一) - 發源적 考察을 中心으로 -」. 『語文學』 19, 韓國語文學會, 1968; 呂增東, 「雙花店 考究(其二) - 舞臺 解釋을 中心으로 -」, 『국어국문학』 47, 국어국문학회, 1970; 呂增東, 「〈쌍화점〉 노래 연구」, 金烈圭 · 申東旭 편, 『高麗時代의 가요문학』, 새문社, 1982.

13) 『고려사』 권28 세가 28 충렬왕 1년.

충렬왕의 원 체류기간은 2년 남짓하였으나, 그가 원 혹은 원 황실로부터 받은 영향은 적지 않은 것으로 보인다. 우선 고려 태자로서 처음으로 원 황제의 부마가 된 점, 귀국할 때 몽고 풍속을 따라 개체(開剃 - 변발)를 하고 호복(胡服)을 착용한 점, 그리고 제국공주를 맞이할 때 신료들에게 개체를 강요하고 따르지 않은 자에게 회초리를 친 점[14] 등을 볼 때 친원파적 요소를 다분히 가지고 있다고 할 수 있다. 이러한 이면에는 당대 최강국인 원 문화에 대한 동경도 일정 정도 작용한 것으로 보인다. 당시 원은 세계 문화 교류의 중심지였으며, 특히 원 세조대에는 유라시아 지역과 정치적, 종교적, 문화적 교류를 적극적으로 한 시기였다.[15] 원 황실과 밀접했던 충렬왕은 자연스럽게 이런 이국적 요소들을 접했을 것으로 보인다.

등극 이후에도 충렬왕은 7차례에 걸쳐 원 나라를 방문하였으며, 체류기간도 1~6개월임을 알 수 있다.[16] 방문기간 동안 황제의 부마라는 신분을 통해 당대 최고의 문화적 요소들을 접했을 것으로 추정할 수 있다.

이외에도 왕비인 제국공주가 고려에서도 원 풍습대로 살아갔던 점을 보더라도 충렬왕이 왕비의 이국적 취향의 생활을 인정

14) 『고려사』 권28 세가 28 충렬왕 1년.
15) 金鍾國, 「東西의 交流와 元代의 文化」, 東洋史學會 편, 『槪觀 東洋史』, 지식산업사, 1983, pp.204~207.
16) 『고려사』를 참고할 때 구체적인 원 입국 시기는 다음과 같다. 충렬왕 4년(1278) 4월, 6년(1280) 8월, 13년(1287) 9월, 19년(1293) 12월, 22년(1296) 11월, 23년(1297) 3월, 26년(1300) 6월.

했거나 지지했을 것임은 자명하다 하겠다.

〈3〉 여름 5월에 밤에 향각(香閣)에서 잔치하다가 왕이 벽에 붙은 당 현종의 밤놀이하는 그림을 보고, 좌우에게 이르기를, "과인이 비록 조그마한 나라에서 왕 노릇을 하고 있지만 놀이하고 잔치하는 것이야 어찌 명황(明皇 - 현종)만 못할 수 있겠느냐." 하였다. 이때부터 주야로 계속하여 기교(奇巧)와 음란한 놀이를 아니하는 것이 없었으며, 또 국신고(國贐庫)의 엷은 비단 20필을 순마소에 주어, 연회하는 날에 꽃 계단을 꾸몄다가 오래되면 이를 새로 갈아놓았다.[17)]

〈4〉 무진일에 왕이 양 200두와 술 200합을 황제[元 成宗]께 상수(上壽)하였다. 기사일에 또 궐에 나아가 부두연(扶頭宴)을 베푸는데 황제가 고려가(高麗歌)를 부르라고 명령하거늘 왕이 대장군 송방영(宋邦英), 송영(宋英) 등으로 쌍연곡(雙燕曲)을 부르게 하였다. 전왕(충선왕)은 단판(檀板)을 잡고 왕(충렬왕)은 일어나 춤을 추며 축배를 올리니 황제와 황후가 더불어 기뻐하였다.[18)]

---

17) "夏五月 夜宴于香閣 王 見壁上唐玄宗夜宴圖 謂左右曰 寡人雖君小國 其於遊宴 安可不及明皇 自是 夜以繼日 奇巧淫技 無所不至 又以國贐庫羅綃二十疋 付巡馬所 至宴日 則粧飾花階 久則換之." 『高麗史節要』 卷21 忠烈王 丙申二十二年.

18) "戊辰 王 以羊二百頭 酒二百 上壽于帝 己巳 又詣闕 設扶頭宴 帝命唱高麗歌 王 令大將軍宋邦英 宋英等 歌雙燕曲 前王 執檀板 王起舞獻壽 帝與后悅." 『高麗史』 卷31 忠烈王 26年(1300) 6月.

〈3〉은 충렬왕이 궁중 잔치 문화를 대국 수준으로 끌어올리겠다는 의지를 보인 기록이며, 〈4〉는 충렬왕이 원 황실 잔치에 적극 참여한 사실을 보여주고 있다. 세자 시절부터 원나라와 원 황실의 잔치문화를 여러 번 접했던 충렬왕이었기에 당시 고려 궁중의 잔치 수준에 만족하지 못했던 것으로 보인다. 비록 정치적으로는 원의 간섭기에 놓인 국가라 할지라도 궁중 잔치만큼은 황제국 수준으로 높이고 싶었을 것이다. 국가제례 및 군례(軍禮)와 달리 연향례(宴享禮)는 제후국이 대국의 간섭에서 비교적 자유롭기 때문에 충렬왕 입장에서는 이와 같은 의지와 실천을 단행한 것으로 보인다.

그리고 충렬왕은 등극 이후에도 여러 차례 원에 입조하였고, 그 곳에서 수차례 원 황실의 잔치에 참가하였다. 충렬왕 4년 4월에 충렬왕은 왕자, 공주 등과 함께 원에 갔다가 귀국할 즈음에 송별연에 주빈(主賓)으로 참석한 것을 시작으로 6년 8월 원 세조의 향연에 참가하는 등 입조 때마다 크고 작은 잔치에 참여하였다. 특히 26년(1300) 6월 원 황실의 잔치에서 충렬왕은 고려속요 〈쌍연곡〉에 맞추어 춤을 추기까지 한다. 충렬왕이 이전에도 궁중 잔치에 적극적으로 참여했기 때문에, 당시 상황에서도 자연스럽게 춤을 출 수 있었던 것으로 보인다. 이는 충렬왕이 이미 원 황실의 잔치에 매우 익숙할 정도로 원 궁중 문화에 대한 깊은 이해가 있었기 때문에 가능했던 것이다. 충렬왕은 궁중잔치를 포함한 원 문화 전체를 동경했고 그에 대한 깊은 이해가 있었음을 위의 두 기록이 말해주고 있는 셈이다.

2) 원의 문화적 상황과 원곡(元曲)

당시 원의 문화적 분위기와 상황이 과연 어떠했기에 충렬왕이 원 문화에 경도되었을까. 이에 대해 사학계의 견해를 살펴보면 다음과 같다.[19]

13세기에서 14세기에 걸쳐 중원을 장악한 원은 중앙 · 서남아시아 및 유럽 일대에까지 정치적 영향력을 미치게 된다. 이에 원은 각국이 보유한 유 · 무형의 문화적 자산들의 종착지이자 출발지의 역할을 하게 된 것이다. 이렇게 원을 중심으로 동 · 서문화의 교류가 활발해짐에 따라 원 간섭을 받던 고려 역시 그 영향력에 놓이게 된다.

원의 동 · 서 교류에서 가장 두드러진 현상 중에 하나는 상당한 수준의 이슬람 문화가 원에 이식되었다는 점이다. 이슬람은 원 제국 이전부터 몽고의 정복사업에 지대한 공헌이 있었고 그들의 문화 능력 또한 대단하였기 때문에 원이 그들의 문화를 수용하는데 더욱 적극적이었을 것이다. 원이 자국민 다음으로 색목인(色目人)을 관작 수혜 대상자로 둔 것은 이를 입증하는 자료이다.

이슬람 문화는 원에게 여러 측면에서 영향을 끼쳤는데, 음악에 있어서는 다양한 악곡과 악기의 전파를 손꼽을 수 있다. "하서악인(河西樂人) · 회회악인(回回樂人)을 통괄하는 천악서(天樂署) · 상화서(常和署)가 있었고 회회음악(回回音樂) · 회회가곡(回

19) 김종국, 앞의 글; 신승하, 『중국사』, 대한교과서, 2005.

回歌曲)의 이름도 많이 전해졌다. 그리고 흥륭생(興隆笙)·전전생(殿庭笙)·화불사(火不思)·호금(胡琴) 등의 네 악기도 전래되었다."[20]는 언급은 이를 확인시켜 준다.

한편 원이 중원을 장악하면서 문학에 있어서도 많은 변화를 가져오게 된다. 송사(宋詞)를 대신하여, 북쪽 지방의 노래와 민가(民歌)에서 나온 북곡(北曲)을 바탕으로 한 산곡(散曲)이 등장하였고, 송대 희극(戲劇)은 북곡의 영향을 받아 일종의 가극(歌劇)인 잡극(雜劇)이 성행하게 된다. 이처럼 원 문학은 산곡과 잡극이 중심을 이루게 된다.

산곡은 서정적인 시문학에 가깝고, 잡극은 가무극에 가깝지만 이 둘을 중국문학사에서는 같은 범주로 보고 있다. 우선 이 두 갈래의 발생이 대곡(大曲), 당송사(唐宋詞) 등에서 나왔고 음악체계는 금·원 시대에 북방 및 서역에서 수입된 것들로 보고 있다.[21] 그리고 잡극의 대본 또한 산곡 작품이 차용되기 때문에 이 둘은 밀접한 관계를 맺고 있다고 볼 수 있다. 이처럼 원곡은 크게 산곡과 희곡으로 나뉘며, 그 형태에 따라 다음과 나눌 수 있다.[22]

---

20) 김종국, 앞의 글, p.206.

21) 金學主·丁範鎭, 『中國文學史』, 同和出版公社, 1983, p.279; 許世旭, 『中國古典文學史』(下), 法文社, 1996, p.323; 李昌集, 『中國 古代散曲』, 金德煥 옮김, 문영사, 2001, 제1장 북곡의 연원과 형성; 王國維, 『宋元戲曲史』, 권용호 역, 學古房, 2001, pp.183~188. 이하 원대 문학적 특징에 대한 서술도 위 논저들을 참고하였다.

22) 허세욱, 앞의 글, p.325.

원곡(元曲)

산곡(散曲)

소령(小令) : 심상소령(尋常小令), 중두(重頭),
대과두(帶過頭), 집곡(集曲)

산투(散套) : 북곡집투(北曲集套), 남곡집투(南曲集套),
남북합투(南北合套)

희곡(戱曲) - 잡극(雜劇), 남희(南戱), 전기(傳奇)

산곡의 소령은 비교적 짧은 노래로, 전대에 유행하던 소사(小詞)와 유사한 형식이며, 산투는 소령이 장편화한 형태로 여러 개의 곡조를 한데 모아 한 가지 제재를 노래하는 것이다. 특히 한 개의 산투는 잡극의 일절(一折)로 사용된다. 다만 이때 노래 이외에 대화와 배우들의 동작이 끼어들기도 한다. 이런 산곡은 주로 직설적인 표현을 많이 쓰고, 경우에 따라 시정의 저속한 시어를 사용하며, 민중들의 애환을 보여주기도 한다.

원의 희곡은 잡극, 남희, 전기 등이 있지만 그 중 가장 활발한 활동을 보인 것은 역시 잡극이라 할 수 있다. 이 잡극은 독특한 형식을 가지고 있는데 그 특징적 요소는 다음과 같다. 첫째, 잡극은 한 개 작품이 4절[절(折)은 막(幕)에 해당함]로 이루지는 것이 원칙이다. 둘째, 잡극은 창(唱), 과(科)[연기자의 동작], 백(白)[대화]으로 이루어진다.[23] 그리고 또 하나의 특징은 많은 배우들이 무대에 등장한다고 할지라도 주인공격인 남녀 배우만이 창을

23) 김학주·정범진, 앞의 글, p.282.

한다는 것이다. 잡극은 내용에 있어 애정에서부터 현실적인 색채가 짙은 사회문제도 다루고 있으며, 통속적인 성격을 가지고 있다. 그리고 실제 상연하는 연극의 대본으로, 민중의 현실 생활 감정의 표현 수단으로 창작하였으며, 문장은 당시 사회 여러 계층의 사람들의 생동하는 구어(口語)로 이루어졌고, 속어나 방언도 사용하며 민중의 애환은 물론 상류사회의 남녀들의 애정이나 궁중 생활도 다루고 있다. 이런 잡극의 발달 요인으로는 원의 수도였던 대도(大都)가 당대 최고 국제무역도시가 됨에 따라 오락문화의 수요가 있었기 때문으로 추정된다. 그리고 그 오락의 주요 수용자에 해외 교역인들은 물론 원의 재정 정책에 관여했던 회회인들도 놓여 있다고 볼 수 있다. 그렇다면 잡극 가운데 그들의 취향에 부합하는 내용도 포함되었을 것으로 짐작할 수 있겠다.

충렬왕대에 원은 동·서 문화 교류의 중심지로 이국적 문화 수용에 적극적이었고 그 가운데 이슬람 문화 수용이 두드러졌으며, 원 문학은 기존 한족의 문학을 수용하면서도 그들 특유의 자유분방함과 외래음악의 적극 수용을 통해 산곡과 잡극을 만들어 냈다고 할 수 있다. 이러한 시기에 충렬왕은 여러 차례 원에 입국하였으며 그때마다 원이 만들어낸 문화를 체험하였던 것이다. 흥미로운 점은 원 잡극의 전성기는 불과 20여 년(1260~ 1279) 남짓한데 그 시기가 충렬왕 시대와 일치한다는 점이다.

3) 〈쌍화점〉에 침윤(浸潤)된 외래 요소

〈쌍화점〉을 포함한 고려후기 시가의 형성에 대해 성호경은 원 산곡의 영향설을 논의한 바 있다.[24] 그러나 〈쌍화점〉에 있어서는 산곡보다는 잡극의 영향을 받았을 가능성도 있다. 성호경은 〈쌍화점〉을 전-후단 구조로 이루어졌다는 점을 들어 산곡 대과두와 유사하다고 했지만, 오히려 〈쌍화점〉은 여음을 기준으로 보면 3단 전환 구조에 가깝기 때문에 전-후단 구조로 보기에는 문제가 있다. 또 충렬왕 시대는 원 제국의 전기에 해당하는 시기로 산곡보다는 잡극이 융성했으며, 충렬왕 자신이 "산문보다는 시를, 시보다는 놀이[戲]를 더욱 좋아했던"[25] 취향에서도 이를 엿볼 수 있기 때문이다.

한편 〈쌍화점〉의 극적 성격에 대한 논의가 있어왔지만 그 극적 성격의 기원에 대해 개괄적 언급만 있었을 뿐[26] 구체적인 접근이 이루어지지 않았다. 따라서 〈쌍화점〉이 원 잡극의 영향을 받았을 가능성을 살펴보고, (원 잡극 내에 포함될 수도 있고 아니면 밖으로 노출되었던) 원에 연착륙했던 이슬람적 요소가 이 작품에 영향을 미쳤을 가능성에 대해서도 아울러 검토해 보자.

> 雙花店솽화뎜에 雙花솽화사라 가고신딘
> 回回휘휘아비 내손모글 주여이다

---

24) 成昊慶, 「高麗詩歌에 끼친 元 散曲의 影響에 관한 고찰」, 『제2판 韓國詩歌의 類型과 樣式 硏究』, 영남대학교 출판부, 1997; 成昊慶, 「元 散曲이 한국시가에 끼친 영향에 대한 고찰」, 『韓國詩歌硏究』 제3집, 韓國詩歌學會, 1998.

25) 여증동, 1970, 앞의 글, p.11.

26) 洪德善. 「高麗詩歌에 끼친 元 散曲의 影響 一考察」, 교육학 석사학위논문, 영남대학교 교육대학원, 1993.

이말ᄉᆞᆷ이 이店뎜 밧긔 나명들명
다로러거디러
죠고맛감 삿기광대 네 마리라 호리라
더러둥셩 다리러디러 다리러디러 다로러거디러 다로러
긔자리예 나도 자라 가리라
위위 다로러거디러 다로러
긔잔ᄃᆡ ᄀᆞ티 덦거츠니 업다

三藏寺삼장ᄉᆞ애 블혀라 가고신ᄃᆡᆫ
그뎔 社主샤쥬ㅣ 내손모글 주여이다
이말ᄉᆞ미 이뎔밧긔 나명들명
다로러거디러
죠고맛간 삿기 上座샹좌ㅣ 네 마리라 호리라
더러둥셩 다리러디러 다리러디러 다로러거디러 다로러
긔자리예 나두 자라가리라
위위 다로러거디러 다로러
긔잔ᄃᆡ ᄀᆞ티 덦거츠니 업다

드레우므레 므를길라 가고신ᄃᆡᆫ
우뭇龍룡이 내손모글 주여이다
이말ᄉᆞ미 이우믈밧긔 나명들명
다로러거디러
죠고맛간 드레바가 네 마리라 호리라
더러둥셩 다리러디러 다리러디러 다로러거디러 다로러

긔자리예 나두 자라가리라
위위 다로러거디러 다로러
긔잔ᄃᆡᄀᆞ티 덦거츠니 업다

술풀지븨 수를사라 가고신ᄃᆡᆫ
그짓아비 내손모글 주여이다
이말ᄉᆞ미 이집밧씌 나명들명
다로러거디러
죠고맛간 ᄉᆡ구비가 네 마리라 호리라
더러둥셩 다리러디러 다리러디러 다로러거디러 다로러
긔자리예 나두 자라가리라
위위 다로러거디러 다로러
긔잔ᄃᆡ가티 덦거츠니 업다[27)]

① 문학적 차원의 원 잡극과 〈쌍화점〉

원 잡극은 4절 구조를 가지는데 그 연원은 송 잡극의 4단 형식[염단(艶段), 정 · 잡극양단(正雜劇兩段), 잡분(雜扮)]에서 찾을 수 있다. 원래 송 잡극의 4단은 유기성이 느슨했으나 원 잡극에 이르러 보다 유기적인 관계로 발전해 나간 것이라 할 수 있다. 원 잡극 가운데 간혹 5절이나 6절을 이루는 것도 있으나 이는 지극히 예외적인 것으로 대부분의 잡극은 4절 구조를 원칙으로 한다.[28)]

27) 『봉좌문고본(蓬左文庫本) 악장가사(樂章歌詞)』, 「가사(歌詞) 상(上)」. 현대역은 임기중의 『우리의 옛노래』, 玄岩社, 1993, pp.116~117 참고.

주지하다시피 〈쌍화점〉은 총 4연으로 되어 있다. 현전 고려속요 가운데 4연으로 되어있는 작품은 〈가시리〉와 〈쌍화점〉 두 편이 있는데, 〈가시리〉는 연장체 형식으로 보기에는 무리가 있어 보이며 이는 궁중악곡화하는 과정에서 여음을 삽입함으로써 의도적으로 분연한 것으로 보아야 할 것이다. 따라서 〈쌍화점〉만이 제대로 된 4연 형식을 취하고 있다고 할 수 있다. 그렇다면 〈쌍화점〉의 4연 구조는 원 잡극의 4절 구조에서 어느 정도 영향을 받지 않았을까.

원 잡극의 진행은 창(唱), 동작[科][연기자의 동작], 대화[白]로 이루어진다. 극 진행에 참여 가능한 배우들은 내용에 따라 동작과 대사를 행할 수 있으나, 투곡(套曲)은 일반적으로 한 명만이 주창(主唱)을 하며 그 주창자는 대개 남녀 주연에 해당하는 정말(正末)이나 정단(正旦)이다. 백(白)은 대사로서 독백(獨白), 방백(傍白) 등이 있는데 이는 창을 돕는 보조적 수단이다. 또한 과(科)는 동작, 표정, 효과 등과 관련 무대지시를 말한다.[29]

잡극의 진행이 이러하다면 이를 〈쌍화점〉과 견주어 볼 때 몇 가지 비슷한 점을 발견할 수 있다. 우선 한 사람이 주로 노래를 하고 있는 점이다. 〈쌍화점〉의 각 연마다 등장할 수 있는 인물의 수는 대체로 4인 이상 되는 것으로 보인다. 1연을 예로 들면 회회아비, 여인 1, 새끼광대, 여인 2(혹은 여인 3) 등이다.[30] 이

28) 權應相 譯著, 『中國 詞曲의 理解』, 중문, 1995, p.234.
29) 권응상, 앞의 글, pp.235~239.
30) 여중동은 여기에 코러스를 하는 남장별대, 노래기생, 춤기생들을 다수 포함하고 있다.

가운데 실제 노래를 하는 인물은 여인 1과 여인 2 정도이다. 하지만 여인 2는 여인 1에 비해서는 창량(唱量)이 매우 미미하다고 할 수 있다. 따라서 많은 등장인물이 있지만 주창자(主唱者)는 여인 1인이라 할 수 있다. 그리고 여인 2의 발언을 독백이나 방백의 성격으로 볼 수 있다는 점이다. 여인 2의 노래 부분은 '긔 자리예 나도 자라 가리라(A)'와 '긔잔딕ᄀᆞ티 덦거츠니 업다(B)' 이 둘 모두 혹은 일부라 할 수 있다. 이 가운데 A는 독백의 성격으로, B는 방백의 성격으로 볼 수 있기 때문이다. 끝으로 등장인물들이 공연의 원활한 진행을 위해 동작(새끼광대가 소문을 퍼뜨리는 모양), 표정(여러 여인을 맞이하는 회회아비가 흐뭇해하거나 아니면 기타의 표정을 짓는 모양), 효과(여음으로 통해 분위기 제고) 등을 수행했을 것으로 유추할 수 있다. 따라서 이런 점들로 미루어 볼 때 〈쌍화점〉의 극적 진행이 원 잡극과 매우 닮아있다고 할 수 있다.

원 잡극은 중국문학사에서 지적했다시피 민중의 애환, 남녀 애정 등 주로 사람살이와 관련되는 것들이 많다. 그리고 특히 여성상을 매우 다채롭게 그리고 있는데 그 특징은 "여성들이 주체적으로 행동하기도 하고 …… 때로는 남성 중심 사회의 지배적 이데올로기가 은근히 강요되기도 하는 등 여성의 감정과 남성의 시각이 교묘히 혼합되어 있다."[31]고 할 수 있다. 원 잡극의 여성상

---

31) 河炅心, 「元曲에 나타난 女性形象 연구」, 『中國語文學論叢』 第33號, 中國語文學研究會, 2005, pp.427~428. 논의에 의하면 원 잡극 160여 종 가운데 50여 종이 여성형상을 다루고 있다고 한다.

이 이러하다면 〈쌍화점〉에서도 이와 유사한 면을 찾을 수 있다. 여성이 남성을 찾아간다는 면에서는 적극적이고 주체적이라 할 수 있지만, 여러 여성이 한 남성에 집중되고 있다는 면에서는 남성 중심의 이데올로기가 작용하고 있다고 볼 수 있기 때문이다.

② **음악적 차원의 원 잡극과 〈쌍화점〉**

원 잡극과 〈쌍화점〉의 문학적 유사성 외에도 음악적으로도 관련성을 찾아볼 수 있다. 원 잡극은 북곡(北曲)에 기반하고 있기 때문에 북곡의 음악적 특징을 통해 잡극의 음악을 일정 정도 살필 수 있겠다.

〈5〉 지금의 북곡은 대체로 요·금의 북부지방의 살벌한 음악으로서 웅장하고 씩씩한 군인들이 말 위에서 부르던 노래였는데, 중원으로 흘러 들어와 마침내는 민간에까지 유행하게 되었다. 그래서 송사(宋詞)는 악기로 반주할 수 없게 되었을 뿐만 아니라, 세상 사람들이 마침내는 이것을 숭상하게 되어 위아래를 온통 휩쓸게 되었다.[32)]

이상은 명나라 서위(徐渭)의 북곡에 대한 언급이다. 위 기록을 통해 유추할 수 있는 사실은 북곡은 매우 강건한 군가(軍歌) 계통의 노래라는 점과 중원에 유입된 이후 많은 사람이 애호하게

---

32) "今之北曲 蓋遼金北鄙殺伐之音 壯偉很戾 武夫馬上之歌 流入中原 遂爲民間之日用 宋詞旣不可被管絃 世人遂尙此 上下風靡."『남사서록』(南詞叙錄).

되었다는 점이다. 노래가 널리 확산되게 된 이유가 구체적으로 명시되어 있지 않지만 호청성(好聽性)을 유발하는 군가풍이었기에 널리 전파된 것은 아닌가 여겨진다. 아무튼 이 노래가 원나라에 널리 알려지게 되었다면 원나라에 머물렀던 충렬왕이 이를 알고 있었을 것이고 고려까지 전파되었을 가능성 또한 배제할 수 없다.

한편, 〈쌍화점〉의 성격에 대해 '신성(新聲)'이라는 말이 『고려사절요』와 『성호선생전집』(星湖先生全集) 등에 언급되고 있다. 이에 대해 새로운 텍스트 혹은 음악이라는 견해가 있으나 음악과 가사 둘 다 해당한다고 본다. 중세에 운문 장르가 가(歌)와 악(樂)을 분리하여 생각할 수 없기 때문이다. 따라서 〈쌍화점〉의 신성은 그 장르 형식 및 내용 그리고 음악까지 포함하는 새로운 것이라 할 수 있다.[33)]

〈쌍화점〉의 음악적 성격에 관해서는 이혜구와 황준연의 논의가 시사할 만하다.[34)] 이들에 따르면 『시용향악보』 소재 〈쌍화곡〉은 고려 노래 〈쌍화점〉을 계승한 것이고 이 노래가 〈길군악〉과 연관되었다는 것이다. 그리고 이들의 공통점은 특이한 방식으로 기보된 노래이기에 그 악곡 또한 다소 특별하다는 것이

---

33) 성호경도 〈쌍화점〉은 원에서 성행하던 음악의 영향을 받은 새로운 음악에 의거하여 지은 것으로 보고 있다. 성호경, 1998, 앞의 글, p.239.

34) 李惠求, 「雙花店 - 大樂後譜와 時用鄕樂譜의 비교 -」, 『韓國音樂序說』, 서울대학교 출판부, 1967; 黃俊淵, 「雙花曲과 길군악(折花)」, 『민족음악학』 제14집, 서울대학교 동양음악연구소, 1992.

다. 그것의 유래가 재래적인 것이 아닐 가능성이 있다면 맨 처음 노래인 고려 노래 〈쌍화점〉에 기인한 것은 아닐까라는 유추가 가능하다. 현재 전하는 〈길군악〉은 글자 그대로 군대 행진곡으로 씩씩하고 경쾌한 취타(吹打) 말미의 관악곡이다. 이 노래가 이처럼 군가풍의 노래라면 이전 〈쌍화곡〉, 〈쌍화점〉 또한 그럴 것이기 때문이다. 그리고 〈쌍화점〉의 군가풍 악곡이, 북곡에 바탕을 둔 원 잡극과의 관계와 소원하지 않다면 결국 '원 잡극 → 〈쌍화점〉 → 〈쌍화곡〉 → 〈길군악[折花]〉'의 음악적 영향 수수 관계 구도를 설정할 수 있겠다.

이외에도 충렬왕 9년(1283) 8월 기유일에 "대전(大殿)에서 잔치하는데 원나라의 우인(優人)이 백희(百戲)를 정연(呈演)하거늘 백은(白銀) 3척(斥)을 하사하였다"[35]는 기록과 "14년(1288) 9월 대전 잔치에서 송인(宋人)이 연기(演技)를 관람했다."[36]는 사실 등으로 볼 때, 〈쌍화점〉 탄생 이전부터 원 잡극에 대한 적극적 이해가 있었으며 이런 것들이 〈쌍화점〉 형성에 적지 않은 영향을 미쳤을 것이라 생각한다.

③ 〈쌍화점〉과 이슬람 요소

〈쌍화점〉에 이슬람 요소가 내재되었을 것이라는 추측은 원 잡극 형성에 서역인(혹은 서역 문화)의 영향이 있었다는 기존 논의를 바탕으로 이 원 잡극이 〈쌍화점〉과 연관이 있었다는 점에서 비롯된 것이다. 그리고 특히 〈쌍화점〉 1연의 '회회(回回)'는 위

35) 『고려사』 권29 / 충렬왕 9년(1283) 8월.
36) 『고려사』 권33 충선왕 총서.

의 가설에 부응할 만한 단서라 할 수 있다.

'회회'에 대해서 몽고인이라는 주장(김태준, 정병욱)도 있지만 중국계 서역인(박병채)·회교인(김완진)으로 보는 것이 일반적이다. 그리고 정수일은 '회회'라는 단어를 역사적으로 고찰하는 자리에서 이 용어가 원이 서역에까지 그 영향력을 넓힐 당시에는 이슬람 종교적 의미가 가미되었다고 논했다.[37] 이러한 연구를 바탕으로 살펴본다면, 〈쌍화점〉 형성 시기가 원과 서역의 교류 기간에 놓여 있기 때문에 〈쌍화점〉의 '회회아비' 역시 이슬람교인이라 할 수 있다. 이 회회가 고려인으로서 이슬람교 신자일 수도 있으나 고려시대 전반에 걸쳐 서역인과 이국의 회회인들이 다수 입국한 사실을 염두에 둘 때 〈쌍화점〉의 '회회'는 서역 출신 회회인이 아니었을까 한다.

〈6〉

〈6-1〉 갑인에 흑수말갈(黑水靺鞨)의 아리고(阿里古)가 왔다. 이 달에 대식국(大食國)의 열라자(悅羅慈) 등 100명이 와서 특산물을 바쳤다.(대식국은 서역에 있다.)[38]

〈6-2〉 신사에 대식만(大食蠻) 하선(夏詵), 나자(羅慈) 등 100명이 와서 특산물을 바쳤다.[39]

---

37) 정수일, 「회회고(回回考)」, 『문명교류사 연구』, 사계절, 2002, p.472.
38) "甲寅 黑水靺鞨阿里古 來 是月 大食國悅羅慈等一百人 來獻方物 〈大食國在西域〉." 『高麗史』 권5 顯宗 甲子 十五年 九月.
39) "辛巳 大食蠻 夏詵 羅慈等百人 來獻方物." 『高麗史』 권5 顯宗 乙丑 十六年 九月.

〈6-3〉 병인에 대식국 객상(客商) 보나합(保那盍) 등이 와서 수은(水銀), 용치(龍齒), 점성향(占城香), 몰약(沒藥), 대소목(大蘇木) 등의 물품을 바치므로 유사(有司)에게 명하여 객관에서 후하게 대우하고 돌아갈 때에 금과 비단을 후하게 내려주었다.[40)]

〈7〉

〈7-1〉 정유에 원나라가 임유간(林維幹) 및 회회인(回回人) 아실미리(阿室迷里)를 보내와 진주를 탐라에서 채취하였다.[41)]

〈7-2〉 경자에 여러 회회(回回)가 왕을 위해 신전(新殿)에서 향연을 열었다.[42)]

〈7-3〉 무진에 …… 포(布)를 회회가(回回家)에게 주어 그 이(利)를 취하여 소를 잡아 고기를 날마다 15근을 바치게 하였다.[43)]

〈6〉은 고려와 아랍(서역)과의 관계를 보여주는 기사들이다. 고려는 벽란도를 통해 중국과는 물론 아랍[大食] 상인들과 대규모 거래를 한 것으로 보인다.[44)] 100명 정도의 상인이 입국할 수준이라면 교역 거래량이 상당했을 것이라 생각된다. 이런 교역

---

40) "丙寅 大食國客商保那盍等 來獻水銀 龍齒 占城香 沒藥 大蘇木等物 命有司 館待優厚 及還 厚賜金帛." 『高麗史』 권6 靖宗 庚辰 六年 十一月.

41) "丁酉 元 遣林惟幹及回回阿室迷里 來採珠于耽羅." 『高麗史』 권28 忠烈王 丙子 二年 閏三月.

42) "庚子 諸回回 宴王于新殿." 『高麗史』 권29 忠烈王 己卯 五年.

43) "戊辰 給布回回家 取其利 令椎牛進肉日十五斤." 『高麗史』 권36 忠惠王 甲申 後五年 正月.

44) 박용운, 『고려시대사』 상, 일지사, 1985, p.330.

을 통해 고려와 서역은 가까운 거리를 유지했던 것으로 보인다.

〈7〉은 원 시대에 이슬람들이 고려 사회에 깊숙이 관여하였다는 기록들로서, 〈7-1〉은 원나라를 통해 회회인이 고려의 진주 채취권을 가졌고, 〈7-3〉은 회회인이 고려에서 점포를 임대하여 장사를 하였다는 내용이다. 이 두 기록은 회회인이 원나라에서 상권을 장악했듯이, 고려에서 원자재 확보에서 완제품 거래까지 망라하는 대규모 상업에 종사했음을 보여주고 있다. 이는 고려전기의 국가 간에 이루어지던 단순한 교역 차원의 상업 활동이 원 간섭기인 고려 후기에는 고려 영토 내에서의 상업 활동으로 확장되었음을 보여주는 대목이기도 하다.

충렬왕 시대에 이르면 회회인은 궁중으로까지 진출한다. 〈7-2〉는 회회인들이 왕을 위해 잔치를 열었다는 내용이다. 상식적으로 볼 때, 국내에 사는 외국인들은 내국인들의 잔치에 초대되는 빈객이 되는 반면, 충렬왕 5년의 궁중 연향은 내국인 대신에 외국인인 회회인들이 잔치의 주최가 되었음을 보여준다. 이는 회회인들이 그만큼 고려 사회에 깊숙이 침투되어 있음을 보여주는 증거다. 이는 또한, 잔치를 주도할 정도의 유흥 레퍼토리를 가지고 있다는 뜻이기도 하다. 유통업의 속성상 흥밋거리와 오락거리가 효과적인 광고가 된다는 점을 비추어 볼 때, 장사에 밝았던 회회인들은 다양한 레퍼토리를 상당량 보유했을 것으로 보인다. 따라서 고려 후기의 회회인들은 고려 영주권자의 한 축을 형성했다고 할 수 있을 것이다.

이외에도 원나라 사신과 다루가치 속에 적지 않은 회회인들이 있었고, 고려인 가운데 회회교도가 있었던 점,[45] 충렬왕 시대 제국대장공주를 따라온 삼가(三哥)와 충선왕 시대에 민보(閔甫)의 존재[46] 등은 이슬람과 고려와의 인적 교류의 한 단면을 보여주는 것들이라 할 수 있다.

이렇듯 고려후기 특히 충렬왕 시대 회회인들의 활동이 상당했기에 충렬왕의 노래 〈쌍화점〉 1연 첫 시어가 '회회'가 되었음은 당연한 것이 아니었을까 싶다.

다시 〈쌍화점〉의 세계로 가보자. 작품의 공간은 쌍화점(음식점), 삼장사(사찰), 우물가, 술집 등이다. 이 가운데 쌍화점과 술집은 도시의 유흥공간이라 할 수 있다. 그리고 사찰의 경우 고려가 숭불했던 점을 미루어 볼 때 절은 화려한 이미지를 가졌던 것으로 추정해 볼 수 있다. 또한 우물[井]을 시정(市井), 즉 다운타운(downtown)의 상징어로 본다면[47] 이 역시 왕래가 많은 곳이라 할 수 있다. 따라서 〈쌍화점〉의 시공간은 상업 도시의 낮과 밤으로, 이곳은 사람의 욕망이 꿈틀대는 공간이자 시간들이라 할 수 있다. 이런 공간 조성에는 능란한 상술을 바탕으로 원나라는 물론 고려의 상권에까지 영향을 미쳤던 회회인들의 몫이 적지 않다 하겠다.

---

45) 박현규, 「'고려인 이슬람 신도' 원나라 때 있었다」, 『주간조선』 1799호, 조선일보사, 2004. 4. 15, pp.58~60.

46) "무진에 민보로 평양부윤겸존무사를 삼았는데 민보는 회회인이었다." "戊辰 以閔甫 爲平壤府尹兼存撫使 甫 回回人也." 『高麗史』 권33 忠宣王 庚戌 二年 十月.

47) 신영명, 「〈쌍화점〉의 어조와 미의식」, 『고전문학 사회사의 탐구』, 새문사, 2005, pp.63~64.

다음으로 〈쌍화점〉에서 보이는 남녀관계이다. 주지하다시피 조선시대 유자(儒者)들에 의해 이 작품은 〈이상곡〉, 〈동동〉, 〈만전춘별사〉 등과 더불어 남녀상열(男女相悅) · 음사(淫辭)로 지목되곤 했다. 〈쌍화점〉은 〈이상곡〉 등과 '상열'로 묶이지만 그 정도에 있어서는 기타 속요와는 비교할 수 없을 만큼 강하다. 즉, 〈만전춘〉이나 〈동동〉은 각각의 남녀가 서로 사랑의 감정을 표출하고 있으나, 〈쌍화점〉은 남성 한 명에 대해 여성 둘 이상이 관계를 맺고 있다. 더욱 의아한 것은 그들이 비상식적인 관계임에도 불구하고 작품 내적 흐름을 보면 윤리적인 문제에서 갈등이 보이지 않는다는 점이다. "긔잔듸ᄀᆞ티 덦거츠니 업다"[48]는 발언도 도덕적인 죄책감에 따른 언사이기보다는, 다른 여성들을 차단하기 위한 위장 표현(사실은 그렇지 않은 곳)이거나 기대에 미치지 못한 실망의 말로 볼 수 있다. 그렇다면 1인 남성 대 다수 여성의 자연스런(?) 관계는 어디에서 연유한 것일까. 1연의 주인공 회회를 상정할 때 이는 이슬람의 남성 위주의 사회제도에서 비롯된 것은 아닐까 추측해 볼 수 있다. 이슬람의 이런 제도의 기원은 뚜렷하지는 않으나 그 관습은 꽤 오래 전까지 올라갈 수 있으며 현재까지 이어지고 있는 점을 볼 때 고려시대 이슬람교도 역시 여기서 벗어나지는 않았을 것으로 보인다. 다시 말해 〈쌍화점〉의 세계 속에 남성 중심의 이슬람 사회제도를 견인

48) '덦거츠니 업다'를 '답답하다(김태준, 김형규, 양주동)', '지저분한 곳(박병채)', '거친 것(임기중)' 등이 어석이 있으나 모두 부정적인 발언이라고 볼 수 있다.

하고 있는 회회를 등장시킴으로써 원 잡극에서 보여준 남성 중심의 지배적 이데올로기를 은근히 강요하고 있다고 볼 수 있다.

이외에도 증류주인 '소주'가 페르시아 · 아랍의 '아락(Araq)'에서 원(몽골) '아라키[亞剌吉]'로, 그리고 그것이 다시 고려 '아락주'로 전래된 점을 염두에 둘 때 〈쌍화점〉 4연의 술(집)도 이와 무관하지 않을 것이다.

2. 〈처용가〉

1) 이국적 용모의 처용

〈처용가〉의 주인공인 처용이라는 인물에 대해서는 여러 가지 논의가 있다. 향가 〈처용가〉에서 처용은 역신이 자신의 아내를 범한 것을 알고, 담담히 춤을 추고 노래하며 떠나려 한다. 그러한 처용의 태도에 감명받은 역신은 오히려 무릎을 꿇고 용서를 청하면서, 처용의 모습만 그려진 그림을 문에 붙여도 그 집에는 들어가지 않겠다고 맹세한다. 이러한 주술적인 효과를 가진 처용의 노래는 고려 시대에 무가의 성격을 띠는 〈처용희(處容戲)〉로 발전하며, 이러한 차원에서 처용은 무속인으로 간주되고 있다. 또한 처용은 지방 호족 세력의 하나로 간주되기도 한다. 이것은 당시 신라의 정치 갈등과 처용을 연결하는 사학계의 주장이다. 〈처용가〉가 묘사하는 처용의 모습을 보자.

(소엽) 아으 壽命長!願ᄒᆞ샤 넙거신 니마해
(후강) 山象상이슷 깅어신 눈닙에
愛人相見ᄒᆞ샤 오ᄋᆞ어신 눈네
(부엽) 風入盈庭ᄒᆞ샤 우글어진 귀예
(중엽) 紅桃花ᄀᆞ티 븕거신 모야해
(부엽) 五香 마ᄐᆞ샤 웅긔어신 고해
(소엽) 아으 千金 머그샤 어위어신 이베
(대엽) 白玉琉璃ᄀᆞ티 히여신 닛바래
人讚福盛ᄒᆞ샤 미나거신 ᄐᆞᆨ애
七寶 계우샤 숙거진 엇게애
吉慶 계우샤 늘의어신 ᄉᆞ맥실헤
(부엽) 설믜 모도와 有德ᄒᆞ신 가ᄉᆞ매
(중엽) 福智俱 足ᄒᆞ샤 브르거신 배예
紅鞓 계우샤 굽거신 허리예
(부엽) 同樂大平ᄒᆞ샤 길어신 허튀에
(소엽) 아으 界面 도ᄅᆞ샤 넙거신 바래
(후략)

처용은 이마가 넓고, 눈썹이 길고, 커다란 '너그러운' 눈을 가졌으며, 피부는 붉고, 코도 우묵하며, 입이 크고, 턱이 돌출된 모습을 지녔다. 또한 몸매가 풍성한 편으로, 허리는 굽었고, 다리가 길었으며 발도 컸다. 이것은 처용이 전형적인 한국인과는 달리, 이목구비가 상당히 입체적인 큰 키의 이국적인 인물로 피부는 어두웠음을 암시하는 대목이다. 그의 피부가 한국인의 피부와는 달리 검었다는 것은 처용무의 가면이 검은 색이라는 것에서 입증된다. 따라서 검은 바탕의 피부를 가진 인물의 치아의 흰색은 더욱 더 두드러져 보인다. 이로 인해 그의 치아는 '백옥유리'로 비교되는 것이다. 이것은 그의 귀를 묘사하기 위해 사용한 '오향', 어깨에 걸린 장식 '칠보'라는 어휘와 함께, 처용과 서역의 관계를 상징하고 있다. 주지하다시피 칠보는 인도가 기원인 불교 장식에 사용되던 것이다. 그리고 '오향'은 서역 물품이다. 경주 불국사 석가탑에서 발견된 세 꾸러미의 유향(乳香)은 아라비아반도 남단에 위치한 하드라마우트나 반도 북부의 팔레스타인에서 유입된 것이라는 연구가 이를 입증한다. '백옥유리' 역시 서역 물품이다. 통일신라시대의 대표적 유리공예품의 하나인 칠곡군 송림사 전탑의 사리병은 그 표면에 사산계의 환문(環紋) 장식이 있어 페르시아에서 들어왔거나 그 영향을 받아 만들어진 유품임이 이미 여러 연구자가 규명한 바 있다. 따라서 처용을 묘사하기 위해 사용된 이들 어휘들은 처용과 서역의 관계를 입증하고 있다고 보아야 할 것이다. 그러면 처용에 대한 역사적 기술을 살펴보자.

〈1〉 옛날 신라의 처용 늙은이, 푸른 바다에서 왔단 말 들었지. 흰 이 붉은 입술로 달밤에 노래하고, 제비 어깨 붉은 소매로 봄바람에 춤추네.[49)]

49) "新羅昔日處容翁 見說來從碧海中 貝齒赬唇歌夜月 鳶肩紫袖舞春風" 『益齋亂藁』 卷4.

〈2〉 제 49대 헌강대왕 때, …… 동해의 용은 기뻐하여 아들 일곱 명을 데리고 임금 앞에 나타나 대왕의 덕을 칭송하며, 음악을 연주하고 노래와 춤을 추었다. 그리고 그 중 한 아들을 서울로 딸려 보내 왕의 정사를 돕도록 하였다. 그의 이름은 처용이라 하였다.[50]

〈3〉 신라의 헌강왕이 학성에 갔다가 개운포로 돌아왔을 때 홀연히 한 사람이 기이한 몸짓과 괴상한 복색을 하고 왕 앞에 나와 노래와 춤으로 덕을 찬미하고 왕을 따라 서울로 갔다. 그는 자기를 처용이라 부르고 언제나 달밤이면 시중에서 노래 부르고 춤추고 하였으나 끝내 그가 있는 곳을 알지 못했다. 당시 사람들은 그를 신인이라고 생각했다.[51]

〈4〉 왕을 따라 서울에 들어가 자호를 처용이라 했다. 매달 달밤이면 시중에서 가무를 했는데 끝내 그가 있는 곳을 알지 못했다.[52]

〈5〉 이상하구나 저 괴이한 모자와 옷, 몸을 팔고 녹을 구한 게 정말 다름 아니었네.[53]

---

50) "第四十九憲康大王之代 [...] 東海龍喜 乃率七子現於駕前 讚德獻舞奏樂 其一子隨駕入京 轉佐王政 名曰處容 [...]" 『三國遺事』 卷2 紀異, 處容郞 望海寺.

51) "新羅憲康王 遊鶴城 還至開雲浦 忽有一人 奇形詭服 詣王前 歌舞讚德 從王入京 自號處容 每月夜 歌舞於市 竟不知 其所在 時以爲神人" 『高麗史』 卷71 樂志.

52) "從王入京 自號處容 每月夜歌舞於市 竟不知所在其歌舞處 後人爲月明巷 因作處容歌處容舞假面以戲" 『東京雜記』.

〈6〉 구름 낀 가을 포구에 사람이 있으니 채색 옷 입은 아름다운 모습 절륜하도다. 붉은 실 저고리에 황국의 치마, 자주 조개 치아에 솔개의 어깨로다. 들으니 부군은 신령하여, 여섯 용 비껴 타고 빨리 날아다닌다 하네.[54)]

〈7〉 산대는 만들어 놓은 모양이 봉래산 같고 과일 바치는 선인은 해상에서 왔네.[55)]

위의 기록 모두는 처용이 바다 건너, 혹은 적어도 바다와 관계 있는 장소에서 온 사람임을 말해 주고 있다. 물은 세계 각국의 천지창조 신화에서 생명의 근원으로 간주된다. 일례로 아메리카 마야인들의 설화에서는 신들이 세상을 창조하기 위해 물 속에서 논의를 거듭하며, 잉카의 태양신은 그들의 조상을 호수에서 태어나게 한다. 중앙아시아인 수메르의 창조설화에서도 세상은 물에서 비롯된다고 보며, 인도에서도 물은 생명의 근원으로 간주된다. 이것은 처용이 보통 사람과는 다른 '신령한' 존재로 인정되는 계기가 되며, 이로 인해 '바다 용의 아들'이라는 설화를 낳게 되는 것이다.

한편, 〈1〉의 '푸른 바다에서 왔단 말 들었지', 기록 〈2〉의 '동

53) "異哉夫詭冠服 鬻身干澤誠非他"『星湖先生全集』卷7 海東樂府.

54) "若有人兮秋浦雲 姣采色兮殊倫 朱絲衣兮鞠裳 紫貝齒兮鳶肩聞夫君兮靈壽 橫六龍兮儵然 先安歌兮曼僊 北市兮西廛 總六部兮靡靡 烝以女兮威神"『嶺南樂府』.

55) "山臺結綴似蓬萊 獻果仙人海上來"『牧隱集』 卷33.

처용탈

해의 용의 아들, 기록 〈3〉의 처용이 나타난 장소는 '개운포', 기록 〈6〉의 '구름 낀 가을 포구'와 기록 〈7〉의 '과일 바치는 선인(仙人)'인 처용이 '해상'에서 왔다는 것은 처용이 바다 건너, 혹은 적어도 바다와 관계있는 장소에서 온 사람임을 말해 주는 자료들이다. 이 모든 기록은 처용이 외지인으로, 생김새조차도 신라인과는 다른 존재임을 보여주며, 이것은 〈처용가〉에서 묘사하는 처용의 모습과도 상당히 일치한다.

당시 신라와 접촉이 있던 '푸른 바다 건너'에서 올 수 있었던 이들은 일본인, 중국인과 같은 동양인을 제외한다면, 아랍 지역의 상인들이었을 가능성이 가장 높다. 향가 〈처용가〉가 생성되던 헌강왕의 재위기간이 875~886년이며, 8~9세기에 아랍-무슬림들이 이미 신라 땅에 나타났다는 역사 기록이 이를 뒷받침해준다. 한반도와 아랍-이슬람제국 간의 교류를 중점적으로 연구해 온 정수일 교수에 의하면, 한반도의 여러 곳에서 신라시대에 유입된 아랍-이슬람제국을 비롯한 서역 유물이 적지 않게 발굴되었으며, 이것은 양 지역이 간접 교역뿐만 아니라 직접 교역을 이루었음을 입증하는 것이라고 한다. 물론 고려 초에는 이러한 직접교역이 더욱 활성화되었다. 『고려사』에 의하면, 고려 초기인 1024년, 1025년, 1037년에 대식 상인들이 100여 명씩 수은과 용치(龍齒) 등의 교역품을 가지고 수도 개경에 찾아와서 방물을 바치고 후한 대우를 받았다. 이것은 대식 상인들이 이미 고려에 관한 상당한 정보를 갖고 있었음을 말해준다.

2) 〈처용가〉와 달

처용과 달은 밀접한 관련이 있다. 기록 〈1〉에서 처용은 "흰 이 붉은 입술로 달밤에 노래하고," 기록 〈3〉에서는 "언제나 달밤이면 시중에서 노래 부르고 춤추고 하였으나", 그리고 기록 〈4〉에서는 "매달 달밤이면 시중에서 가무를 했는데"라고 했다.

세계 여러 문화권에서 태양은 숭배의 대상이었다. 그리스, 이집트, 아스테카, 마야, 잉카의 문화에서도 태양은 으뜸가는 신이었다. 그러나 일찍이 농경이 발달된 이슬람권에서는 농사와 밀접한 관계가 있는 달신이 숭앙의 대상이었다. 이미 기원전 2000년부터 아랍인들은 달을 숭배해 왔다. 달은 Hubal이라고도 했으며, al-ilah라고도 불렀다. 많은 학자들은 바로 이 al-ilah가 Allah로 축약되며, 이슬람의 신 알라로 정착되었다고 판단한다. 페르시아 사산조 역시 달을 숭배했다. 이슬람 세계에서 달이 중요한 코드로 등장하는 또 하나의 계기는 이슬람 창시자인 무함마드와 관련이 있다. 즉, 그가 동굴에서 첫 계시를 받을 때, 하늘에는 초승달과 샛별이 떠 있었다.

또한 일반적으로 남성은 해를, 여성은 달을 상징하나, 이슬람 세계에서는 이와 반대다. 일례로 한국의 '햇님 달님' 설화에서는 오빠가 햇님, 누이는 달님으로 변하나, 페르시아와 아랍 세계에서는 달님이 남성 신으로, 햇님은 여성 신이다. 이것은 또한 사막이 많은 아랍의 지형적 특징과도 연관된다. 이들에게 뜨거운 낮은 태양을, 태양은 죽음을 상징하는 반면, 서늘한 밤은 달을, 달은 생명을 상징한다.

처용은 '달밤'에 춤을 추었다. 물론 이슬람 국가들의 국기에 초승달이 등장하므로, 우리의 '달밤'이 보름달을 의미한다면, 큰 관련은 없다고 간주할 수도 있다. 그러나 이들 이슬람국가들의 국기에 그려져 있는 초승달은 15세기에 오스만 터키시대에 등장했으며, 이들의 숭배 대상을 초승달로 한정할 필요는 없다. 중요한 것은 아랍과 페르시아에서 달을 숭배해 왔다는 것이고, 처용이 달뜨는 밤에 춤을 춤으로써 자신의 달 숭배를 몸으로 표현했을 것이라는 점이다.

3) 처용가와 가무

11월 17일 밤에 공익에게서 신라 〈처용가〉를 들었는데 성조가 비장하여 듣는 사람으로 하여금 느낌이 있게 하였다.

> 늦은 밤 신라 노래
> 노래 가락 옛 악보에 전하고 잔을 멈추고 함께 들으니.
> 기상은 그때를 떠올리게 하네.[56]

---

56) "夜久新羅曲 聲音傳舊譜 停盃共聽之 氣像想當時 落月城頭近 無端懷抱惡 悲風樹杪嘶 功益爾何爲" 『陶隱集』 卷2 「十一月十七日夜

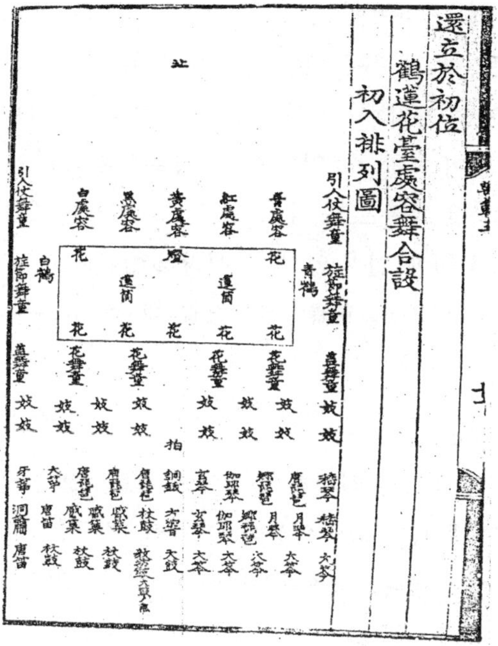

『악학궤범』 학연화대처용무합설 본문

이것은 향가 〈처용가〉의 노래 곡조가 '비장'한 가락이었음을 보여주는 기록으로, 고려시대에는 당악정재(唐樂呈才)가 아닌 향악정재(鄕樂樂才)의 하나로 창제 · 공연되었다. 『악학궤범』(樂學軌範) 권5 〈시용향악정재조(時用鄕樂呈才條)〉에 〈동동〉, 〈정과정〉 등의 고려속요와 함께 실려 전하는 국한문 혼용체 가사인 〈처용가〉는 학연화대처용무합설(鶴蓮花臺處容舞合說)에서 여기(女妓)에 의해 노래로도 불려졌다. 〈봉황음(鳳凰吟)〉의 악보는

聽功益新羅處容歌 聲調悲壯 令人有感」.

조선 세종 때 윤회(尹淮)가 〈처용가〉의 곡조를 개찬(改撰)한 것으로 『세종실록』에 수록되어 있다. 윤회(尹淮)의 별곡체 악장 〈봉황음〉은 〈처용가〉의 가사만 바꾸고 악곡은 〈처용가〉의 악곡을 그대로 얹어 부를 수 있도록 한 작품으로 나라와 왕가(王家)에 대한 송축을 내용으로 담고 있다. 그 가사가 『세종실록』 권 146에 악보와 함께 실려 있고, 나례의식(儺禮儀式) 후 거행된 학연화대처용무합설(鶴蓮花臺處容舞合說)에서 〈처용가〉 등이 연주되었다는 기록이 있다.

① **무복**(舞服)

〈처용가〉의 무복은 상당히 화려했던 것으로 보인다. 기록 〈3〉과 기록 〈5〉에서는 그의 의상이 '괴상한 복색', '괴이한 모자와 옷'이라고 적고 있다. 처용의 의상에 대한 기록을 보자.

> 〈8〉 신라 처용은 칠보를 띠고,
> 꽃가지 머리 누르고 향기로운 이슬 떨어지네.
> 긴 소매 낮게 돌려 태평을 춤추니,
> 취한 빰 타는 듯 붉어 아직 술이 덜 깨였네.57)

'괴이한 모자'는 '꽃가지'로 장식된 모자를 가리킨다. 이에 대한 기록을 더 살펴보자.

---

57) "新羅處容帶七寶 花枝壓頭香露零 低回長袖舞太平 醉驗爛赤猶未醒" 『牧隱集』 卷21 「驅儺行」.

처용무

"사모에는 가면 및 목단화, 도실(복숭아), 도지(복숭아 가지), 이환(귀거리)를 첨부한다. 사모는 대나무로 망을 짜서 만든다. 어느 제도(制度)와 같이 종이를 바르고 채색하고 꽃을 그린다. 가면은 가목(유자나무)를 조각하여 만든다. 혹은 칠포(옻칠한 배)로 각(껍데기)을 만들어서 채색하여 만들고 양귀에는 석환(주석으로 만든 귀거리)에 랍주(납 구슬)을 단다. 모상(상모 위)에는 목단화와 도지를 꼽는다. 목단꽃과 가지는 세저포(고운 베)로 만들고 도실(복숭아 열매)은 나무를 깎아서 만든다. 천의(天衣)는 녹가(녹색비단)으로 만들어 만화(덩굴꽃)을 그리고 안에는 홍주(홍색 명주)를 쓴다(오방이 모두 같다)."[58]

이상에서 유추할 수 있는 처용의 복색은 마치 대지의 치마폭에 점점이 떨어진 꽃들의 잔치처럼 복숭아 꽃, 덩굴 꽃 등으로 장식한 모자를 달고, 귀걸이를 단 화려한 복색이다. 이것은 주술적 성격이 강한 치장으로 특히 꽃나무를 장식요소로 등장시켰다는 것은 나무-대지로 이어지는 생명의 근원, 생명을 주재하는

58) 이홍구, 『처용무』, 화산문화, 2000, pp.221~222.

초월적 존재와 이어진다. 〈처용가〉의 노랫말에서도 나무와 관련되는 부분이 등장한다.

(전략)
處容아비를 누고 지어셰니오
마아만 마아만ᄒᆞ니여
十二諸國이 모다 지어셰온
아으 處容아비를 마아만ᄒᆞ니여
머자 외야자 綠李야
셜리나 내 신고홀 ᄆᆡ야라
아니옷 ᄆᆡ시면 나리어다 머즌말
(후략)

"처용아비를 누가 만들어 세웠는가 / 많이도 많이도 세워놓았구나"라고 찬탄하며 "십이제국이/ 모두 만들어 세워/ 놓았다"고 노래한다. 마치 인간의 육체를, 알 수 없는 존재가 빚어 세워놓은 식물에 비유하고 있는 듯한 느낌을 준다. 그리고 곧 이어 "버찌야 오얏아 녹리야 / 빨리 나와 내 신코를 매어라"라고 명령한다. 나무에게 신코를 매라는 명령은 초월적인 존재가 할 수 있는 것으로, 처용의 주술인적 면모를 부각시키고 있다. 자신들과 다른 모습의 처용은 신비스런 존재이며, 따라서 생명의 근원을 주재하는 신과 인간 사이의 가교인 무속 역할을 할 수 있었던 것으로 간주되었을 것이다.

② **춤사위**

처용의 춤추는 장면을 〈처용가〉에서는 "아으 界面 도룻샤 넙거진 바래(계면조에 맞추어 도느라 넓은 발)"로 표현하고 있다. '돈다'라는 말은 圓舞를 연상시킨다. 『대동운부군옥』에서는 "처음에는 한 사람이 검은 옷을 입고 사모를 써서 춤을 추었다. 이후 오방처용이 있었다"라고 적고 있다. 『대동야승』의 〈용재총화〉에서는 〈처용희〉가 이미 신라의 헌강왕 때부터 시작되었으며, 그 춤사위에 대해서는 "너울너울 어지러이 춤을" 춘다고 묘사한다. 즉, 처용 가면을 쓴 열 명의 무용수가 빙글빙글 돌며 춤을 추는 것이다.

처용무

〈처용희〉에 대한 다음의 기록을 보자

「동대문에서 궐문 앞까지 산대잡극이 펼쳐졌는데 예전에는 본 적이 없었다」.

산대는 만들어 놓은 모양이 봉래산 같고
과일 바치는 선인은 해상에서 왔네.
잡객의 북과 징소리 땅을 뒤흔들고
처용의 소매는 바람 따라 도네.
장간의한은 평지처럼 벌여 있고
포화는 하늘을 찔러 빠른 번개 같은데
태평시대 참 기상 그리고자 해도
노신의 잠필로는 재주 없음이 부끄럽기만 하네.[59)]

여기서 처용은 '바람 따라 도는' 춤을 추고 있다. 바람 따라 돈다는 것은 역시 빙빙 돌아가는 원무를 지칭하고 있다. 춤사위에 대한 『대동야승』의 기록을 좀 더 살펴보자.

"처음에 승려가 불공하는 것을 모방하여 기생들이 영산회상불보살을 제창하고, 외정에서 돌아 들어오면 영인(伶人)들이 각각 악기를 잡는데, 쌍학인 다섯, 처용의 가면 10명이 모두 따라가면서 느리게 세 번 노래하고, 자리에 들어가 소리를 점점 돋구다가 큰 북을 두드리고 영인과 기생이 한참동안 몸을 흔들며 발을 움직이다가 멈추면 이때에 연화대놀이를 한다.

먼저 향산(香山)과 지당(池塘)을 마련하고 주위에 한 길이 넘는

59) "山臺結綴似蓬萊 獻果仙人海上來 雜客鼓鉦轟地動 處容衫袖逐風廻 長竿倚漢如平地 瀑火衝天似疾雷 欲寫大平眞氣像 老臣簪筆愧非才" 『牧隱詩藁』 卷33 「自東大門至闕門前山臺雜劇前所未見也」.

높이의 채화를 꽂는다. 또 좌우에 그림을 그린 등롱이 있는데, 그 사이에서 다섯 색으로 만든 술이 어른거리며, 지당 앞 동쪽과 서쪽에 큰 연꽃 받침을 놓는데 소기가 그 속에 들어있다. 〈보허자〉를 주악하면 쌍학이 곡조에 따라 빙글빙글 춤추면서 연꽃 받침을 쪼면 두 소기가 그 꽃받침을 헤치고 나와 서로 마주 보기도 하고 서로 등지기도 하며 뛰면서 춤을 추는데, 이를 〈동동〉이라고 한다. 이리하여 쌍학은 물러가고 처용이 들어온다.

처음에 만기(慢機)를 연주하면 처용이 열을 지어 서서 때때로 소매를 당기어 춤을 추고, 다음에 중기(中機)를 연주하면 처용 다섯 사람이 각각 오방으로 나누어 서서 소매를 떨치고 춤을 추며, 그 다음에 촉기(促機)를 연주하는데, 신방곡(神房曲)에 따라 너울너울 어지러이 춤을 추고, 끝으로 〈북전〉을 연주하면 처용이 물러가 자리에 열 지어선다. 이때 기생 한 사람이 '나무아미타불'을 창하면, 여러 사람이 따라서 화창(和唱)하고, 또 관음찬을 세 번 창하면서 빙 돌아 나선다. 매양 섣달 그믐날 밤이면 창경궁과 창덕궁 양 궁전 뜰로 나뉘어 들어간다. 창경궁에서는 기악을 쓰고, 창덕궁에서는 가동(歌童)을 쓴다. 새벽에 이르도록 주악하고 영인과 기녀에게 각각 포물을 하사하여 사귀를 물러나게 한다."

이것은 〈처용가〉가 오방처용, 봉황음, 관음찬, 연화대놀이 등의 놀이와 춤, 주악을 곁들인 다중이 참여하는 하나의 총체적 공연예술임을 보여준다. 처용이 집중적으로 공연물로 유행하기 시작한 것은, 궁중과 민간에서 〈처용희〉 등을 즐기던 고려조 이후로, 이는 전대부터 전래된 익숙한 소재인 점, 내용이 벽사진경인

터키 데르비시 종단의 수피춤 한국 공연 모습

점, 놀이로서 적합한 점 등이 작용한 것으로 보인다. 고려 궁중에서 〈처용가〉를 즐겼음은 『고려사』에 보이는데, 주로 연향과 굿에서 사용된 것 같다. 민간에서 〈처용가〉가 널리 퍼져 있음은 개인 문집에서 확인할 수 있다.[60]

'도는' 처용뿐만 아니라 쌍학도 '빙글빙글' 춤을 춘다. 이러한 원무(圓舞)는 종교 의식에서 현재까지도 많이 사용된다. 아프리카의 요루바(yoruba)인들의 종교 의식에서는 마을 사람들 모두가 원을 돌며 춤을 춘다. 또한 아프리카의 영향을 받은 아이티의 부두(voodoo)교 의식에도 원무가 있으며, 브라질의 칸돔블레

60) 김명준, 『악장가사 연구』, 도서출판 다운샘. 2003, p.138.

(candomblé) 의식 참석자들도 원무를 춘다. 원무는 의식에 동참한 이들을 하나로 묶고, 동시에 신과의 합일을 가능하게 하는 하나의 수단으로 존재했던 것이다. 중앙아시아 지역의 수피(sufi)[61]들의 '빙빙 도는 춤(whirling dance)' 역시 원무이다. 빙빙 돌다보면 심장이 우주의 중심축을 따라 함께 움직이게 되며, 이 순간, 신과의 영적인 교감이 가능하다. 따라서 수피즘은 우주적 진실에 다가가기 위한, 즉 신성과 일체가 되기 위한 영혼의 수행으로 신성한 움직임과 춤을 강조한다. 이것은 황홀의 경지에 들기 위한 '대지의 춤'이라는 토착문화에 기반을 둔 것으로, "La Ilaha, Illa-lah"(알라 외에는 어떤 신도 없다)라는 기도문을 큰 소리로 외우며 춤을 춘다. 수피들은 궁극적으로 지식을 통한 믿음보다 영성의 통교를 중시한다는 차원에서 그리스도교도들의 신비주의 운동과도 유사하다. 1910년 수피즘을 인도에서 서구로 소개한 음악가 칸(Hazrat Inayat Khan)에 의하면 수피의 춤은 모든 인간과 종교에 사랑과 조화, 아름다움을 가져오는 우주적 메시지를 표현한다.[62] 또한 열정적으로 도는 춤으로 영혼의 상태를 표현하고, 알라신에 몰두한 상태에서 소용돌이 춤(whirling dances)에 자신의 의식을 맡긴다.[63] 수피의 춤은 하늘과 대지를

61) 8~9세기경에 이슬람교 안에서 헌신적인 금용주의와 결합한 신비주의 경향의 고행자들이 등장한다. 이들은 비개인적이고 형식적인 이슬람 전통에 대항한 반동으로 힌두이즘의 수도사인 구루(guru)와 유사하다. Andrew Rippin, *Muslims: Their Religious Beliefs and Practices*, New York: Routledge, 1990, p.118.

62) "Sufism & Dance" http://ourworld.compuserve.com/homepages/sharonmijares/ruha.htm

수피춤의 일종인 이집트의 탄누라춤. '탄누라'는 치마라는 뜻이며, 한 명 또는 여러 명이 형형색색의 치마를 입고 한 방향으로 빙빙 돌면서 묘기를 부리기도 한다.

이어주는 하나의 수단으로, 수피들은 수피 음악을 들으면서 자아를 잊고, 물욕을 잊고, 소우주와 대우주를 구성하는 인자가 되어 빙빙 도는 동작을 반복하는 춤을 통해 황홀경에 빠질 수 있고, 신성한 세계에 이를 수 있다고 본 것이다. 따라서 "수피의 춤은 육체의 리드미컬한 상승 하강의 움직임에 엄격하다."[64]

〈처용가〉의 춤사위가 바로 위에서 언급된 수피의 춤, 즉 육체의 리드미컬한 상승 하강의 움직임을 기본으로 한다는 것은 상당

63) Martin Lings, *What is Sufism?* London: George Allen & Unwin Ltd., 1975, p.85.

64) Martin Lings, *op. cit.*, p.85.

히 홍미롭다. 〈처용가〉 관계 문헌을 보면 "음악이 중엽에 이르러 장고가 채편을 치면 처용 5인이 다 같이 허리를 구부리며 모두 두 팔을 들었다가 내려 무릎 위에 놓는다"는 식의 상하 동작이 있다. 또한 수피의 원무처럼 '회무(回舞)', '주선(周旋)' 등 돌기 동작이 전체적으로 강조되어 있다.[65] 이것은 〈처용희〉의 춤사위가 타 문화권의 '빙빙 도는 춤'과 같은 종교적인 의식의 춤사위이며, 이 춤을 통해 우주와의 합일을 꾀하고 있다는 것을 보여준다.

③ 〈처용가〉와 여성의 일탈

〈처용가〉는 그 주제가 간통이라는 일탈을 암시한다는 점에서 대단히 급진적이다. 향가 〈처용가〉를 보자.

ᄉᆡᄇᆞᆯ ᄇᆞᆯ긔 ᄃᆞ래
밤드리 노니다가
드러 내자리ᄅᆞᆯ 보니
가ᄅᆞ리 네히로새라
아으 둘흔 내해어니와
둘흔 뉘해어니오
본ᄃᆡ 내해다마ᄅᆞᆫ
아사ᄂᆞᆯ 엇디ᄒᆞ릿고

이에 대한 『삼국유사』의 기록을 보자.

〈10〉 헌강왕은 미모의 여자를 골라 아내를 삼아주고 그의 뜻

65) 춤 동작 및 순서에 관해서는 『처용무』, pp.50~100.

> 을 사로잡기 위하여 급간이라는 벼슬을 주었다. 그의 아내는 너무나 아름다워 역신이 탐을 냈고, 마침내 역신이 사람으로 변신하여, 밤에 몰래 처용의 집으로 들어가 처용의 부인과 동침을 했다. 처용이 밖에서 돌아와 그녀의 잠자리에 두 사람이 있는 것을 보고 노래를 부르고 춤을 추면서 물러났다.[66]

이 기록은 처용의 아내인 유부녀와 '역신'의 부정한 사랑을 암시하면서, 이에 대해 "본래는 내 것이었다만, 빼앗긴 것을 어찌하겠느냐"며 노래를 부르고 춤을 추면서 물러나는 처용의 모습을 묘사하고 있다.

여인의 부정에 대한 모티브는 7, 8세기에 이미 중앙아시아 지역의 민담, 문학작품에 등장한다. 일례로 페르시아 시인인 피르다우시(Ferdowsi, 935~1020)의 『왕서』(The Book of Kings)에서는 왕의 부인이 의붓아들을 유혹하나 실패하는 이야기가 등장한다. 이와 유사한 주제의 또 다른 이야기가 〈훠쓰뤄와 서림〉(確斯羅與 西琳)이다. 〈훠쓰뤄와 서림〉은 위구르지역에서는 〈파얼하더와 서림〉으로 등장하며, 여인의 이름이 절세미녀 '서림'으로 완전히 동일하고, 그녀에 대한 남자들의 구애가 주제를 이루는 공통점을 지닌다. 이것은 삼각관계 모티프가 중앙아시아에 멀리 퍼져 있었음을 보여주는 것이다.

아랍권 문학의 백미인 『천일야화』의 첫 번째 이야기인 〈샤흐

66) "王以美女妻之 欲留其意 又賜級干職 其妻甚美 疫神欽慕之 變無人夜至其家 竊與之宿 處容自外至其家 見寢有二人 乃唱歌作舞而退" 『三國遺事』 卷2 紀異 處容郎 望海寺.

리야르 왕과 그 아우 이야기〉에서는 왕비와 흑인 노예의 불륜을 동생을 통해 알게 된 왕이 왕비를 살해하고, 모든 여인을 분노의 대상으로 삼으며, 결국 지혜로운 샤르라자드를 통해 자신의 분노를 승화시키게 된다. 『천일야화』가 페르시아의 『천 개의 이야기』를 확장시킨 텍스트이며, 이 또한 그 이전의 인도 등지 구전설화의 집합체라는 것은 주지의 사실이다.[67] 따라서, 〈처용가〉에 등장하는 역신은 『천일야화』의 '검은 노예', 혹은 '나쁜 지니(jinni)'와 동일한 선상에서 이해될 수 있다.[68] 페르시아의 조로아스터교에서 대칭을 이루는 선신(善神)과 악신(惡神)이 서역의 민담에서는 남편 대 악한 지니, 혹은 흑인 노예를 구성한다면, 〈처용

67) "인도의 설화들이 6세기경 페르시아의 사산왕조에 전해져 『천 가지 이야기』로 불리다가, 8세기경에 아랍에 유입되어 바그다드를 중심으로 아랍 · 이슬람적 색채로 강하게 윤색되어, 12세기경부터 『천일야화』로 불리게 되었고, 12~17세기 이집트의 카이로에서 전체 분량의 반 가량의 이야기가 추가되면서 최종적인 틀을 갖추게 된 것으로 보인다." 김영애 외, 『아시아 아프리카 문학』, 한국외국어대학교 출판부, 2003, p.152. 많은 설화가 인도로부터 페르시아에 전해졌으므로 이 이야기 속에는 인도, 이란, 이집트, 이라크, 시리아, 아라비아 등지의 온갖 설화가 포함되어 있으며, 그리스 인과 유대인으로부터도 많은 이야기기 취합되고 있다.

68) 『천일야화』에서 노예 혹은 지니는 다양한 유색인종으로 나타난다. 지니의 신비로운 빛깔은 수피의 상징이다. 수피즘은 검은 빛을 영원한 생명을 상징하는 애머럴드 빛 다음으로 신성한 빛깔로 여긴다. 역사적으로 이슬람에서는 흑인노예는 중요한 위치를 차지한다. 흑인은 단순히 주인의 지배를 받는 노예가 아니다. 어두운 신성을 매개하는 역신은 지니 혹은 흑인노예의 의미와 관련이 있으며, 그것이 달의 원형과 통하는 천연두의 역신으로 변용 · 생성된 것이 아닌가 하는 추정 또한 가능하게 한다.

가〉 역시 처용 대 역신으로 대칭을 이루게 되며, 역신이 결국 처용에게 머리를 숙인다는 말은 선신과 악신의 대결에서 선신이 승리함을 상징한다고 볼 수 있다.

여인을 가운데에 두고 역신과 남편이 갈등을 빚는 〈처용가〉가 9세기에 생성되었다면, 8세기부터 이슬람화하기 시작한 인도를 위시한 서역의 민담은 〈처용가〉 발생기보다 최소 한 세기가 앞선 시점에서 생성된 것으로 볼 수 있다. 또한 고승 혜초(704~787)가 구도의 차원에서 찾았던 곳이 '서역'이며, 둔황의 벽화에서 한반도인의 모습이 보인다는 것은 이 지역의 민담이 중국을 통해서든 직접적인 접촉을 통해서든, 어떤 형태로나마 신라인들에게 전해졌을 수도 있으리라는 추정을 가능하게 한다.

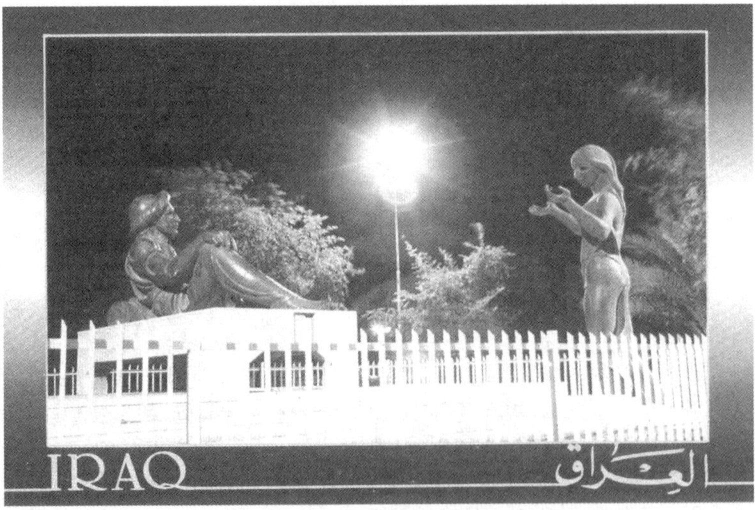

샤흐라자드가 샤흐리야르왕에게 이야기를 들려주는 모습의 동상(바그다드 소재)

2 서역(아랍)과 동아시아의 음악

시는 음악과 밀접한 연관을 갖는다. 특히, 곡자(曲子) 혹은 사(詞)는 악기의 리듬에 맞추어 부르던 노래이므로, 각 악기의 음색에 따라 노래 역시 달라질 수밖에 없다. 중세에 서역과 동아시아의 음악은 어떤 교류를 가졌는가를 살펴보기로 하자.

1. 중국의 외래음악

1) 수 · 당의 외래음악

중국이 외래 음악을 받아들인 것은 수 · 당 이전 시대로 거슬러 올라간다. 일례로, 기원전 2015년 전후로는 방이(方夷) 족이 악무를 바쳤으며,[69] 주대(周代)에는 제사와 향연에 외국 음악을 들여왔다. 특히 팽창정책을 택한 주의 목왕(穆王, 기원전 976~922) 시대에는 곤륜산맥 주변의 여러 부족을 복속시키면서 조공을 받았고, 많은 외국의 예인들이 사절단으로 입국하기도 했다. 이들의 음악이 중국음악 형성에 영향을 준 것은 당연하다.

서한에 이르러서는 장건의 서역 파견으로 실크로드를 구축하

69) 『路史』 後記, "少康卽位 方夷來賓 獻其樂舞."

고, 페르시아와의 활발한 문물교류를 통해, 중앙아시아 각 민족의 음악이 중국에 이입되었다. 그 대표적 예는 〈호가십팔박(胡笳十八拍)〉과 〈횡취곡(橫吹曲)〉으로, 특히 〈횡취곡〉은 장건이 실크로드를 통해 가져온 악곡을 이연년이 개편해서 군악(軍樂)으로 발전시킨 것이다. 이후 삼국 · 양진 · 남북조 시대에 주변국들과의 정복전쟁이 확장되면서, 이들 민족의 음악이 대거 유입되었다.

수 · 당 시대의 음악은 주변 민족의 정복 혹은 교류를 통해 유입된 외래 음악의 영향을 받아 풍부해졌다. 방대한 영토의 통일제국으로 출범한 수나라는 전대의 음악을 계승하면서 궁중 연악(燕樂)을 일으키는데 주력하였으며, 당나라 역시 수나라 음악을 계승 발전시킴으로써 당악을 발전시켰다. 수와 당의 궁정에 편성된 악부의 이름을 보자.

<table>
<tr><th rowspan="2">시대</th><th colspan="2">수</th><th colspan="2">당</th></tr>
<tr><th>개황(開皇) 초
(581년 이후)</th><th>대업(大業) 중
(605~618)</th><th>무덕(武德) 초
(618 이후)</th><th>정관 16년
(642)</th></tr>
<tr><td>악명</td><td>칠부악</td><td>구부악</td><td>구부악</td><td>십부악</td></tr>
<tr><td>내용</td><td>국기
청상기
고려기
천축기
안국기
구자기
문강기</td><td>서량기(국기)
청상기
고려기
천축기
안국기
구자기
문강기
강국기
소륵기</td><td>서량기
청상기
고려기
천축기
안국기
구자기
강국기
소륵기
고창기</td><td>연악
청악(청상기)
서량악
천축악
고려악
구자악
안국악
소륵악
강국악
고창악</td></tr>
</table>

위의 표를 통해, 수가 궁정에 칠부악대를 설치하고, 후에 강국기와 소륵기를 첨가해서 구부악을 형성하며, 당에 이르러서는 문강기를 배제하고 대신 고창기를 첨가해서 구부악을 구성하고, 후대에는 연악을 추가해서 십부악을 구성했음을 알 수 있다.

십부악 중에서 외래음악은 국기(國伎)로도 불린 서량악[70], 고구려 음악이 바탕이 된 고려악, 인도음악이 바탕이 된 천축악, 부카라[71] 혹은 보카라 음악인 안국악[72], 쿠차 지방의 음악인 구자악, 카시가르[73] 음악인 소륵악, 사마르칸드[74]의 음악인 강국악, 고창국[75]의 음악인 고창악으로 총 8개이다. 여기서 서역이 기원인 음악은 고려악을 제외한 총 7개의 음악이므로 서역 음악이 당악 형성에 상당한 영향을 미쳤다고 볼 수 있다.[76] 그러나

---

70) 서량 혹은 후량은 중국에서 오호로 불리던 민족의 하나인 저(氐)족이 현재의 간수성 서북부에 세운 국가로 후에 흉노, 선비족에게 점령되기도 했으나, 위구르의 통치 이후 이슬람에 정복됨.

71) Bokhara 혹은 Bukhara로 아리안인들이 이주하면서 역사가 시작됨. 페르시아제국에 속했으나, 터키의 영향을 강하게 받은 지역으로 현재에는 우즈베키스탄에 속함.

72) Kucha로 적으나, 한자로는 庫車이며 현재 신장 위구르 자치지역에 속함. 타림분지의 타클라마칸 산맥 북쪽에 있으며, 인도와 스키타이 문화의 영향을 받았음.

73) Kashgar는 타클라마칸 산맥 서쪽에 있으며, 현재 신장 위구르 자치지역에 속함.

74) Samarkand는 현재 우즈베키스탄에 있음. 소그드 족이 건설한 도시로 페르시아의 아케메네스 왕조에 통합되었으며, 이후 터키의 통치를 받았으나, 이슬람에 정복됨.

75) 고창국(高昌國)은 실크로드 북부 투루판(Turfan) 분지에 있던 나라로 한족의 지배를 받았으나 주민들은 대부분 투르크계였음.

76) 양인리우, 『중국고대음악사』, 이창숙 옮김, 솔, 1999, pp.313~360;

현재 서역 음악의 악보가 전승되지 않는 상태에서 이들 음악을 비교할 수는 없을 것이다.

당 궁중은 당시 서역 음악을 전담하는 호부(胡部)를 설치해서 외래 음악을 보호했으며, 중국 전통음악은 이러한 외래 요소를 적극 수용함으로써 연향악인 당악(唐樂)의 발전을 도모했다. 악기와 음악가 또한 "당대에는 한족 고유의 악기와 서역에서 들어온 외래악기가 모여 40~50종의 악기에 달했으며, 특히 비파, 필률, 오현, 갈고, 공후, 호가, 금, 쟁, 적, 생 등이 널리 유행하여, 기예 수준이 높은 기악예술가들이 넘쳤다. 비파는 당대에 가장 번성했던 악기이고, 비파 명인의 수도 급격하게 많아졌음"[77]을 알 수 있다. 연악 악기 가운데 으뜸은 비파로 그 연원은 흉노와 구자에서 전래되었다고 하지만 원천은 아라비아계 또는 인도로 본다.[78] (비파의 기원을 어디에 두든지 간에) 보다 중요한 것은 당대 수많은 비파의 명수들은 대부분 서역의 호인 출신이라는 점이다.[79] 이것은 비파와 호악이 매우 밀접한 관계임을 보여주는 예라 할 수 있으며, 당이 외래 음악, 외래 악기, 외래 음악인 수용에 매우 적극적이었음을 입증하고 있다.

이상에서 본 바와 같이, 수와 당은 주변 부족 혹은 국가를 정복하면서, 피정복지의 여러 민족 음악을 적극적으로 활용하여 궁

리우짜이성, 『중국음악의 역사』, 김예풍 · 전지영 옮김, 민속원, 2004, pp.264~291.

77) 리우짜이성, 앞의 글, p.333.

78) 양인리우, 앞의 글, p.351.

79) 오웅화, 앞의 글, p.26.

중 연향악을 만들었으며, 특히 그 음악 가운데 호악(胡樂)인 서역 음악과 호악기(胡樂器)인 비파를 중심에 놓았다. 수·당 궁중의 연향악 확대는 이후 궁중 연향 문화의 발전적 초석이 되었다는 점에서 의의를 갖는다. 또한 이러한 외래 음악의 수용은 새로운 양식인 사(詞)의 탄생을 가져오게 된다.

2) 송(宋)의 연향악

송 건국 이후에도 송 궁중은 전대 연향악을 대부분 계승하였다. 『송사』 악지에 건국 초 옛 법제를 따라 궁중의 연회를 설행했다는 기록에서도 이를 알 수 있다. 이는 당나라 때부터 이어져 온 외래음악의 수용을 뜻하는 것이기도 하다. 송나라 시대에도 역시 새로운 외래 악기들을 수입했다. 일례로 11세기 전후에는 궁현악기(弓弦樂器)인 호금(胡琴)류 악기가 전래되었다. 특히 호금(胡琴)의 전신은 해금(奚琴)인데, 이 악기는 본래 오랑캐의 악기로 중국 진출 이후 궁정과 민간에서 널리 애용되었다.[80] 그리고 송사 가운데 서역 악곡인 소막차(蘇幕遮)조가 적지 않았다.[81] 이러한 외래 악기의 적극적인 수용을 통해, 송은 기존의 음악을 발전시켰고, 이로 인해, 더욱 풍성한 궁중음악을 태동시킬 수 있었다.

80) 리우짜이성, 앞의 글, pp.433~416.
81) 오웅화, 앞의 글, p.139.

3) 원(元)

원은 몽골족이 세운 나라로 그 영향력을 중앙아시아와 유럽에까지 확대하였고, 이로써 원은 동 · 서 문화 교류의 중심이 되었다. 특히 원은 이슬람 문화의 수입 과정에서 다양한 악기와 악곡을 받아들이게 된다. 흥륭생(興隆笙), 전정생(殿庭笙), 개량된 호금(胡琴), 화불사(火不思) 등의 악기와 회회음악(回回音樂), 회회가곡(回回歌曲) 등이 대표적인 악기와 악곡들이다.[82] 이에 원 궁중은 전조에서 계승한 37종 이외에 새로 28종의 악기와 새로운 궁중 음악을 추가하게 되었다.

새로운 악기 가운데 화불사(火不思)는 신강(新疆) 위구르지역에서 유행하던 악기로 이전에 중앙아시아, 고대 아라비아 지역에서 유입된 것이며, 72현 비파는 신강 위구르족의 36현 칼룬(qalun)과 동류로 이 역시 아라비아에서 전해진 것으로 보고 있다.[83] 그리고 흥륭생은 원나라 중통(中統) 연간에 바그다드[回回國]에서 세조 즉위를 축하하기 위해 보낸 관악기로 수용 이후 궁중 연악에서 오랜 동안 사용되었다.[84]

신악기의 유입에 따라 궁중의 악곡도 증가하였다. 원의 악곡은 크게 대곡, 소곡, 회회곡으로 나뉘며 회회곡은 회족(回族)의

---

82) 金鍾國, 「東西의 交流와 元代의 文化」, 東洋史學會 편, 『槪觀 東洋史』, 지식산업사, 1983, p.206.

83) 양음류, 『중국고대음악사고(하)』, 이창숙 옮김, 소명출판, 2007, pp.250~251. 그러나 '화불사'는 티베트계의 dramyin으로 티베트 불교 의식에 사용되는 현악기로 탄현악기일 가능성도 많다.

84) 양음류, 앞의 글, pp.254~256.

음악이다. 회회곡 가운데 무하메드당당[馬黑某堂堂]은 신강에서 유행한 고전 가무극인 〈12무캄〉의 근원이기도 하다.[85] 이처럼 원 궁중은 전조의 악기와 음악을 계승하면서도 새로운 악기와 음악을 수용함으로써 궁중 연향의 확대를 가져왔다.

원이 받아들인 회족의 음악은 이슬람의 무캄, 인도와 파키스탄의 라가 등에서 많은 영향을 받았다.[86] 이는 신강이 지리적으로 아랍과 아시아를 연결했던 실크로드에 놓여있기 때문으로 보인다. 이것은 아프카니스탄의 바미안 벽화(Bamian)와 돈황 벽화에서 찾을 수 있다. 바미안 벽화 가무도는 악인을 인도인으로, 무희는 페르시아인으로 묘사하고 있으며, 이러한 모습은 돈황의 가무도에서 자주 보인다.[87]

이상에서 본 바와 같이 원나라 궁중의 연향악은 이전과 마찬가지로 전대 음악의 계승과 외래 음악의 수용으로 발전하며, 그 수용 영역이 동북아, 중앙아시아, 서남아시아와 같은 정복지 전역으로 확대되며, 수용 강도가 더욱 더 적극적이었다는 점이 특징이다.

85) 양음류, 앞의 글, pp.260~262.

86) 박창호, 『세계의 민속음악』, 현암사, 2006, p.125.

87) 후지이 도모아끼, 『아시아 민족음악순례』, 沈雨晟 譯, 동문선, 1990, pp.38~40. 바미안은 간다라 제국에 속했으며, 인도·그리스 예술의 혼합체인 간다라 예술 기법으로 부처상 등을 조각했다.

2. 서역(아랍) 악기와 고구려 음악

한반도의 삼국인 고구려, 백제, 신라의 음악은 중국과의 지리적 접근성에 의해 활발한 외국 음악과의 교류가 가능했다. 고구려의 음악에 대해서는 고구려 고분 벽화와 『삼국사기』, 『고려사』와 같은 한국의 역사서뿐만 아니라, 중국의 역사서 및 일본의 역사서에도 기록이 남아 있다. 일례로 중국 문헌인 『수서』의 〈동이전(東夷傳)〉에서는 고구려 악기로 오현비파, 쟁, 피리, 횡취, 소, 고를 언급하고 있다. 그러나 고구려의 대표적 악기는 거문고로 볼 수 있다. 이것은 중국의 진(晋)에서 유입된 칠현금(七絃琴)을 왕산악이 개조해서 만든 악기로, 고분벽화에는 독주악기 혹은 춤을 반주하는 악기로 등장한다. 고구려 음악의 국제성은 고구려 음악이 중국 궁중에서 공식적으로 연주되었다는 사실이다. 또한 『수서』와 『구당서』는 수(隋)와 당(唐)나라 때 중국 궁중에서 연주되던 여러 나라의 음악을 7부기(七部伎)·9부기·10부기로 소개하고 있는데, 여기에 고구려악이 〈고려기(高麗伎)〉라는 이름으로 포함되었다는 사실이다.

『수서』 음악지에서는 〈고려악〉의 가곡으로는 〈지서(芝栖)〉, 무곡으로는 〈가지서(歌芝栖)〉를 꼽고 있으며, 사용된 악기가 탄쟁(彈箏), 추쟁(搊箏), 와공후(臥箜篌), 수공후(竪箜篌), 비파(琵琶), 의자적(義觜笛), 생(笙), 소(簫), 소필률(小篳篥), 도피필률(桃皮篳篥), 요고(腰鼓), 제고(齊鼓), 담고(擔鼓), 패(貝)라고 적고 있다. 이것은 총 14종의 악기로 악대를 편성한 것으로 『구당서』 음악지에서는 악공의 복색을 설명하고, 4인 무용수의 무복을 설명하면서, 그 춤사위가 〈쌍쌍병립이무(雙雙竝立而舞)〉, 즉 쌍쌍이 마주 서서 추는 춤이라고 기록했다. 고려악이 사용했던 악기들은 현악기 5, 관악기 6, 타악기 3으로, 이것은 현재 중국 감숙성 양주(凉州)지역의 음악이었던 서량기와 상당히 흡사하다.

서량기는 종(鐘), 경(磬), 탄쟁(彈箏), 당쟁(搯箏), 와공후(臥箜篌), 수공후(竪箜篌), 비파(琵琶), 오현비파(五絃琵琶), 생(笙), 소(簫), 필률(篳篥), 소필률(小篳篥), 적(笛), 횡적(橫笛), 요고(腰鼓), 제고(齊鼓), 담고(擔鼓), 동발(銅鈸), 패(貝) 등 19종의 악기로 구성된다.

즉, 두 악부의 악기를 비교하면, 공통 악기는 탄쟁, 와공후, 수공후, 비파, 생, 소, 필률, 소필률, 요고, 제고, 담고, 패의 총 12종이다. 반면 서량기에는 종, 경, 당쟁, 오현비파, 적, 횡적, 동발이 사용된 반면, 고구려 음악에는 의자적, 추쟁이 첨가된다. 그러나 고구려의 의자적은 적(笛)계열 악기이며, 추쟁은 쟁(箏)계열 악기이고, 서량기의 당쟁 역시 쟁(箏)계열 악기이고, 횡적과 적 역시 적(笛)계열 악기이므로, 실질적으로 두 음악은 상당히 유사한 음색을 가질 수밖에 없다. 이것은 당시 고구려가 중국 북조와의 긴밀한 교류를 유지했음을 보여주며, 이를 통해 선진화된 음악문화를 형성하였음을 짐작하게 한다.

고구려의 악기 중에서 대표적인 서역 악기로는 현악기인 비파류를 들 수 있다. 비파는 전술한 바와 같이 기원전 800년에 페르시아에서 만든 악기인 barbat을 그 원조로 본다. 피리는 기원전

1300년에 히타이트족의 석판에 그 그림이 등장한 것으로 보아, 이미 기원전부터 서아시아 지역에서 연주된 것으로 보인다. 이것은 고구려에서는 필률이라는 이름으로 등장하며, 길이, 재료에 따라 이름이 달라졌다.

3. 당악(唐樂)과 신라의 음악

당악의 수용은 한반도를 통일하려던 신라가 당나라와 정치적, 군사적 목적의 연합을 구축하면서 비롯되었다. 664년(문무왕 4) 3월 문무왕은 성천(星川)과 구일(丘日) 등 28인을 부성(府城 : 부여)에 보내어 당악을 배우게 하였다.[88] 당시 신라는 통일 전쟁 중이었고, 이때 신라에 파견된 당의 부대(唐軍)를 위해 당나라 측은 자국군대 위문공연단을 파견했다. 위문단의 공연 종목에 노래, 춤, 기예 등이 당연히 포함되었으며, 신라의 문무왕은 이 외래 음악을 배우게 한 것으로 보인다. 당시 신라가 수용한 당악은 고취악과 당의 속악(연향악)일 것으로 추정되며, 이후 당악은 일반 백성층보다는 왕실과 귀족층을 중심으로 뿌리내리게 된다.[89]

비슷한 시기에 당악기인 박판, 대고, 당비파, 피리의 수입도 이루어진 것으로 보인다.[90] 박판이 정재에서 중요한 역할을 하

88) 『三國史記』 卷6. "遣星川丘日等二十八 於府城 學唐樂."
89) 宋芳松, 『증보 한국음악통사』, 민속원, 2007, pp.112~116.

고, 대고는 교방고와 비슷한 악기로 이 역시 정재에서 사용되었을 가능성이 크기 때문에, 신라 궁중에서 당악 정재와 비슷한 공연을 실행했을 가능성을 추정해 볼 수 있다. 실제 고려시대 〈아박정재(牙拍呈才)〉인 (〈동동(動動)〉), 〈무고정재(舞鼓呈才)〉인 (〈정읍(井邑)〉)의 무구(舞具)가 박과 무고였음을 상기할 때 개연성이 크다고 할 수 있다. 그리고 비파는 수 · 당 시대에 유입된 대표적인 서역 악기로 연악의 중심 악기인데, 이것이 신라에 안착했다는 사실은 당악의 신라 궁중 유입의 실례라 할 수 있다.

신라의 외래 악기 도입은 당악의 수용과 함께 이루어진 간접 수용과 기타 교류를 통한 직접 수용 등에 의해 이루어졌다고 할 수 있다. 이는 최근의 실크로드 연구가 3대 간선인 초원로, 오아시스로, 해로 등을 찾고, 이것이 한반도까지 연장되었다는 결과와도 무관하지 않을 것이다.[91]

신라 시대 당악과 당악기 수입은 통일 신라 시대 음악 발전과 궁중 연향의 다양성을 확보하는데 기여했으며, 이후 한국 예술사 발전에 초석이 되었다고 할 수 있다.

---

90) 송방송, 앞의 글, pp.113~116; 김성혜, 「통일신라 전돌[塼]에 나타난 비파」, 『音樂學論叢』, 韶巖權五聖博士華甲紀念論文集刊行委員會, 2000, pp.157~173.

91) 국립제주박물관 편, 『실크로드의 역사와 문화』, 서경문화사, 2008; 고혜선 외, 『중세 동 · 서 문화의 만남』, 단국대학교출판부, 2008.

4. 고려 음악과 외래 음악

고려의 궁중은 기존의 당악에 송의 교방악(敎坊樂)과 사악(詞樂)을 수용하면서 당악을 확대해 간다. "광종이 당나라 악기와 악공을 청하여 그 자손 대대로 그 업을 지키게 하였는데, 충렬왕 대에 이르러 김여영이 맡고, 충숙왕 대에는 그 손자 김득우가 맡았다"[92]는 기록은 고려시대 내내 적극적인 당악의 수입과 보전이 이루어졌음을 말하고 있다.

문종조에 이르면 당악은 더욱 넓은 자리를 차지한다. 문종이 송 휘종에게 악공을 여러 차례 청하였으며,[93] 27년(1073) 팔관회에서 교방(敎坊)은 당악정재인 〈포구락(抛毬樂)〉, 〈답사행가무(踏沙行歌舞)〉, 〈구장기별기(九張機別伎)〉, 〈왕모대가무(王母隊歌舞)〉 등을 공연하기에 이른다.[94] 결국 문종 30년(1076)에 대악

---

92) 『太宗實錄』 卷22 11年 12月 15日(辛丑). "禮曹上言 前朝光王 遣使請唐樂器及工 其子孫世守其業 至忠烈王朝 金呂英掌之 忠肅王朝 其孫得雨掌之."

93) 『高麗圖經』 卷40.

94) 『高麗史』 卷71 樂志 用俗樂節度. "文宗二十七年二月乙亥 敎坊奏女弟子眞卿等 十三人所傳 踏沙行歌舞 請用於燃燈會 制從之 十一月辛亥 設八關會 御神鳳樓觀樂 敎坊女弟子楚英 奏新傳抛毬樂 九張機別伎 抛毬樂 弟子十三人 九張機 弟子十人 三十一年二月乙未 燃燈 御重光殿觀樂 敎坊女弟子楚英 奏王母隊歌舞 一隊五十五人 舞成四字 或君王萬歲 或天下太平." "문종 27년 2월 을해에 교방에서 여제자 진경 등 13인이 전한 답사행가무를 연등회에서 쓰기를 주청했는데 제문을 내려 그것에 따랐다. 동년 11월 신해에 팔관회를 차리고 국왕이 신봉루에 임어하여 악무를 관람하였는데 교방 여제자 초영이 새로 전래한 〈포구락〉과 〈구장기별기〉를 연주했다. 〈포구락〉은 제

서, 관현방(管絃房)의 녹봉을 정하면서 당악 제도를 어느 정도 확립한 것으로 보인다.[95] 이런 과정을 통해 당악은 좌부악(左部樂)으로서 고려시대 음악사에 중요한 역할을 수행하였던 것이다. 고려의 당악은 교방악과 사악이 주를 이루는데, 이들은 대부분 송사로 대곡(大曲)과 산사(散詞)이다. 대곡은 여러 음악을 함께 묶은 것으로 가무희에 사용되었으며 이후 원 잡극에도 영향을 미쳤다. 산사는 독립된 성악곡으로 가사로 사용되었다. 『고려사』 악지에 대곡 7편과 산사 41편(정재 5편, 성악 43편)이 수록되어 있다.

고려는 당악과 함께 당악기의 수입에도 적극적이었다. 광종, 문종 때 주로 수입된 악기로는 방향, 퉁소, 적, 피리, 비파, 아쟁, 대쟁, 장고, 교방고, 박, 해금 등이 있으며, 이들은 송 교방악에

자가 13인이고 〈구장기〉는 제자가 10인이다. 동 31년 2월 을미 연등 때 국왕이 중광전에 임어하여 악무를 관람하였는데 교방 여제자 초영이 〈왕모대가무〉를 연주했다. 1대가 55인이고 춤으로 네 글자를 만들어 내는데 혹은 '군왕만세' 혹은 '천하태평'이 된다."

95) 『高麗史』 卷80 食貨志 祿俸 諸衙門工匠別賜. "諸衙門工匠別賜 橙以役三百日以上者 給之 文宗三十年定 …… 大樂管絃房 米一科十石 唐舞業兼唱詞業一 笙業師一 唐舞師校尉一 八石御前兩部都廳 七石琵琶業師 校尉 閣門使同正 二科八石 杖鼓業師二 唐笛業師二 鄉唐琵琶業師各一 方響業師 校尉一 瘀郎業師一 歌舞拍業師一 中魁業師一." "제아문(諸衙門)의 공장별사(工匠別賜)는 모두 3백일 이상 역사(役事)한 자에게 지급하는데 문종 30년에 정하였다 …… 대악관현방은 미(米) 1과(科) 10석(石) 당무업겸창사업 1 · 생업사 1 · 당무사교위 1, 8석 어전량부도청 7석 비파업사교위 합문사동정 2과 8석 장고업사 2 · 당적업사 2 · 향당비파업사 각 1 · 방업사교위일 1 · 필업사 1 · 가무박업사 1 · 중함업사 1이었다."

쓰였던 악기들로 간주된다.[96] 특히 해금은 중국에서는 호금(胡琴)으로 불리던 것으로 서역에서 유래된 악기이다. 그 전신은 현재의 키르기즈스탄과 카자흐스탄의 kil kyyak, kobyz로 보이며, 이들 두 악기 모두 두 개의 현을 사용했고 말총으로 된 활을 사용했다는 공통점이 있다.

건국 초기부터 대성아악의 전래까지 고려 궁중악은 향악(속악)과 당악이 양대 축을 이루고 있었다. 송으로부터 아악이 도입되고 한학적 교양과 유학적 기풍이 성장함에 따라 팔관회와 연등회는 쇠퇴하게 되었다. 원과의 화친 교류기에는 민간가요의 원질로부터 멀어진 개작과 새로운 창작·연행(演行)의 발달이 가장 활발하게 이루어진 것으로 추정된다. 총애하는 신하들과 음사(淫詞)를 지어 스스로 즐겼던 충렬왕 시기에는 궁중 연예를 위한 대규모의 무대 표현과 화려한 가무가 동반되었고, 잡극(雜劇)과 산곡(散曲)을 포함하여 중국 연희 문화의 영향이 속악가사에 직·간접적으로 미쳤을 것으로 보인다.[97]

위에서 살펴보았듯이, 연향악으로서의 당악이 순수한 중국 전통음악이 아니라 수·당 시대부터 송·원에 이르는 동안 서역 및 여러 외래 음악의 영향을 받은 음악임을 상기한다면, 고려의 당악에도 서역과 같은 외래 음악이 영향을 미쳤을 것이다. 일례로 〈연화대(蓮花臺)〉는 척발위(拓跋魏)인 자지무(柘枝舞)로서 서

96) 송방송, 앞의 글, p.151; pp.176~178.
97) 김홍규, 「高麗俗謠의 장르적 多元性」, 『韓國詩歌硏究』, 第1輯, 한국시가학회, 1997, pp.45~50.

역국인 석국(石國, Choj : 柘枝)의 춤이다.[98] 따라서 〈연화대〉는 북위에서 발원하여 당 – 송 – 원을 거쳐 고려에까지 전파된 가무악임을 알 수 있다. 그리고 〈감황은령〉의 악곡명은 소막차(蘇幕遮)로써, 이 악곡의 기원에 대해 강국(康國), 구자(龜玆), 이란 기원설 등 의견이 분분하지만 이 모두 서역이므로 〈감황은령(感皇恩令)〉은 서역악임을 짐작할 수 있다. 그리고 〈낭도사령(浪淘沙令)〉과 〈서강월만(西江月慢)〉이 『돈황악보(敦煌樂譜)』에 기록된 악곡이므로 그 유래를 서역에서 찾을 수 있을 것이다.[99] 이들 외에도 서역에서 기원한 악기(예 : 필률, 비파, 교방고, 해금 등)가 『고려사』 악지 속악조에 수록되었으며, 또 이들로 연주되는 곡들이 적지 않다는 점과 당 연악(燕樂) 28조에 대식조(大食調)[100], 고대식조(高大食調) 등을 계승한 곡조들[황종상(黃鐘商), 황종윤(黃鐘閏), 대려윤(大呂閏)]이 두루 쓰이고 있음을 볼 때,[101] 고려의 당악도 수 · 당 · 송 · 원의 당악만큼 서역 음악을 포함하고 있다고 할 수 있다.

이상에서 본 바와 같이, 당악의 수입은 신라 문무왕대 이후 고려시대까지 지속되었다. 이것은 매우 적극적으로 이루어졌으며 그 결과 많은 악기와 악곡을 확보하였다. 이로 인해 신라와 고려의 궁중은 연향악의 확장은 물론 궁중 연향을 국제적 수준으로 높일 수 있었다. 그리고 당악이 서역 음악을 기반으로 형성되었

98) 차주환, 『당악연구』, 범학도서, 1976, pp.64~67.
99) 박은옥, 앞의 글, pp.81~83; p.118; pp.169~170.
100) '대식(大食)'은 아랍을 지칭하는 말이다.
101) 박은옥, 앞의 글, p.51.

기 때문에 고려의 당악도 다분히 서역적 요소가 포함되었으며, 실제 몇몇 곡들에서 그 모습을 확인할 수 있었다. 또한 대곡과 산사가 고려의 속악 형성에도 적지 않은 영향을 주어 속악정재와 속악가사의 탄생을 가져왔다고 할 수 있다. 이처럼 고려의 당악은 아시아의 음악 교류가 고려까지를 포함하고 있음을 보여주는 증거이면서, 동시에 고려의 음악을 세계적 수준으로 끌어올릴 수 있는 계기를 마련해 주었다고 할 수 있다.

당악이 중국 이외의 요소를 포함한 것이고 실제 중국 당악에 서역의 특징이 담겨 있다면, 이의 영향을 받은 고려속요 역시 중국을 넘는 것들이 존재할 가능성이 있지 않을까. 다시 말해 고려속요 형성에 송 · 원의 문학 양식 이외에 이전의 문학 양식은 물론 음악적인 인자가 작용했다고 생각할 수 있을 것이다.

이미 제1권 『중세 동 · 서 문화의 만남』에서 우리는 고려속요에 내재한 외래적 요소들을 『고려사 악지』에 소개된 것을 중심으로 살펴보았다. 그리고 중국의 대곡 혹은 당악정재와 같이 연행되는 것이 속악정재이고, 〈무고정재〉, 〈동동정재〉, 〈무애정재〉에서 사용된 무구가 각각 당악의 교방고와 흡사한 무고, 서역에서 전래된 비파, 코끼리 어금니로 만든 아박인 점으로 미루어서 고려속요와 서역의 음악이 밀접한 관계에 있음을 밝힌바 있다.

이처럼 고려속요의 음악적 외래성을 인정하다면 고려속요는 왕성한 문화 교류와 섭취를 통해 이룩한 국제적 수준의 궁중 연향 문화의 완결판이라 할 수 있다. 문화의 전파와 수용은 국가간 배타적 자존심의 차원이 아니라 자국의 문화 수준을 제고하는 적극적 행위이다. 수, 당, 송, 원이 대제국을 건설하여 지배자의 문화를 전파하지 않고 정복지의 문화를 수용한 것에서도 이를 확인할 수 있으며, 이로 인해 중국은 최고의 문화선진국이 될 수 있었던 것이다. 고려가 이런 중국의 궁중 연향 문화를 수용하여 고려속요를 탄생시킨 것도 같은 맥락으로 이해할 수 있다. 중국이 자국의 음악에 외래의 음악을 더하여 발전시켰듯이 우리도 우리의 음악에 외래의 음악을 받아들여 수준 높은 연향 문화를 만들어 낸 것이다.

> 무진일에 왕이 양 200두와 술 200합을 황제께 상수(上壽)하였다. 기사일에 또 궐에 나아가 부두연(扶頭宴)을 베푸는데 황제가 고려가(高麗歌)를 부르라 명령하거늘 왕이 대장군 송방영(宋邦英), 송영(宋英) 등으로 〈쌍연곡(雙燕曲)〉을 부르게 하였다. 전왕(충선왕)은 단판(檀板)을 잡고 왕은 일어나 춤을 추며 축배를 올리니 황제와 황후가 더불어 기뻐하였다.[102)]

위 기록은 충렬왕이 원에 입조하여 참석한 황실연에서 신료에게 고려속요인 〈쌍연곡〉을 부르게 하였는데 원 세조와 황후가 매우 흡족했다는 내용이다. 당시 원은 세계 문화의 중심지로서 황실 잔치의 수준 또한 상당했을 것으로 보인다. 이러한 잔치에서 〈쌍연곡〉이 인정을 받았다는 것은 고려속요의 수준이 매우

102) 『高麗史』 卷31 忠烈王 26年(1300) 6月. "戊辰 王 以羊二百頭 酒二百 上壽于帝 己巳 又詣闕 設扶頭宴 帝 命唱高麗歌 王 令大將軍宋邦英 宋英等 歌雙燕曲 前王 執檀板 王 起舞獻壽 帝與后悅."

높았기 때문에 가능했으리라 본다. 문화 수출국이 문화 수입국보다 늘 앞에 있지 않으며 오히려 수입국이 수출국을 능가할 수 있다는 점에서, 고려 음악과 고려속요는 중앙아시아에서 발원한 음악이 중국을 거쳐 고려에서 꽃을 피운 아시아 예술의 결정체라 할 수 있다. 다시 말해 고려시대 당악은 아시아의 음악 교류가 고려까지를 포함하고 있음을 보여주는 증거이면서 동시에 고려의 음악을 세계적 수준으로 끌어올릴 수 있는 계기를 마련해 주었다고 할 수 있다. 그 결과 중세 아시아 궁중 연향 예술의 명품인 고려속요를 만들어 냈던 것이다.

3 결 론

본래 이방문화(異邦文化)의 느낌과 경험을 담고 있는 예술장르에서 촉발된 예술의 '잡종성'은 종종 한 나라의 문화전통에서 다소 특이해 보이기 쉽다. 하지만 일관된 역사와 전통 속에서 자라나오지 않은 이방적 요소가 한 나라의 전통문화와 긍정적인 긴장을 형성하고 그 나라의 문화에 안착하여 더욱 풍부한 전통을 구성하게 되는 선례를 얼마든지 찾아볼 수 있다. 이러한 선례 중의 하나로 우리는 이 장에서 고려속요와 중앙아시아, 그리고 아랍문화와의 연계성을 탐구해보았다. 특히, 문학 교류는 예술사 전반의 교류와 맥을 같이 한다는 차원에서 고려속요의 음악사적 차원의 분석을 가했으며, 이어서 문학적인 차원의 분석을 시도하였다. 그리고 마지막으로 가장 서역적인 요소가 많은 것으로 간주되는 〈쌍화점〉과 〈처용가〉를 중점 분석했다.

당악은 오랜 기간 동안 중국이 여러 민족의 음악을 활용하여 완성한 궁중 연향용 가무악이라 할 수 있다. 당악의 원천과 전승은 수·당·원·명 시대를 통해 살핀 바, 수와 당은 많은 민족 음악을 이용하여 궁중 연향악을 만들었는데 특히 서역음악과 비파를 적극 활용하였다. 그리고 이러한 외래 음악의 수용은 사(詞) 문학을 탄생시킨 계기가 되었다. 송대에 이르면 궁중 연향악은 수·당의 연향악을 계승하는 한편 서역악과 같은 외래악과 호금류의 외래 악기를 수입하여 연향악의 확장을 이루었다. 이 시기 가무악이 통합된 대규모 종합 예술인 대곡(大曲)의 발달은 사(詞) 문학의 질적, 양적 변화를 가져오게 했다. 원대에 오면 원나라 궁중은 수·당·송·원의 연향악을 전승하면서 이민족의 음악과 악기를 적극 받아들였다. 또한 바그다드와 신장 위구르의 음악과 악기를 수용하면서 중앙아시아 전체의 음악까지 포섭하는 결과를 낳기도 하였다. 이와 궤를 같이하며 문학 상 산곡과 잡극이 등장하기도 하였다. 이처럼 중국이 여러 민족과 넓은 지역을 통합하면서 여러 민족의 문화유산을 수용하려 한 점은 그들의 문화 수준을 제고하기 위한 노력의 결과라 할 수 있다.

우리나라의 당악 수입은 신라 문무왕부터 시작되었으며 당의 고취 및 연향악과 당악기인 박판, 대고, 피리, 비파 등을 받아들이면서 신라의 음악과 궁중 연향의 확장을 가져왔다. 고려시대에 들어 당악의 수입은 더욱 더 적극적으로 이루어졌다. 광종 때에 교방악과 사악의 수입으로 고려 궁중은 당악의 정재와 산사 등을 연향악으로 확보할 수 있었으며, 방향, 퉁소, 적, 비파, 아쟁, 장고, 해금 등의 악기를 통해 악곡의 확대를 꾀할 수 있었다. 그리고 당악이 서역 음악을 기반으로 형성되었기 때문에 고려의 당악도 다분히 서역적 요소가 포함되어 〈연화대〉, 〈감황은령〉, 〈낭도사령〉, 〈사강월만〉 등에는 서역 음악의 자취가 남아 있다. 또한 대곡과 산사도 고려속요 형성에 많은 영향을 주었다.

한편 속악정재는 속악가사에 비해 서역의 흔적을 많이 포함하고 있는데, 〈정읍〉은 무구(舞具)인 무고가 외래 악기이며, 서역 악기인 비파의 악조와 선율이 티벳의 롤로 리듬을 갖고 있는 점에서 외래성이 두드러진다고 할 수 있다. 〈동동〉은 무구인 아박이 서역에서 기원하며 창사(唱詞)가 돈황곡에서 유래하고 있으며, 〈무애〉는 무구인 호로가 서역에서 전래되었고 기록에도 서역 도래를 명기하고 있어서 이들 3편은 중국을 넘어서는 이국적 요소가 두드러진다고 할 수 있다.

그리고 속악가사인 〈처용가〉, 〈쌍화점〉, 〈청산별곡〉, 〈이상곡〉, 〈가시리〉 등은 기원, 악곡, 시어, 다중 언어 혼용, 수사적 측면에서 작품의 전부 혹은 일부의 구성이 외래적 영향을 받았다고 할 수 있다. 〈처용가〉는 처용이 서역인이었을 가능성과 〈처용가〉의 춤사위가 서역 춤과 비슷하다는 점, 〈쌍화점〉은 시어 '회회' 사용, 서역의 영향을 받은 원의 잡극과 같은 양식, 외래적인 장구형 악곡으로의 연주, 〈청산별곡〉은 서역 악기 해금, 사슴 상징이 중앙아시아에서 발생한 서정적인 연애시인 가잘과 통하는 점, 〈이상곡〉은 4구의 시어가 산스크리트어로 해석이 된다는 점, 〈가시리〉는 내용과 배치되는 후렴구 사용이 이미 당·송의 대곡(大曲)의 전통에서 비롯한 점 등에서 이들은 중국과 중국을 넘어서는 이국성(異國性)을 지녔다고 할 수 있다. 따라서 고려의 당악은 고려속요가 당대 최고의 음악 문화를 이루는 데 넉넉한 밑거름이 되었으며, 고려속요는 이를 자양분 삼아 동아시아 최고의 연향예술품이 되었던 것이다.

한편 〈쌍화점〉은 충렬왕이 원 체류를 통해 얻어진 이국 문화 경도 취향과 충렬왕 당대의 상황이 반영되었을 가능성이 적지 않았다. 충렬왕은 세자 시절 및 등극 이후에도 수 차례 원나라에 입국하였으며, 다양한 문화가 공존했던 그곳에서 상당한 수준의 이국 문화를 체험하였다. 그리고 특히 원 황실의 잔치문화에 깊숙이 참여하기도 하였다. 이런 배경에는 원 세조의 부마라는 위치도 작용한 것으로 보인다. 그리고 충렬왕 시대 원의 문화의 주류에는 이슬람의 문화가 적지 않게 놓여 있었으며 특히 음악적 측면에서의 영향력은 무시 못할 정도였다. 이런 음악적 영향은 원 산곡 및 잡곡의 형성에 기여를 하게 된다. 원 잡극은 충렬왕 재위를 전후하여 전성기를 맞이하는데 그 요인에는 상업도시로 성장한 대도(大都)의 오락적 수요를 들 수 있다. 이렇듯 원 잡극의 형성에는 이슬람 음악이, 번성에는 원 상권을 장악했던 이슬람 상업 환경이 각각 작용하였던 것이다.

〈쌍화점〉의 탄생은 이런 배경과 연관할 수 있는바 그 형성에 관여한 것들은 원 잡극과 이슬람적 요소들이라 할 수 있다. 원 잡극의 4막 구성, 1인 주창(主唱), 남성의 지배 이데올로기 등과 음악이 〈쌍화점〉과 관련될 수 있다는 점에서 그 영향력을 짐작할 수 있다. 그리고 그 바탕에 충렬왕의 원 잡극에 대한 관심이 놓여 있다고 할 수 있다. 고려와 이슬람과의 교역은 고려 전기부터 대규모로 이루어졌으며, 충렬왕 시대를 전후해서는 회회인의 국내 유입이 주로 원을 통해 이루어졌다. 그들은 고려에서 상업 활동을 펼치게 되는데, 충렬왕 5년에 열렸던 신궁 준공 잔치를 회회인이 주최하였다는 점에서 이들의 영향력이 상당했음을 짐작할 수 있다. 이러한 배경이 〈쌍화점〉 1연의 남자 주인공을 회회인으로 설정한 것이라 할 수 있다. 그리고 작품의 공간들, 즉 음식점, 사찰, 다운타운, 술집 등 상업 도시의 유흥가로 설정될 수 있었던 것에는 당시 상업 도시의 형성에 적지 않게 기여한 이슬람 상인들이 있었기 때문이라 할 수 있다. 또한 작품에서 남녀관계가 1인 남성과 여러 여성이 관계를 맺는다는 설정은 이슬람의 남성 중심 사회제도 관습이 일정 정도 반영되었다고 볼 수 있다.

〈처용가〉에는 주인공 처용이 외지인이었음을 암시하는 대목이 많이 등장한다. 특히 처용은 '바다', '물'과 연관되는 인물로, 노래가 그리는 인물의 모습은 한국인의 전형적인 모습과는 판이한 이목구비를 갖추었다. 따라서 신라와 교역을 하던 중국이나 일본계 인물이기보다는 페르시아와 같은 서역에서 왔을 가능성이 높다. 당시 신라에는 페르시아산 물품이 유통되었으며, 괘릉의 석상은 〈처용가〉에서 묘사하는 인물의 모습과 흡사한 서역인의 모습을 하고 있을 정도로 아랍권으로 분류되는 사람들과의 왕래가 잦았다는 것은 주지의 사실이다. 따라서 〈처용가〉가 하나의 무속적인 양식을 갖추었다 해도, 그 출발점이 되는 향가 〈처용가〉의 주인공 처용은 '푸른 바다' 저편에서 온 사람이었을 것이다. 처용의 외지인설을 뒷받침할 수 있는 또 다른 요소는 그의 의복이다. 역사 기록은 그의 의복을 '이상하고', '괴이했다'고 적고 있다. 이것은 그의 옷차림새가 일반 신라인, 혹은 한반도인의 차림새와는 달랐다는 것을 의미한다.

한편, 처용이 '용왕의 아들', '물'에서 온 인물이라는 사실은 물이 천지창조의 기원이라는 것을 상징하고 있다. 물은 많은 문화권에서 생명력과 직결된다. 비단 중앙아시아뿐만 아니라, 아메리카 원주민의 신화에서도 물은 생명의 기원, 뿌리로 간주되고 있다. 또한 처용의 머리 장식에 나무, 꽃과 같은 생명체가 등장한다는 것은 처용이 생명을 주재하는 초월적 존재와 소통할 수 있는 영매적 존재였음을 암시하고 있다.

또한 처용은 달과 밀접한 연관이 있다. 그가 달 밝은 밤에 춤을 추었다는 것은 달을 숭앙했다는 것을 상징하며, 이것은 달을 신성시하는 페르시아나 아랍과 같은 서역인들과의 신앙과 일치한다. 그의 춤이 '빙글빙글' 도는 원무였다는 것은 서역 이슬람의 정신적 스승인 수피들의 원무와도 일맥상통한다. 악귀를 몰아내는 처용의 탈을 쓰고, 춤을 추면서 거행한 이 의식은 신과의 합일을 위해 무아지경에 다다르기 위해 원을 그려가며 몰아의 경지를 추구했던 수피들의 춤과 출발점이 같은 것이다.

〈처용가〉의 모티프인 여성의 부정, 부정의 주역인 역신(疫神), 역신의 항복으로 이어지는 구도 역시 서역적인 관점에서 해석이 가능하다. 즉, 처용이라는 선인과 그의 부인을 범한 역신의 대결 구도는 페르시아 조로아스터교의 선신과 악신의 대결로 이해될 수 있으며, 여기서 선신이 승리함으로써 악령을 몰아낼 수 있었던 것이다. 이와 유사한 주제는 서역 민담의 집합체인 『천일야화』에도 흔히 등장한다.

처용이 '바다 건너'에서 온 '괴이한 옷'을 입은 '선인(仙人)'이며 '달밤'에 '빙글빙글 도는 춤'을 추었다는 모든 기록은 〈처용가〉의 주인공 처용이 친근한 모습과는 다른 모습을 한 이역인(異域人), 즉 서역인이었음을 입증하고 있다.

참고문헌

『高麗史節要』

『及庵先生詩集』

『太宗實錄』

『高麗圖經』

『무봉진은대곡』

『文獻通考』

『三國史記』

『玉海』

『파한집』

『高麗史』

강헌규, 「고려속요 이상곡 신고」, 『인문과학』 36, 성균관대학교 인문과학연구소, 2005.

고혜선, 「중세 동·서 시가류 연구 개관」, 『중세 동·서 시가류의 비교연구』, 단국대학교 아시아아메리카 문제연구소 국내학술대회 논문집, 2007.

고혜선·김명준·김승기·김철웅·윤선미·임병필, 『중세 동·서 문화의 만남』, 단국대학교출판부, 2008.

국립제주박물관 편, 『실크로드의 역사와 문화』, 서경문화사, 2008.
權應相 譯著, 『中國 詞曲의 理解』, 중문, 1995.
金鍾國, 「東西의 交流와 元代의 文化」, 東洋史學會 편, 『概觀 東洋史』, 지식산업사, 1983.
金學主, 『中國文學槪論』, 新雅社, 1991.
金學主·丁範鎭, 『中國文學史』, 同和出版公社, 1983.
김명준, 「쌍화점 형성에 관여한 외래적 요소」, 『동서비교문학저널』 14호, 한국동서비교문학회, 2006.
김명준, 『악장가사 연구』, 도서출판 다운샘, 2003.
김성혜, 「통일신라 전돌[塼]에 나타난 비파」, 『音樂學論叢』, 韶巖權五聖博士華甲紀念論文集刊行委員會, 2000.
김쾌덕, 『고려노래 속가의 사회배경적 연구』, 국학자료원, 2001.
람 아와드 드웨디, 노영자 역, 『힌디문학의 이해』, PUFS. 1995.
리우짜이성, 『중국음악의 역사』, 김예풍·전지영 옮김, 민속원, 2004.
박경주, 「전승방식과 음악성을 통해 본 고려시대 시가장르의 흐름」, 『한국시가연구』 제13집, 한국시가학회, 2003.
朴魯埻, 『高麗歌謠의 硏究』, 새문社, 1990.
박용운, 『고려시대사』 상, 일지사, 1985.
朴恩玉, 『高麗史 樂志의 唐樂硏究』, 민속원, 2006.
朴焌圭, 「高麗俗謠 31篇에 대하여」, 국어국문학회 편, 『高麗歌謠硏究』, 백문사, 1979.
박창호, 『세계의 민속음악』, 현암사, 2006.

박현규, 「'고려인 이슬람 신도' 원나라 때 있었다」, 『주간조선』 1799호, 조선일보사, 2004.

빙심 · 동내빈 · 전리군 지음. 김태민 외 3인 옮김, 『중국문학 오천년』, 예담, 2000.

삐에르 브뤼넬 · 끌로드 삐슈와 · 앙드레-미셸 루소, 『비교문학이란 무엇인가』, 미리내, 1993.

사희만, 『아랍의 언어와 문학』, 조선대학교 출판부, 2000.

成昊慶, 『제2판 韓國詩歌의 類型과 樣式 硏究』, 영남대학교출판부, 1997.

宋芳松, 「高麗 唐樂의 音樂史學的 照明」, 한국예술종합학교 전통예술원 편, 『한국중세사회의 음악문화』, 한국예술종합학교, 2001.

宋芳松, 『증보 한국음악통사』, 민속원, 2007.

신영명, 『고전문학 사회사의 탐구』, 새문사, 2005.

양음류, 『중국고대음악사고』, 이창숙 옮김, 소명출판, 2007.

양인리우, 『중국고대음악사』, 이창숙 옮김, 솔, 1999.

양주동, 『여요전주』, 을유문화사, 1947.

양해명, 『당송사사(唐宋詞史)』, 송용준 · 류종목 공역, 제2판, 신아사, 2007.

呂運弼, 「雙花店 硏究」, 『국어국문학』 92, 국어국문학회, 1984.

呂增東, 「〈쌍화점〉 노래 연구」, 金烈圭 · 申東旭 편, 『高麗時代의 가요문학』, 새문社, 1982.

呂增東, 「雙花店 考究(其二) - 舞臺 解釋을 中心으로 -」, 『국어국

문학』 47, 국어국문학회, 1970.
呂增東, 「雙花店 考究(其一) - 發源적 考察을 中心으로 -」, 『語文學』 19, 韓國語文學會, 1968.
吳熊和, 『唐宋詞通論』, 李鴻鎭 譯, 啓明大學校出版部, 1991.
王國維, 『宋元戲曲史』, 권용호 역, 學古房, 2001.
이용범, 「처용설화의 일고찰 - 당대 이슬람상인과 신라」, 『대동문화연구』 별집1, 성균관대학교, 1972.
李昌龍, 『比較文學의 理論』, 一志社, 1990.
李昌集, 『中國 古代散曲』, 金德煥 옮김, 문영사, 2001.
李惠求, 「雙花店 - 大樂後譜와 時用鄕樂譜의 비교 -」, 『韓國音樂序說』, 서울대학교 출판부, 1967.
이홍구, 『처용무』, 화산문화, 2000.
임기중, 「고려속요 동동고」, 『고려속요연구』, 국어국문학회 편, 백문사, 1979.
임기중, 『우리의 옛노래』, 玄岩社, 1993.
임영애, 『서역불교조각사』, 一志社, 1996.
임주탁, 「〈三藏〉·〈蛇龍〉의 生成 文脈과 含意」, 『韓國詩歌研究』 第16輯, 한국시가학회, 2004.
임주탁, 『고려시대 국어시가의 창작·전승 기반 연구』, 부산대학교 출판부, 2004.
장사훈, 『국악대사전』, 세광음악출판사, 1984.
전인평, 『아시아음악연구』, 중앙대학교출판부, 2001.
정기호, 「〈履霜曲〉 이해를 위한 몇 문제」, 『한국고전시가작품론』,

集文堂, 1992.

정수일, 「회회고(回回考)」, 『문명교류사 연구』, 사계절, 2002.

정은혜 편저, 『정재연구1』, 대광문화사, 1999.

조희선, 『아랍문학의 이해』, 명지출판사, 1999.

차주환, 『당악연구』, 범학도서, 1976.

崔美汀, 「雙花店의 解釋」. 張德順 외, 『韓國文學史의 爭點』, 集文堂, 1986.

崔龍洙, 『高麗歌謠硏究』, 계명문화사, 1996.

폴 펠리오, 『실크로드』, 시공디스커버리 총서 004, 시공사, 1995.

河炅心, 「元曲에 나타난 女性形象 연구」, 『中國語文學論叢』第33號, 中國語文學硏究會, 2005.

허룡구, 「양태사의 시가에서 본 발해문화의 일각」, 『한중문학비교연구』, 국학자료원, 1997.

許世旭, 『中國古典文學史』, 法文社, 1998.

허혜정, 「처용가 〈處容歌〉를 통해 본 달의 에로티즘 연구」, 『동서비교문학저널』 제10호, 2004.

허혜정, 『처용가와 현대의 문화산업』, 글누림, 2008.

洪德善, 「高麗詩歌에 끼친 元 散曲의 影響 一考察」, 교육학 석사학위논문, 영남대학교 교육대학원, 1993.

黃俊淵, 「雙花曲과 길군악(折花)」, 『민족음악학』 제14집 서울대학교 동양음악연구소, 1992.

후지이 도모아끼, 『아시아 민족음악순례』, 沈雨晟 譯, 동문선, 1990.

Burton, Richard Francis, 이경석 옮김, 『아라비안 나이트』, 홍신문화사, 2005.

Leick, Gwendolyn, *Sex and Eroticism in Mesopotamian Literature,* Routledge, London, 1994.

Lings, Martin, *What is Sufism?,* London, George Allen & Unwin Ltd., 1975.

Rippin, Andrew; *Muslims: Their Religious Beliefs and Practices.* New York: Routledge, 1990.

"Sufism & Dance" http://ourworld.comp

제4부
고려속요와 무왓샤하트의 유사성

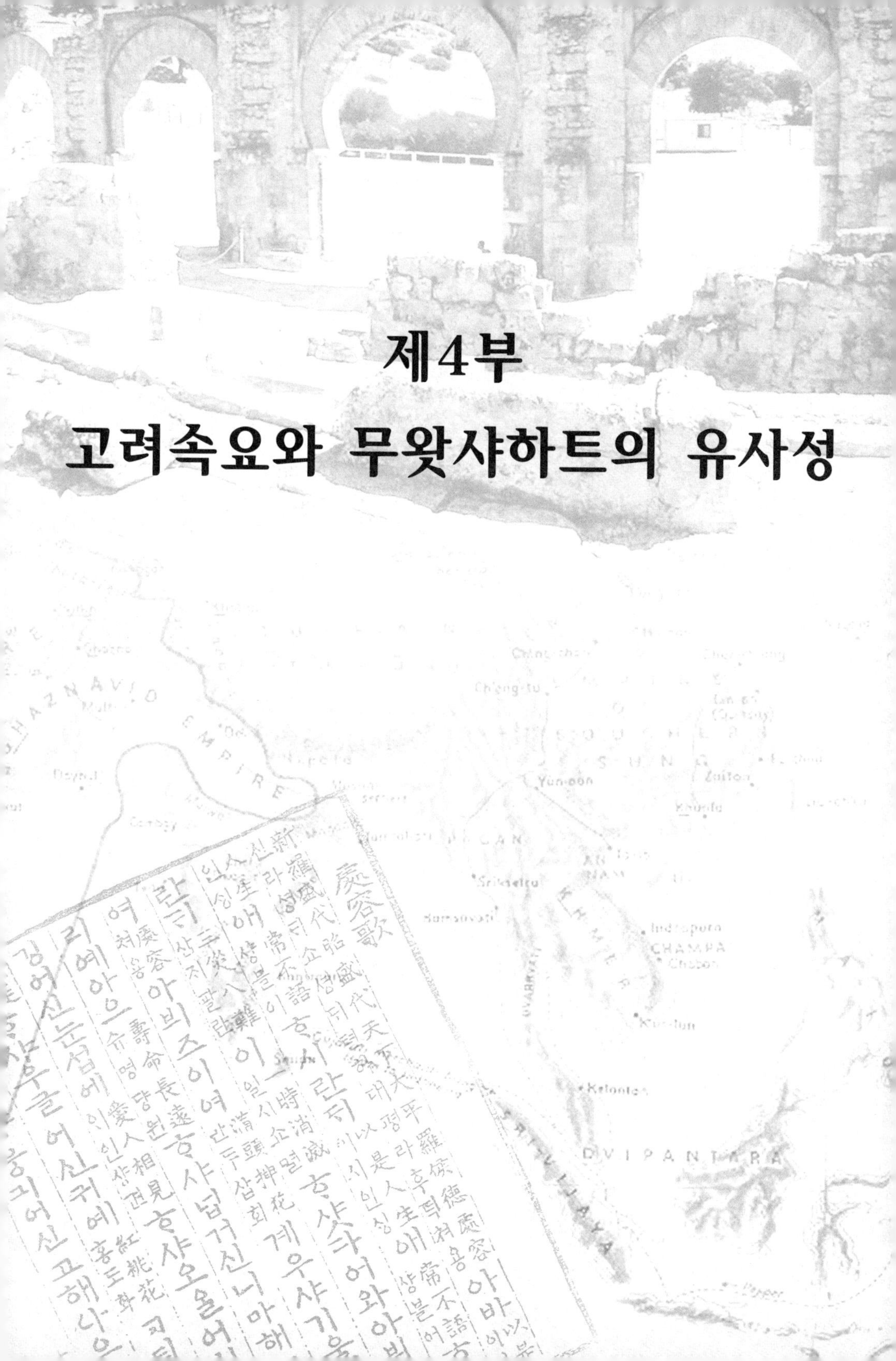

1 형식의 독창성

9세기에서 15세기의 기간에 유라시아 대륙의 양 극단에 위치한 이베리아반도의 안달루스와 한반도는 각기 자신의 문화권 속에서 활발한 교류를 벌이고 있었다. 안달루스는 8세기 초 이슬람 세력의 정착 이후 이슬람 왕국의 본거지가 되었다. 이들은 동부 아랍 세계뿐만 아니라, 반도 내의 그리스도교, 유대교 문화를 수용하고 이를 발전시켰고, 자신의 문화를 타 유럽지역으로 유포했다. 한반도의 경우, 통일신라－당의 교역 양상이 고려와 송·원의 관계로 이어졌으며, 중국을 통한 간접 교류 혹은 서역인과의 접촉을 통한 직접 교류를 통해 문화교류를 활발히 진행했다. 따라서 이들의 문화는 전대의 문화와 다른 독창적인 것이었다. 고려속요와 안달루스 시가를 중심으로 이를 살펴보자.

1. 고려속요

고려속요는 그 형식이나 내용이 전대의 향가와는 뚜렷이 구별되는 점에서 관심의 대상이 되었다. 특히 속요의 경우, 구전 형태로 존속되다가 조선시대에 기록됨으로 인해, 그 내용이 온전하게 전해지는 작품이 극히 적고 관련 자료 또한 매우 부족한 실정이다.

고려에는 지방의 민간 풍속을 살피기 위해 큰 주(州)와 부(府)에 사록(司錄)을 두고 민속가요를 수집하는 제도가 있었다. 지방의 가요가 채록되어 올라오면 음악을 담당하는 관원들이 그대로 수용하거나 부분 수정을 가해 궁중연희에 사용하고 악보로도 기록했을 것이다. 일시적인 관기의 궁중 차출도 행해졌지만 사록에 의한 민간 가요의 채록은 지속되었고, 그 결과 『고려사』의 속악가사에는 다수의 민요성이 짙은 작품들이 수록되었다.[1] 현전 고려속요는 악부체역가(樂府體譯歌)를 제외한 대부분의 작품이 『악학궤범』, 『시용향악보』, 『악장가사』에 실려 있다. 이는 고려시대 시가의 전부를 반영하는 것이 아니라 민간 시가에서 궁중악에 흡수된 일부 작품과, 원과의 접촉 이후에 향락적인 연행의 결과로 개작되었던 작품들 가운데 조선 초기의 유교적 검열을 거친 것들이다. 특히 성종 · 중종 시대에 제기되었던 남녀상열지사, 음사 폐지론은 당대의 정치적 상황과 주자학의 강화를 배경으로 고려속요에 관한 사회적 인식을 극히 부정적으로 이끌었

1) 김선기, 「『高麗史』 樂志의 俗樂歌詞에 관한 종합적 고찰」, 『韓國詩歌硏究』, 第8輯, 한국시가학회, 2000, pp.49~50.

다.[2] 조선 개국 후에 이룩해온 정신적, 문화적 토대에 성리학의 이념을 접목시키는 과정에서 남녀상열지사로 보이는 고려속요는 지극히 위험한 존재로 비춰졌던 것이다.

따라서 고려속요는 6세기 삼국시대부터 10세기 고려 초까지 향찰로 쓰인 향가와도 구별되고, 그 이후의 가사나 조선조의 시조와는 다른 성격의 시가로 볼 수 있다. 향가가 4구체, 8구체, 10구체를 가진 정형시인 반면, 고려속요는 연을 사용했으며, 후렴구의 반복을 통해 노래 부르기가 더 적합했다. 향가를 지은 사람이 주로 승려들과 화랑이었던 반면, 고려속요는 경기체가류인 '별곡' 3편을 제외하면 작자미상으로 일반 평민들이 즐기던 노래이다. 노래로 불렀다는 공통점을 제외한다면, 두 시가는 내용, 형식, 수사적 표현법에서 상당히 차이가 난다는 것을 알 수 있다. 즉, 향가가 지적인 영혼의 내용을 표현하는 수단이었던 반면, 고려속요는 남녀 간의 사랑과 같은 일상적인 주제, 즉 훨씬 더 인간적인 주제를 다루고 있다는 점이 다르다[3]. 이러한 특징

---

2) 김명준, 『악장가사 연구』, 도서출판 다운샘, 2004, pp.256~258. 이 부분에서 저자는 몇몇 연구자의 이름을 들어 논지를 전개시키고 있다. 조윤미는 고려속요에 대한 비판 논의는 속요 자체의 문제 때문이 아니라 정치적 상황 속에서 이루어졌다고 본다. 곧 성종 때에는 신진사류가 훈구파를 공격하기 위해서, 중종 때는 연산군의 황음을 부정하는 과정에서 나온 것이라 했다. 김흥규는 주자 시경론의 핵심은 교화론적 해석체계를 세운 점이라 언급하며, 성종과 중종 시대는 주자학을 바탕으로 하는 예악관의 형성 과정기로 보고 이런 상황 속에서 음사 논란이 야기된 것으로 본다.

3) 나정순은 이 두 내용의 차이를 이렇게 표현했다. "향가의 서정이 천상적인 세계에서 소외된 인간존재의 비극이라면, 고려속요의 서정은

은 수사학적인 측면에서도 잘 드러나고 있다. 향가의 특징인 간결성은 은유적인 표현 형식을 통해 고도의 시적인 효과를 노린다. 따라서 이러한 표현 방식은 복합적인 상징성과 의미를 던져줄 수밖에 없다. 반면, 고려속요는 길게 늘어지며, 후렴을 사용함으로써 시적이라기보다는 음악적인 효과에 역점을 두고 있다. 이런 이유로 고려속요에서는 직접적이고도 명확한 표현을 선호했을 것이다.

연의 분리와 후렴구의 등장은 고려 속요의 형식에서 가장 독창적인 것으로 간주된다. 행(行)과 행 사이에 삽입된 후렴은 흥을 돋우는 역할을 한다. 문학적 측면에서는 연시체형 노래를 연 단락으로 나누는 구실을 할 뿐만 아니라, 동시에 단시를 장시로 만드는 구실도 한다. 또한 엄격한 의미의 후렴은 아니나 '아으 다롱디리', '얄리얄리 얄랑셩 얄라리 얄라', '동동다리' 등과 같이 후렴의 구실을 하는 여음이라고 불리는 반복구, 조흥구, 감탄사가 들어가기도 하는데, 이것들은 악기를 흉내낸 의성어로 간주된다[4]. 이 여음의 기원은 원래 민요였던 노래가 궁중의 속악가사로 채용, 개편되면서 악곡의 형식에 맞추다 보니 일어난 자연스러운 현상이라고 한다.

향가처럼 단일 연으로 구성된 시가류는 주제나 형식 면에서

인간적인 세계에서 소외된 인간존재의 비극으로 비롯된다고 할 수 있다." 나정순, 「이상곡과 정서의 보편성」, 『고려시가의 정서』, 개문사, 1985, p.257.

4) 정병욱, 「악기의 구음으로 본 별곡의 여음구」, 『관악어문연구』 2, 1977, p.1~26.

통일성을 갖추고 있다. 반면, 고려속요에 연의 분리가 도입되면서 가장 두드러진 점은 주제나 형식, 혹은 운율 면에서 다양성이 존재하게 되었다는 것이다. 후렴구는 반복된다는 속성으로 인해 이들 시가류의 음악성을 강조하고 있으며, 합창과 무용을 위한 최적의 조건을 제공하고 있다.

2. 무왓샤하트와 자잘

고려가 개국한 시점인 10세기 초, 아랍이 지배하고 있던 이베리아반도 안달루스 지방의 카브라(Cabra)라는 도시에서 한 아랍 시인에 의해 무왓샤하트라는 독창적인 새로운 형식의 서정시가 창조되었다. 이 새로운 시는 당시 아랍인들이 으뜸으로 여기고 있던 정통시인 까시다와 형식적인 측면에서 완전히 다른 것이었다. 까시다가 단일 운과 단일 율격을 고수하는 장시인 반면에, 아랍 세계의 서쪽 끝인 이베리아반도 남부에서 태동한 이 새로운 시 형식은 연으로 나뉘어져 있고, 운이 복수이며 음악성이 매우 강한 것이 특징이다.

주제 면에서는 무왓샤하트가 까시다와 크게 다르지 않지만, 어떤 사람의 공덕을 찬양하고 기리는 내용일지라도 항상 사랑을 소재로 끌어들이고 있다. 이런 의미에서 본다면 무왓샤하트에서는 사랑이라는 주제가 압도적이라고 말할 수도 있다. 형식적인 측면에서 볼 때, 5~6연으로 구성되어 있는 무왓샤하트의 마지막 행들이 카르자인데, 여기서는 원 시(詩), 즉 무왓샤하트의 남성 화자와는 달리 다른 인물이 등장하며, 대부분이 여성이다. 따라서 카르자는 무왓샤하트와는 별개의 노래라고도 할 수 있다. 실제로, 카르자는 시작되기 전에 항상 '누가 이렇게 노래했다.'라고 하는 구절에 의해 이끌린다. 또한 정통 아랍어로 쓰인 무왓샤하트의 나머지 부분과는 달리 당시 안달루스 지방의 민중언어인 통속 아랍어나 원주민들의 언어인 모자라브어를 사용했다. 이런 이유로 카르자와 무왓샤하트의 나머지 부분의 연들은 확실히 대비된다. 무왓샤하트의 본체에서 화자가 은유와 고도의 암시를 통해 사랑을 고전적인 시어로 노래했다면, 카르자에서는 '이제 입 다물고 나나 사랑하라.'는 직설적인 어법을 그 지방의 어투로 노래하는 것이다.

이후, 무왓샤하트는 비슷한 구조를 갖고 있으면서 전체를 통속 아랍어를 사용하고 후렴구가 있어 더욱 강한 리듬감을 보이는 자잘로 계승되어 안달루스뿐만 아니라 아랍 세계 전역에서 증폭적인 인기를 누렸다. 현재에도 무왓샤하트와 자잘 형식은 마그립의 교양시와 통속시 등에서 사용되고 있으며, 아랍 여러 나라의 민중시에서도 찾아볼 수 있다.

고려속요와 무왓샤하트를 특징지우는 연의 분리와 후렴이라는 형식적인 특징들은 각 서정시들을 읊는 방식의 차이에 기인한다. 향가와 까시다는 기본적으로 둘러 앉아 있는 대중들 앞에서 한 사람이 낭송을 하는 형식이다. 이처럼 일방적으로 들려주기 위한 성격의 시에서는 내용과 내용 사이의 단절을 야기시킬 수도 있는 연의 분리가 요구되지 않는다. 오히려 내용과 서정적인 표현이 아무런 단절이나 막힘없이 물 흐르듯 자연스럽게 흐를 것이 요구된다. 향가와 까시다에서는 이러한 욕구를 충족시키기 위해 연의 분리가 없는 단일 연 형식이 정착된 것이다. 반면에, 고려속요와 무왓샤하트 또는 자잘의 특징인 연의 분리와 반복되는 리듬, 그리고 후렴구 사용이라는 형식적인 특징들은 이들 시가류가 향가와 까시다에 비해 훨씬 더 화자와 청자 쌍방 간의 상호 교류성이 긴밀했고 음악성 또한 더 높았음을 보여준다. 이것은 후렴구의 사용이 빈번한 현재의 유행가에서 보듯이, 합창이 동반된 노래였을 가능성이 높았음을 보여주는 것이다. 무왓샤하트가 안달루스 아랍인들의 '형형색색의 구슬로 만들어진 허리띠'를 지칭하는 말에서 유래되었다는 점에서 이름 자체가 곧 음악적 다양성을 시사하고 있는 것이다.

2 다중 언어의 사용

1. 표기법

1) 고려속요

고려시대에 우리말 가사를 어떤 방식으로 표기하고, 일반 대중들의 정서가 진솔하게 담겨있는 부분, 곧 한문체로는 표현하기 힘든 순우리말 위주의 속요를 어떻게 기록할 수 있었는가? 라는 의문은 상존해왔다. 더욱이 역사서에는 가사가 비속하여 싣지 않는다는 원칙[詞俚不載]에 따라 『고려사』 악지에 고려시대의 우리말 표기를 하지 않았지만, 향찰 내지 이두로 기록했으리라고 추측할 따름이다. 향찰은 향가처럼 우리말을 전면적으로 표기한 차자(借字) 표기방식을 말하고, 이두는 산문 중심의 실용적인 문장으로서 전달 내용에 중요한 비중을 둔다. 곧 우리 선조들의 문자생활을 한문과 국어 문장으로 나누어 살펴보면, 순수한 국어 문장표기를 추구하는 것이 향찰인 데 비해 한문적인 성향을 추구하는 것은 이두문이라 할 수 있다. 한편 현토는 구결이라고도 하는데, 한문 원전에 토를 다는 것으로 쉽게 구별되며 이두보다도 한문적인 성향을 더욱 추구한다고 볼 수 있겠다.[5] 고려시대 시가의 표기 방식은 향찰, 한문체(혹은 한자어)+이두 · 현토, 한문체 등 3가지로 정리해낼 수 있다.[6] 여기서는 다중 언어 표기에 속하는 두 가지 표기 방식인 향찰 표기, 한자에 이두 혹은 현토 표기를 병행한 작품을 살펴보기로 하자.

---

5) 각 용어에 관한 간략한 개념 정리는 남풍현, 『이두연구』, 태학사, 2000 참조.

6) 박경주, 「전승방식과 음악성을 통해 본 고려시대 시가장르의 흐름 - 한문체 시가를 중심으로 -」, 『韓國詩歌硏究』 第13輯, 2003, p.51. 이 부분에서 논자는 고려시대 시가를 당대의 기록으로 노랫말이 전하는 방식인 '향찰, 한자어+이두, 한문체'와 조선 초의 문헌에 의지하여 '한문체+이두, 한문체+현토, 한문체+현토+이두'의 방식으로 검토한 뒤 3가지 방식으로 통합해낸다.

① 향찰 표기

〈도이장가〉는 향찰에 의해 표기된 마지막 작품이다.

悼二將歌[7)]

主 乙 完 乎 白 乎	니믈 오알오살븐
心 聞 際 天 乙 及 昆	마자만 갓하날 밋곤
魂 是 去 賜 矣 中	넉시 가샤대
三 烏 賜 教 職 麻 又 欲	사마샨 벼슬마 또하져
及 彼 可 二 功 臣 良	바라며 아리아 그 때 두 功臣여
久 乃 直 隱	오라나 고단
跡 烏 隱 現 乎 賜 丁	자최난 나토샨뎌[8)]

향찰 표기는 광종에서 예종조에 이르는 시기에 상당한 변화를 겪게 되었다. 한자어에 의존하지 않고 우리말로만 형성된 시가를 표기하는 경우에는 신라 향가의 해독 방식으로 읽어내려가기가 어려운 상황에 이르게 되었다.[9)] 이는 고려 사회에 유학의 기

7) 平山申氏 姓譜－太師開國壯節公行狀 소재. 〈도이장가〉는 예종 자신이 1120년에 지은 것으로 알려져 있다.

8) 〈도이장가〉의 현대역 : 임을 완전하게 하신 / 마음은 하늘 끝까지 미치고 / 넋은 갔지만 / 내려주신 벼슬이야 또 대단했구나 / 바라다 보면 알 것이다 그 때의 두 공신이여 / 이미 오래 되었으나 / 그 자취는 지금까지 나타나는구나.

9) 박경주, 「전승방식과 음악성을 통해 본 고려시대 시가장르의 흐름－한문체 시가를 중심으로－」, 앞의 책, p.53.

풍이 진작되고 한문학에 대한 관심의 고조와 함께 광종조에 비롯된 과거제의 실시와 밀접한 연관성을 지닌다.

② 한문체+현토

13세기 이후 시가문학의 표기방식에서 향찰이 의미를 상실한다. 따라서 순우리말이 중심이 되는 고려속요의 경우는 한글 창제 이후의 조선 초에 기록되었으므로, 고려시대 당시에는 한문체 위주로 표기될 수밖에 없었던 것으로 보인다. 여기에서 주목의 대상이 되는 작품들은 다중언어 혼용의 예시로 볼 수 있는 〈풍입송〉, 〈야심사〉, 〈한림별곡〉, 〈관동별곡〉, 〈죽계별곡〉 등이다.[10)]

---

10) 〈자하동〉은 한문가사에 우리말로 된 가사가 붙어있는 형식인데, 『高麗史』 악지에 한문가사만 전해진다. 〈한송정〉이 한자어와 이두로 씌어졌다는 근거는 여러 군데에서 발견된다.

- 작품 : 月白寒松夜 波安鏡浦秋 哀鳴來又去 有信一沙(한송정(寒松亭) 달 밝은 밤, 잔잔한 경포(鏡浦)의 싸늘한 기운. 오락가락 슬피 우는, 정든 갈매기) (『高麗史』 卷71 樂志)

世傳 此歌書於瑟底 流至江南 江南人未解其詞 光宗朝國人張晉公 奉使江南 江南人問之 晉公作詩解之曰 (『高麗史』 卷71 樂志)

寒松亭曲 高麗張延祐興德縣人 顯宗朝踐歷華要 官至戶部尙書 又名晋山 其時樂府有寒松亭曲 嘗有人書此曲於瑟底 瑟漂流至江南 江南人未解其詞 光宗時晋山奉使江南(案似是吳越錢氏時) 江南人問其曲意 晉山作詩釋之曰 月白寒松夜 波安鏡浦秋 哀鳴來又去 有信一沙丘鳥 案此說 則高麗時別有國書以譯方言 如新羅吏讀 本朝訓音 而未可考也 (『青莊館全書』 卷34)

寒松亭 在府東十五里 東臨大海 蒼松鬱然 亭畔有茶泉石 石臼 卽述郎仙徒所遊處 ○ 樂府有寒松亭曲 世傳此曲書於瑟底 流至江南 江南人未解其詞 高麗光宗朝 國人張晉山奉使江南 江南人問之晉 晉山作詩解之曰 月白寒松夜 波安鏡浦秋 哀鳴來又去 有信一沙鷗 (『新增東國輿地勝覽』 卷44 江陵大都護府 樓亭)

이들 고려 시가는 우리말의 문학적 표기에 관련된 사항뿐만 아니라 문화의 수용 및 향유계층의 인식 변화 등을 살필 수 있는 귀중한 자료라고 생각된다.

〈풍입송〉과 〈야심사〉는 한문체 가사에 현토를 덧붙인 작품이다. 일부분을 살펴보면 아래와 같다.

風入松

海東天子當今帝佛 補天助敷化來理世 欣恩深遐邇古今稀 外國躬趍盡歸依 四境寧淸罷槍旗 盛德堯湯難比 且樂大平時 是處笙簫聲鼎沸 幷闐樂音家家喜 祈祝焚香抽玉穗 惟我聖壽萬歲 永同山嶽天際 四海昇平有德咸勝堯時 邊庭無一事將軍寶劒休更揮…

〈『高麗史』 卷71 樂志〉

聖明天子當今帝神補天助敷化來理世欣나恩深遐邇古今稀外國躬趍盡歸依야四境寧淸罷槍旗 盛德堯湯難比야且樂大平時是處笙簫聲아鼎沸야幷闐樂音家家喜祈祝焚香抽玉穗아惟我聖壽萬歲야永同山嶽天際야四海昇平有德咸勝堯時야邊庭無一事將軍아寶劒休更揮야…

〈『악장가사』〉[11]

寒松亭 (補) 世傳此曲書於瑟底 流至江南 江南人未解其詞 高麗光宗朝 國人張晉山奉使江南 江南人問之晉 晋作詩解之曰 月白寒松夜 波安鏡浦秋 哀鳴來又去 有信一沙鷗 (『增補文獻備考』 卷106 樂考) 寒松亭 曲終瑟漂到江南 調東臣張晋三 月白寒松秋鏡浦 沙鷗有信夢難甘 (『林下筆記』 卷38 海東樂府)

11) 김명준, 『악장가사 연구』, 앞의 책, pp.126~127. 본고에서는 한문

풍입송(風入松)

해동(海東)의 천자는 지금의 제불(帝佛)이시라, 하늘을 보좌하여 교화 펴는 일 도우러 오셔, 세상 다스리시는 데 은혜 깊으시니, 원근과 고금에 그 유례 드물다. 외국에서는 직접 찾아와 모두 귀순하니 사방 변경은 편안하고 깨끗하여 창이니 군기(軍旗)는 없어지고, 대단하신 덕은 요임금이나 탕왕(湯王)으로도 견주기가 어렵다. 잠시 태평시절을 즐기는 거라, 이곳에는 생황과 퉁소 소리 물끓듯하고 풍류소리 대단하다. 집집마다 기뻐 비느라 향을 피우고 옥수(玉穗) 뽑아낸다. 오직 우리 임금님 성수만세(聖壽萬歲), 영원토록 저 산봉우리와 하늘 끝 같이 끝없이 사시어라. 사해는 승평하고 덕이 있어 요임금 때보다 낫다. 변경과 조정에는 한 가지 사고도 없고, 장군은 보검을 다시 휘두르지 않게 되었다…

夜深詞

風光暖風光暖 向春天上元嘉節 設華筵燈殘月落下群仙宮漏促水涓涓花盈瓶酒盈觴 君臣君臣共醉大平年 懽醉夜深雞唱曉人心甚厚留連 待人難待人難何處在深閉洞房 待人難長夜不寐君不到 羅幃繡幕是仙間 〈高麗史 卷71 樂志〉

風光暖風光暖向春天上元嘉節設華筵燈殘月落下群仙宮漏促水涓涓아宮漏促水涓涓아花盈瓶酒盈觴君臣아君臣共醉大平年懽醉夜深雞唱曉人心甚厚留連아人心甚厚留連아待人難待人難何處在深閉洞

체의 가사와 한글 표기만을 비교하기 위해 한문체 가사의 한글 고어 음역표기는 생략하였다.

房待人難長夜不寐君不到羅幃繡幕是仙開羅幃繡幕是仙開

〈악장가사〉[12]

야심사(夜深詞)

날씨가 따뜻하다, 날씨가 따뜻하다, 봄철로 다가가는 상원가절(上元佳節)에 화려한 잔치 차린다. 등불은 꺼져가고 달은 가라앉는데 신선들 떼 지어 내려온다. 궁궐의 누각 재촉하여 졸졸 흐르는데, 궁궐의 누각 재촉하여 졸졸 흐르는데. 꽃은 병에 가득차고 술은 잔에 가득 찼다. 군신이 군신이 함께 태평세월에 취한다. 기뻐 취하고 밤은 깊어 닭이 새벽을 노래하는데, 사람의 마음 심히 후해 못 떠나 한다. 사람의 마음 심히 후해 못 떠나 한다. 사람 기다리기란 어려운 거라, 사람 기다리기란 어려운 거라, 어디에 있는가, 깊숙이 동방(洞房) 속에 갇혀있다. 사람 기다리기란 어려운 거라, 긴 밤 잠 못 이루는데 임은 오지 않는 거라. 비단휘장 수장막(繡帳幕)은 신선이 거처하는 곳이라. 비단휘장 수장막(繡帳幕)은 신선이 거처하는 곳이라.

위의 두 작품을 살펴보면 『고려사』 악지에는 한문가사만 있지만, 『악장가사』나 『시용향악보』에는 현토식 표기가 첨가되어 있는 형태로 전한다. 〈풍입송〉에는 '아' 또는 '야'의 토가 붙어 있고, 〈야심사〉에는 4~5행의 동일 시어 반복과 함께 '아'가 붙는다.[13] 현토는 우리말과 한문체 가사의 특성상 어쩔 수 없이 나

12) 위의 책, pp.130~132.

13) 『시용향악보』에는 〈야심사〉의 현토식 표기로 우리말의 '나'가 붙

타나는 차이를 극복하고 악곡과의 조화를 위해 보충했던 것으로 보인다.[14] 이는 민간에서 채록된 속악가사보다는 형식적 기원을 송사(宋詞), 원곡(元曲)에 두는 경우에 궁중 연희의 성공적 진행을 위해 더욱 필요했으리라고 추정된다.

③ 한문체+이두

〈한림별곡〉은 『악장가사』 원전에 분명히 기록되어 있듯이 고종(1213~1259) 때, 유림들이 지은 최초의 경기체가 작품이다. 이 작품은 우리말 부분이 한글로 표기되어 고려시대 당시의 기록을 확인할 수 없지만 이두표기로 이미 존재했을 가능성이 높다.[15]

어 있다.

14) 우리말은 음절의 결합을 통한 어절 단위로 표현하지만, 한문은 한 음절마다 독립적 의미를 지니고 있어 그 차이를 극복하기 위한 노력이 필요하였다. 이와 같은 맥락에서 박경주는 한문체 가사에 현토가 붙은 까닭을 대략 두 가지로 파악한다. 하나는 한문체 가사를 노래로 불렀을 때 해석이나 구절 분단에서 나타날 수 있는 착오를 토를 넣음으로써 해소하려는 것이다. 다른 하나는 가사와 악곡이 긴밀히 연결되지 못하는 부분이 발생하자 현토를 통해 보충하려는 것이다. 그의 논문, 「전승방식과 음악성을 통해 본 고려시대 시가 장르의 흐름 - 한문체 시가를 중심으로 -」, 위의 책, p.56.

15) 〈한림별곡〉의 작품 일부가 이두로 표기되었다는 근거 기록은 정극인의 불우헌집에 나타난다. 그는 〈한림별곡〉을 다음처럼 설명하고 있다: "何叱多 方言 譯之則 曰偉 曰何如 用高麗翰林別曲音節 〈[不憂軒曲] 注〉. 곧 이를 풀이하면, '하질다(何叱多)'는 방언이니, 풀이하면 '하여'이다. '위(偉)'니 '하여(何如)'니 하는 말로 고려 한림별곡(翰林別曲)의 음절(音節)에 사용하였다. 〈[불우헌곡] 주〉"; 한편, 이두의 사용은 신라시대 이후 꾸준히 지속되어 조선후기까지 사용되었으며, 주로 중인층 - 법률, 통역관, 하급관리 - 이 선호하였다.

원슌문元淳文 인노시仁老詩 공노ᄉᆞ륙 公老四六
니졍언李正言 딘한림陳翰林 솽운주필雙韻走筆
튱긔딕칙冲基對策 광균경의光鈞經義 량경시부良鏡詩賦
위 시댱試場ㅅ 경景 긔 엇더ᄒᆞ니잇고
금ᄒᆞᆨᄉᆞ琴學士의 옥슌문ᄉᆡᆼ玉笋門生 금ᄒᆞᆨᄉᆞ琴學士의 옥슌문ᄉᆡᆼ 玉笋門生
위 날조차 몃부니잇고

당한셔唐漢書 장로ᄌᆞ莊老子 한류문집 韓柳文集
니두집李杜集 난딕집蘭臺集 ᄇᆡᆨ락텬집 白樂天集
모시샹셔毛詩尙書 쥬역츈츄周易春秋 주딕례긔周戴禮記
위 주註 조쳐 내외읈 경景 긔 엇더ᄒᆞ니잇고
태평광긔大平廣記 ᄉᆞᄇᆡᆨ여권四百餘卷 태평광긔大平廣記 ᄉᆞᄇᆡᆨ 여권四百餘卷
위력남 歷覽ㅅ 경景 긔 엇더ᄒᆞ니잇고

진경셔眞卿書 비ᄇᆡᆨ셔飛百書 ᄒᆡᆼ셔초셔行書草書
뎐듀셔篆籒書 과두셔蝌蚪書 우서남서虞書南書
양슈필羊鬚筆 서슈필鼠鬚筆 빗기 드러
위 딕논 경景 긔 엇더ᄒᆞ니잇고
오ᄉᆡᆼ류ᄉᆡᆼ吳生劉生 량션ᄉᆡᆼ兩先生의 오ᄉᆡᆼ류ᄉᆡᆼ吳生劉生 량션ᄉᆡᆼ 兩先生의
위 주필走筆ㅅ 경景 긔 엇더ᄒᆞ니잇고

황금쥬黃金酒 ᄇᆡᆨᄌᆞ쥬栢子酒 숑쥬례쥬松酒禮酒
듀엽쥬竹葉酒 리화쥬梨花酒 오가피쥬五加皮酒
잉무잔鸚鵡盞 호박ᄇᆡ琥珀盃예 ᄀᆞ득 브어
위 권샹勸上ㅅ 경景 긔 엇더ᄒᆞ니잇고
류령도줌劉伶陶潛 량션옹兩仙翁의 류령도줌劉伶陶潛 량션옹兩仙翁의
위 취醉ᄒᆞᆫ 경景 긔 엇더ᄒᆞ니잇고

홍모단紅牧丹 ᄇᆡᆨ모단白牧丹 뎡홍모단丁紅牧丹
홍작약紅芍藥 ᄇᆡᆨ작약白芍藥 뎡홍작약丁紅芍藥
어류옥ᄆᆡ御柳玉梅 황ᄌᆞ쟝미黃紫薔薇 지지동ᄇᆡᆨ芷芝冬柏
위 간발間發ㅅ 경景 긔 엇더ᄒᆞ니잇고
합듁도화合竹桃花 고온두분 합듁도화合竹桃花 고온두분
위 상영相映ㅅ 경景 긔 엇더ᄒᆞ니잇고

아양금阿陽琴 문탁뎍文卓笛 종무듕금宗武中琴
ᄃᆡ어향帶御香 옥긔향玉肌香 솽개야雙伽倻ㅅ고
금션비파金善琵琶 종ᄃᆡ히금宗智嵇琴 셜원댱고薛原杖鼓
위 과야過夜ㅅ 경景 긔 엇더ᄒᆞ니잇고
일지홍一枝紅의 빗근 뎍취笛吹 일지홍一枝紅의 빗근 뎍취笛吹
위 듣고아 줌드러지라

봉ᄅᆡ산蓬萊山 방댱산方丈山 영쥬삼산瀛洲三山
ᄎᆞ삼산比三山 홍류각紅縷閣 작약션ᄌᆞ婥妁仙子

록발읙즈綠髮額子 금슈댱리錦繡帳裏 쥬렴반권珠簾半捲
위 등망오호登望五湖ㅅ 경景 긔 엇더ᄒᆞ니잇고
록양록듁綠楊綠竹 지뎡반栽亭畔애 록양록듁綠楊綠竹 ᄃᆡ뎡반栽亭畔애
위 텬황잉囀黃鶯 반갑두셰라

당당당唐唐唐 당추자唐楸子 조협ᄂᆞᆫ莢남긔
홍紅실로 홍紅글위 ᄆᆡ요이다
혀고시라 밀오시라 뎡쇼년鄭小年하
위 내가논ᄃᆡ 놈 갈셰라
샥옥셤셤削玉纖纖 솽슈雙手ㅅ길헤 샥옥셤셤削玉纖纖 솽슈雙手ㅅ길헤
위 휴슈동유携手同遊ㅅ 경景 긔 엇더ᄒᆞ니잇고

각 장의 4, 6행에 보이는 "위 … 경景 긔 엇더ᄒᆞ니잇고"[16], 1장의 마지막 행 "위 날조차 몃부니잇고"[17], 6장의 마지막 행 "위 듣고아 ᄌᆞᆷ드러지라"[18], 7장의 마지막 행 "위 텬황잉囀黃鸝 반갑두셰라"[19], 8장의 3행 "혀고시라 밀으시라 뎡쇼년鄭少年하"[20], 8장의 4행 "위 내가논ᄃᆡ 놈 갈셰라"[21]는 한문체로는 표

16) 『고려사』에는 "위(偉)" … "경하여(景何如)"로 표기되어 있다. 현대어 해석은 "아, … 그것이 어떠합니까"
17) 『고려사』에는 "운운(云云)"으로 표기되어 있다. 현대어 해석은 "아, 나까지 모두 몇 분입니까"
18) 현대어 해석은 "아, 듣고서야 잠들고 싶습니다"
19) 현대어 해석은 "아, 지저귀는 꾀꼬리가 반갑기도 하구나"

기할 수 없었으므로, 훈민정음 창제 이전에는 이두식으로 표기했을 가능성이 높다.

한편, 〈관동별곡〉의 7장 4행에 景何如爲尼伊古가 나온다. 〈한림별곡〉이 고종 재위시에 지어진 반면, 〈관동별곡〉은 이보다 후대인 충숙왕(1294~1339) 시대 작품이다. 이것은 시대가 흐르면서, 표기 방식도 "景何如" → "景何如爲尼伊古" → "경景 긔 엇더ᄒᆞ니잇고"로 변화했음을 보여준다. 또한 〈관동별곡〉의 8장 6행의 "爲 鷗伊鳥 藩甲豆斜羅"에서는 7장의 마지막 행에 나오는 "반갑두셰라"를 한자로 표기한 것이다. 이와 비슷한 예는 〈죽계별곡〉 5장 마지막 행의 "爲 四節 遊是沙伊多"[22] 역시 이두식 표기이다.

2) 무왓샤하트

무왓샤하트는 전체가 고전 아랍어나 히브리어로 쓰였으나, '카르자(kharja)'라 불리는 마지막 연의 몇 행들만 통속 즉 구어체 아랍어나 모자라브어로 기록되었다. 이러한 언어적 혼용은 아랍문학에서는 매우 독특한 것이며 전례가 없는 일이다. 이를 이해하기 위해서는 아랍어의 언어적 다중 층위 상황을 이해해야 한다. 이슬람 이전 시대부터 아랍어는 두 개의 층위로 이루어져 있다. 즉, 하나는 고전 아랍어로서 문학 등 문어체로 사용되었으

20) 현대어 해석은 "당기어라 밀어라 정소년아"
21) 현대어 해석은 "아, 내가 가는 곳에 남이 갈까 두렵구나"
22) 현대어 해석은 "아, 사철을 놀아봅시다"

며, 다른 하나는 구어체 아랍어로서 지역에 따라 변이를 보이는 방언이다. 예를 들어, 바그다드와는 다른 양상을 보였을 이베리아반도의 구어체 아랍어는 베르베르족 정복자들의 아랍어 방언과 로망스어 어휘가 혼합된 언어였을 것이다. 무왓샤하트는 왕과 영주들, 즉 귀속 계층의 궁전이나 서댁에서 불리던 시였으므로 고전 아랍어에 일상생활에서 사용하는 구어체 아랍어와 한층 더 낮은 그리스도교도들의 모자라브어가 뒤섞인다는 것은 매우 파격적인 일이었다.

모자라브어로 쓴 카르자라도, 아랍어의 영향은 매우 두드러진다. 로망스어와 아랍어의 혼합 비율은 카르자마다 상이하다. 어떤 경우는 로망스어 어휘의 수가 매우 적어, 일부 로망스 어휘가 삽입된 아랍어 카르자로 취급되기도 할 정도이다. 다음의 카르자를 보자.

qultu *es*	난 말했네 "어떻게
yuhayyi *bokel(l)a*	그 작은 입에서 나오는지
hulú mitl *es(e)*	그처럼 달콤한 말이"

(「카르자 9」)[23)]

위에서 이탤릭체로 표기된 것이 로망스어 어휘이며, 나머지는 아랍 어휘이다. 반대로 다른 카르자에서는 로망스어 어휘가 압

23) 이후 모든 카르자 인용은 Josep María Solá-Solé, *Las jarchas romances y sus moaxajas*, Madrid, Taurus, 1990에 의함.

도적이어서, 유창함이나 즉흥성 차원에서 볼 때, 안달루스 대중들의 입에서 입으로 전해지던 대중 민요의 단편이라는 인상을 심어주고 있다. 다음의 카르자는 전부 다 로망스어 어휘로 씌어졌다.

ki tuel(l)e-me mia alma	내 영혼을 빼앗아가는 사람은
a ki kere mia alma	내 영혼을 사랑하는 사람이라네.

대체로 평균 비율은 로망스어 어휘 60%, 아랍어 어휘 40% 정도로 로망스어 어휘 비율이 더 높게 나타나며, 이는 히브리 작가들이 쓴 카르자에서 더 두드러진다. 이는 히브리 문서들이 아랍 문서들보다 더 오래 되었고 보존 상태가 더 양호하기 때문으로 보인다. 이 밖에도 이베리아반도에 살았던 유대인들이 아랍인들보다 다중어 사용에 더 능했으며, 로망스어를 더 잘 이해하고 있었기 때문이기도 하다.

현재 전해지는 모자라브어 카르자는 총 64수이며 76수의 무왓샤하트와 이븐 구스만의 자잘 1수에 포함되어 있다. 이들 가운데 히브리어 무왓샤하트는 26수에 해당된다. 개수의 차이는 동일한 카르자가 아랍어나 히브리어로 된 두 개 이상의 무왓샤하트 속에 중복해서 들어 있기 때문이다.[24)]

---

24) 무왓샤하트의 언어 혼용 현상에 대해서는 앞의 Solá-Solé와 Federico Corriente, *Poesía dialectal árabe y romance en al-Andalús*. Madrid, Gredos, 1997, pp.70~89; Teresa Garulo, *La literatura árabe de al-Andalus*, Madrid, Ediciones Hiperión, 1998,

이런 언어상의 혼재, 즉 이질적인 언어 요소들의 혼합은 당시 안달루스 사회가 놓여 있던 복합적인 문화적 상황 덕분에 가능했을 것이다. 아랍인들과 그리스도교인 사이에서 태어난 후손들은 자연히 이중 언어 사용자들이었으며, 양쪽 문화를 다 잘 알고 있었다. 이들은 안달루스 여인들이 노래하던 서정적 민요와 그 운율에 심취해 영감을 얻었을 것이며, 이로 인해 새로운 형식의 시가류가 창조되었던 것이다. 이것은 연의 분리, 운율의 변화, 후렴구 사용과 같은 독특한 특징을 갖고 있으며, 피지배 문화가 지배 문화에 상당한 영향을 준 흔치 않은 예일 것이다.

이베리아반도 아랍인 사회의 이중 언어 사용은 12세기 원리주의자들인 북아프리카의 무와히둔조가 침입할 때까지 지속되었을 것이다. 이들의 정복으로 모자라브어는 완전히 사라졌으며, 따라서 이제 아무도 이해하지 못하게 된 카르자는 무왓샤하트의 나머지 부분과 같은 고전 아랍어로 쓰인 카르자로 대체되었다. 모자라브어와 구전 서정시의 존재를 알려주는 유일한 증거는 로망스어 카르자이다. 문제는 로망스어로 된 이 증거들이 아랍어와 히브리어 문자로 쓰인 문서들 속에 숨겨진 채 보존되어 왔다는 것이다.

---

pp.161~82; María Jesús Rubiera Mata, *Literatura hispanoárabe*, Alicante, Universidad de Alicante, 2004, pp.137~56 참조.

2. 어석의 난해성

1) 고려속요

고려속요에 나타나는 후렴구, 반복구, 조흥구, 감탄사는 원래 민요였던 노래가 궁중의 속악가사로 채용, 개편되면서 악곡의 형식에 맞추기 위해 도입된 것이었다.[25] 이들에 대한 해석은 의성어 차원에서 접근을 해오고 있으나, 어원적 차원의 접근이 시도될 필요가 있다.

〈이상곡(履霜曲)〉은 고려속요 가운데 어석의 난해성이 가장 심한 작품이다. 4구의 "다롱디우셔마득사리마두너즈세너우지"는 "서린석석사리, 열명길" 등과 함께 납득할만한 답을 찾지 못한 상태이다. 4구에 대해서는 무의미한 여음 혹은 유의어로 보는 관점에 따라 각각의 설을 개진하고 있다. 여기서 관심이 가는 주장은 범어(梵語)의 진언(眞言)으로 보는 견해들이다. 연구사 초기 4구를 범어의 진언으로 조홍구의 역할이라 점을 수용하여[26] 최근에는 산스크리트어로 이 부분을, "젊고 빛나는 내 몸 파괴자여 사라져라[tar-una dyu-kaha mat-saria madana-asayanasaya]"로 읽기도 하였다.[27] 또 "서린석석사리"를 "많은 불타는 육신[sal-in

25) 고려속요에서 이들 요소가 담당하는 문학적 기능은 다양하다. 후렴구의 경우를 살펴보면, 연시체형 고려속요에서는 노래를 연 단락으로 나눔과 동시에 장가화 경향의 구실을 하며, 단시체형 고려속요에서는 조홍의 구실을 한다. 반복구의 경우는 강조의 구실을 하고, 조홍구와 감탄사는 각각 조홍과 감탄의 구실을 담당한다.

26) 양주동, 『여요전주』, 을유문화사, 1947, pp.350~351.

sosuk sar-iral"으로 보았다. 이러한 연구를 적극적으로 수용하다면 〈이상곡〉의 시어 형성 과정에서 외래적 인자를 발견할 수 있다. 불교적 성격이 강한 〈이상곡〉이 불교의 교류를 통해 범어를 수용했을 가능성이 크기 때문이다.

〈가시리〉는 후렴구를 제외하면 비교적 민요의 모습을 잘 갖춘 작품으로 볼 수 있다. 이런 점에서 기존 연구는 후렴구를 궁중 악곡화 과정의 산물로 보아 유의미어의 조흥구로 규정하고 있다. 하지만 1부에서도 논한 바와 같이 "가시리 가시리잇고 나는 ᄇᆞ리고 가시리잇고 나는"과 "위 증즐가 大平盛代"는 의미상으로 전혀 조화가 되지 않는다. 본문에서는 '나를 버리고 가느냐'는 서러운 한탄이 나오는 반면, 후렴구에서는 '태평성대'를 예찬한다는 것은 본문과 후렴이 배치(背馳)하고 있음을 보여준다. 이것은 무왓샤하트의 본문이 마지막 연의 카르자와는 전혀 다른 내용이라는 사실과 일치한다. 즉, 본문과 후렴구는 연속성이 없으며, 본문이 향하는 청자와 후렴구의 청자가 기본적으로 다른 언어사용 계층을 겨냥할 수 있다는 것이다. 무왓샤하트의 본문이 아랍어 구사자를 대상으로 하고, 카르자가 모자라브어 혹은 히브리어 구사자를 대상으로 했듯이, 〈가시리〉 또한 본문은 한국어 구사자, 후렴구는 중국어를 알아듣는 청중을 대상으로 했을 가능성이 크다. 궁중의 연회에서 외국 사절을 청해 이 노래를 불렀다면, 본문은 해독하지 못해도 후렴으로 흥을 돋움으로써 전체 청중을 흥겹게 했을 가능성도 생각해 볼 수 있다.

---

27) 강헌규, 「고려속요 이상곡 신고」, 『인문과학』 36, 성균관대학교 인문과학연구소, 2005.

〈청산별곡〉의 후렴구는 '얄리얄리 얄라셩 얄라리 얄라'이다. 물론 현재까지의 정설은 이 후렴구 역시 여음구, 조흥구로 의미적 차원의 연구는 전무하다. 그러나 고려시대가 원과 밀접한 관계를 유지했으며, 적지 않은 위구르인들이 고려 땅에서 살아갔다면, 터키계 언어, 혹은 서역어[28] 차원에서 해석할 수 있지 않겠는가? 또 다른 〈청산별곡〉의 서역 인자는 '사슴'과 '해금'이다. 7연 "사ᄉᆞ미 짒대예 올아셔 奚琴을 혀거를 드로라"는 현재까지 그 어석에 대한 해석이 분분하다. 사슴이 장대에 올라가서 악기를 탄다는 것이 불가능하므로, 이에 대한 해석은 '속세인들의 잘난 체하는 것', '불가능한 일이 기적같이 일어나기를 바라는 것' '사슴으로 분장한 광대가 장대에 올라 해금을 타는 것'으로 나뉜다. 두 번째, 세 번째 견해는 사슴이 막대기 꼭대기에 올라가서 해금을 탄다는 것이 도저히 불가능하므로, 기적을 바란다거나, 광대가 분장을 한 것으로 보고 있다. 반면 첫 번째 해석은 사회적 불만이라는 전체 주제와 결부시켜 속세인들의 잘난 체 하는 것으로 보고 있다. 그러나 이러한 주장은 설득력이 부족하다. 불가사이한 일을 왜 사슴에 결부시키는가? 그리고 그 사슴이 왜 해금을, 그것도 장대에 올라가서 탄다고 했을까? 잘난 체 하는 것을 왜 꼭 사슴과 비교했을까?

1부에서도 언급했듯이, 가젤은 중앙아시아 시에서 사랑하는 여인을 상징하는 어휘이고, 사랑시 가잘은 사슴을 장대에 묶어서 사향이 있는 부분을 빼낼 때 사슴이 내는 슬픈 소리를 내는 것이

28) 일례로, 아랍어의 '얄라'는 '가자'라는 의미이며, '알라'는 이슬람의 유일신 '알라'를 가리킨다.

므로, "사ᄉᆞ미 짒대예 올아셔"는 사향을 취하기 위해 사슴을 장대에 매단 모습을 연상시킨다. 즉, 누군가가 가잘처럼 서럽도록 아름다운 사랑시를 노래하고 있음을 형상화한 것으로 볼 수 있다. 시적 화자는 "에정지 가다가" 이 노래를 들었다. 동서고금을 막론하고, 부엌은 여자들만의 공간으로 남성의 출입이 허용되지 않는 장소이다. 따라서 슬픈 노래를 부르는 주인공은 여인이다. 그녀는 남이 들을까봐 두려워 부엌에 몸을 숨기고, 사랑하는 이와의 이별을 애통해하며 슬프게 노래하고 있고, 시적 화자는 이 모습을 형상화한 것으로 해석할 수 있다. 이 해석 역시 〈청산별곡〉의 서역 인자 요소에서 출발해야 가능하다.

〈쌍화점〉의 '쌍화'에 대한 접근도 새로운 시각에서 출발할 수 있을 것이다. 주지하다시피 '쌍화'는 한자로 '雙花', '相和', '霜花'로 기록된다. 이것은 외래 음식인 '쌍화'를 발음대로 적으면서 생긴 표기의 문제이다. '쌍화'는 고려시대에 외국에서 온 음식으로, 위구르 족의 빵인 낭(饢)이라는 설, 혹은 만두와 유사한 음식이라는 설이 기존의 주장들이다. 위구르인들이 'nan'이라고 불렀다면, 이와 유사한 표기를 했어야 했다. 그랬다면, 이 단어는 단음절로 표기되었어야 마땅하다. 그러나 '쌍화' 혹은 '상화'는 음절이 둘이다. 이것은 원어가 2음절이었기에 가능한 것이다.

쌍화와 유사한 발음의 위구르 음식에 삼사(samsa)가 있다. 이것은 위구르인의 가장 오래된 전통 음식으로 밀가루 반죽의 피에 간 고기, 양파, 기타 야채, 건과류를 넣고 냄비 혹은 옥수수 모양의 오븐에서 굽거나 찌는 음식이다.[29] 이후 삼사는 페르시아에서는 심부삭(simbusak) 혹은 삼부삭(sambusac), 인도, 방글

라데시, 파키스탄, 네팔과 같은 나라에서는 사모사(samosa)로[30], 아랍 세계에서는 삼부사(sambusaj) 혹은 삼보우사(samboussa)로 전승된다. 고려시대가 원의 영향권에 있었고, 회회인들이 거주했다는 기록이 있는 것으로 보아, 이들의 전통음식 삼사가 유입될 가능성은 충분하다. 그렇다면 삼사를 파는 가게도 있었을 것이며, 삼사를 상화 혹은 쌍화로 들었을 가능성이 있지 않겠는가? 현재에도 위구르인 거주지, 우즈베키스탄, 카자흐스탄, 파키스탄, 페르시아, 인도, 아라비아반도, 북 아프리카 거리에서 가장 흔히 발견되는 가게가 바로 삼사 파는 가게라는 것은 흥미로운 사실이다. 또한 '삼사'는 아랍을 통해 스페인, 중남미로 전파되어 엠파나다(empanada)의 기원이 된다.

위구르의 빵 '난'

29) http://the_uighurs.tripod.com/UighurCuisine.htm

30) http://www.9dcateringhk.com/starter.php, 사모사는 10세기 전에 중앙아시아에서 인도, 파키스탄, 동남아시아로 전해진 음식.

파키스탄의 '사무사' 또는 '삼사'

아르헨티나의 '엠파나다'

〈정읍〉의 "아으 다롱디리", 〈동동〉의 "아으 動動다리", 〈쌍화점〉의 "더러둥셩 다리러디러 다리러디러 다로러거디러 다로러" 〈사모곡〉의 "위 덩더둥셩", 〈서경별곡〉의 "위 두어렁셩 두어렁셩 다링디리", 〈성황반〉의 "다리러 다로리 로마하, 디렁디리 대리러 로마하, 도람다리러 다로링 디러리, 다리링 디러리", 〈대왕반〉의 "디러렁다리 다리러디러리", 〈내당〉의 "다러림 다리러", 〈삼성대왕〉의 "다롱디리", 〈대국〉의 "얄리얄리얄라 얄라셩랼라", 〈나례가〉의 "리라리러나 리라리라리"와 같은 후렴구는 현재까지 조흥구, 여음구, 악기 소리 의성어로 간주되어 그 의미에 대한 고찰이 간과되고 있다. 이들 역시 동일한 관점에서 어원 차원의 접근이 필요하다.

2) 무왓샤하트

아랍 문자는 셈어의 한 갈래로서 결국 히브리어와 같은 계통의 문자이다. 표음문자이고 자음만 표기된다. 두 문자 모두 자음만 표기되도록 고안되었으며, 모음의 표기에는 부가적인 기호가 사용된다. 이와 같은 모음의 부재로 인해 독자들이 읽을 때 모음을 채워 넣어야 하므로 해석상의 다양함과 애매모호함이 야기되었다. 이는 아랍인들이나 히브리인들에게 코란이나 성서와 같은 교리서들을 읽을 때 행의 위나 아래에 모음에 해당하는 보조 표기를 사용하게끔 만들었다. 그러나 이 교리서들 이외에, 아랍어나 히브리어로 된 문학 작품들에는 자음만을 사용한다. 문제는 다른 언어의 소리를 이 문자로 옮길 때 발생한다. 예를 들어 로망스어는 5개의 모음을 갖고 있어 모음의 사용이 매우 빈번하고 풍부한데 반해 아랍어는 3개 밖에 없다. 이것이 로망스어로 된 시구지만 아랍어와 히브리어 알파벳으로 기록된 카르자를 해석하는데 발생하는 기본적인 문제이다.

로망스어 카르자가 있는 무왓샤하트들이 기록된 문서들은 모자라브어를 전혀 모르던 필경사들에 의해 필사되었으므로, 수많은 오류를 발생시켰다. 이는 모자라브어가 거의 알려져 있지 않은 이베리아반도의 로망스어이고, 반도 내의 다른 방언들보다 더 오래된 것이라는 사실과 결부되어, 카르자의 읽기와 해석에서 많은 의문의 여지를 남기기도 한다. 예를 들면, 다음 카르자의 첫 번째 절에는 (A, S, B, C)처럼 네 개의 필사체가 나타나 있다

kn kyr tn'd	y'mm' (A)
kn kyr tn'd	y'mm' mmh (S)
kn kyr t'gr 'l'qd	y'mm' (B)
kn tn'r 'l'qd	y'mmh (C)

한 학자는 (A)를 다음과 같이 해독한다: *Que no quero tener* al-'iqd, *ya mamma*(목걸이 갖고 싶지 않다니까요, 어머니). 다른 학자는 (B)에서 kn을 nn으로 수정하고 다음과 같이 해독한다: *Non quere tāgir* al-'iqd, *ya mamma*(목걸이 장수가 원하지 않아요, 어머니). 세 번째 학자는 kn을 nn으로 바꾸는 수정을 받아들이고 *Non kero tener* al-'iqd, *ya mamma*라고 읽고 '목걸이를 갖고 싶지 않아요, 어머니'라고 해석한다.[31]

이것은 문자체계가 전혀 달라서 빚어지는 문제로, 필사체에 따라 시의 내용 자체가 바뀔 수 있다. 위의 예에서 '목걸이 갖고 싶지 않아요.'와 '목걸이 장수가 원하지 않아요.'에는 해석상 차이가 상당하다. 즉, 전자는 화자인 여성의 의사가 주체적으로 표시된 반면, 후자의 경우에는 화자인 여성이 피동적인 상황, 즉, 목걸이 장수의 뜻에 따라 달렸다는 것을 의미한다.

3 화자(話者)의 여성성

고려속요의 경우, 현재까지 전승되는 시들 대부분은 작자 미상이다. 그러나 화자는 여성이다. 이에 대한 학계의 지배적 견해는 작자가 남성 시인이었거나, 남성 시인에 의해 재구성되었으리라는 것이다. 이것은 송사도 마찬가지이다. 물론 재능 있는 여류 시인이 있기는 하나, 대부분의 송사 시인은 남성으로 알려져 있으며, 그들의 이름도 알려져 있다. 무왓샤하트의 경우 시인이 대부분 알려져 있으며, 이들은 모두 남성이다. 그러나 무왓샤하트의 마지막 연에 실리는 카르자가 모자라브의 민요를 차용한 경우에는 이 카르자의 시적 화자는 여성이다.

31) 이 예문은 Margit Frenk Alatorre, *Las jarchas mozárabes y los comienzos de la lírica románica*, México, El Colegio de México, 1975, p.107에서 발췌함.

민간에 전승되던 노래를 바탕으로 한 고려속요와 모자라브어 카르자가 귀족 혹은 궁정 내에 유포되기 시작하면서 작가의 여성성과 속요에 보존된 시적 화자의 여성성이 결정적으로 무너진다.

여성 화자의 목소리는 이제 여성적 사랑의 감정 표출을 위한 정통적인 표현법이라는 구도를 탈피하고, 여성이라는 가면을 쓴 존재로 등장한다. 바로 이 가면 뒤에 남자 시인들은 얼굴을 감추고, 단순히 사랑을 노래한 속요라는 차원을 넘어 새롭고 차별화된 시로 거듭나게 되는 것이다. 남성이 여성 화자의 입을 빌어 여성인 체 하면서 시를 쓴다는 것은 시를 관조하는 분위기에서 자신들에게 금기시된 내용을 읊기 위한 것이었거나, 아니면 당시의 사회가 남성 시인이 표출해서는 안 되는 혹은 직접적인 형식으로 표출하는 것을 용납하지 않는 분위기 속에서 자신들에게는 금기시된 감정을 읊기 위한 것임에 틀림없다.

4 주제의 유사성

1. 사 랑

1) 관능적 사랑

'사랑가'는 인류의 역사가 시작된 이래 어느 시대에나 존재했던 노래이다. 이런 관점에서 볼 때, 고려속요와 안달루스 시가의 주요 주제가 사랑이라는 점에 대해 놀랄 이유는 없다. 그러나 이들 시가의 사랑 묘사는 지나칠 정도로 노골적이고 관능적이다.

① 고려속요와 송사

오늘날까지 전해지고 있는 고려시대 노래 가운데 우리말로 된 고려속요는 고려시대 궁중에서 부르던 노래를 지칭한다. 비록 현재 전해지고 있는 것은 십여 편에 불과하지만, 이것은 사실 빙산의 일각일 뿐이다. 현존하는 고려속요들 중에서도 특히 우리의 관심을 끄는 것은 〈이상곡〉, 〈만전춘별사〉, 〈동동〉, 〈쌍화점〉, 〈처용가〉, 〈서경별곡〉 등 세칭 '남녀상열지사'라 불리는 속요들이다. 이 속요들은 몇 세기 후에 이를 채록해서 글로 남긴 조선시대 식자들의 취향에서 볼 때, 지나칠 정도로 직접적이고 솔직한 사랑에 대한 표현을 담고 있다. 사랑을 주제로 한 노래들이 고려속요의 반 이상을 차지한다고 본다면,[32] 고려시대의 궁정 분위기에서는 이들 노래가 훨씬 더 선호되었음을 쉽게 상상할 수 있다. 사실 고려시대 지배층은 악(樂), 무(舞), 극(劇)을 좋아했으며, 궁궐의 축제나 연회에서 즐겨 공연을 감상하곤 했다.

드러 내자리를 보니 가ᄅᆞ리 네히로섀라
아으 둘흔 내해어니와 둘흔 뉘해어니오　　(「처용가」 중에서)

32) 최미정은 고려속요 13편 가운데 사랑 노래가 10편이라 하였다. 최미정, 『고려속요의 전승 연구』, 계명대학교 출판부, 1999, p.47.

경경耿耿 고침샹孤枕上애
어느 즈미 오리오
셔창西窓을 여러ᄒᆞ니
도화桃花ㅣ 발發ᄒᆞ두다
도화桃花ᄂᆞᆫ 시름업서
쇼춘풍笑春風ᄒᆞᄂᆞ다 (「만전춘별사」, 2연)

남산南山애 자리 보와
옥산玉山을 벼여 누어
금슈산錦繡山 니블 안해
샤향麝香 각시를 아나 누어
약藥든 가슴을 맛초ᄋᆞᆸ사이다 (「만전춘별사」, 5연)

雙花店솽화뎜에 雙花솽화사라 가고신ᄃᆡᆫ
回回휘휘아비 내손모글 주여이다
이말ᄉᆞ미 이店뎜 밧긔 나명들명
다로러거디러
죠고맛감 삿기광대 네 마리라 호리라
더러둥셩 다리러디러 다리러디러 다로러거디러 다로러
긔자리예 나도 자라 가리라
위위 다로러거디러 다로러
귀잔ᄃᆡᄀᆞ티 덦거츠니 업다 (「쌍화점」 중에서)

〈처용가〉는 두 남·녀의 신체 부위를 단지 '가ᄅᆞ리'로 노골적으로 표현하고 있다. 한편 〈만전춘별사〉는 혼자 있어 고독해서 잠도 못 이루고, 각시를 안아 누워서 두 사람의 가슴을 맞추자고 노래한다. 〈쌍화점〉은 사내가 여자애의 손목을 잡았고, 둘이 누었던 자리가 그렇게까지 흐트러져 있을 수 없다는 말로 격렬했던 성행위를 암시하고 있다. 이러한 솔직한 육체적 사랑에 대한 표현은 이 시대의 시가 외에는 보이지 않는다.

② **송사**

중국과 한반도간의 음악 교류는 오랜 역사를 갖고 있다. 이미 통일신라시대부터 당의 음악이 유입되었으며 고려 초기에는 악사를 초빙해서 전수받기도 했다. 고려는 1116년 송 휘종의 아악 재편 이후에 송으로부터 새로운 악기와 악보 등을 도입했다. 그뿐만 아니라 아악 연주에 필요한 의관 등을 수입했으며, 이로 인해 고려의 아악 및 속악도 송악 위주로 정비되었다.[33] 송의 음악으로는 교방악(敎坊樂)과 사악(詞樂) 형식의 두 가지 음악이 고려로 전해졌다. 특히 고려 예종 때에는 타악기와 같은 새로운 악기도 전해졌다. 이러한 새로운 음악과 악기의 유입은 고려속요의 형성 과정에 결정적인 역할을 했다. 송의 악사들이 직접 고려에 와서 악기를 연주하고 가락 맞추는 방법을 가르쳤으며, 동시에 그들 사악의 가사를 번역하고 전파하였다. 따라서 고려의

33) 고려의 제례악은 송 아악으로 정비되었고 기존 제례악곡이던 당악과 속악(향악)은 의식 및 연향악곡으로 변하였다. 송방송, 『한국음악통사』, 일조각, 1984, pp.144~148; 김명준, 『악장가사 연구』, 다운샘, 2004, pp.214~229.

궁중 음악은 송의 음악에 상당한 영향을 받았으며, 특히 고려속요는 송 사악의 많은 영향을 받았다.[34)]

송의 사악은 당나라 말엽 평민 사이에 유행하던 '사(詞)'를 가리키며, 엄격한 율격이 특징인 '시(詩)'에 비해 좀 더 자유롭고 산문적인 요소가 강한 것이 특징이다.[35)] 송사는 민간의 악부시가가 출발점으로 그 기원은 당대 초기인 7~8세기까지 거슬러 올라간다. '송사(宋詞)'라는 명칭에서 보듯이 이 시가는 가사에 악보를 붙인 것이 아니라, 이미 유행하고 있던 악보에 가사를 붙인 것으로, 음악과 밀접한 연관을 갖는다. 이것은 서진 때 서역 음악이 유입되어 새로운 음악과 악기가 민간에 유행하면서 가곡이 발전한 것이 계기가 되었다. 따라서 이 음악에 가사를 붙인 초기 시인들은 민간인들이었으나, 곧 학자와 문인들이 본격적으로 참여하면서 수준 높은 사(詞)가 등장하기 시작했다. 송사가 가장 발달한 시기는 송대(10~13세기)였으며, 당시에는 유행하였으나 현재 송사의 주요 축인 악곡은 전해지지 않고 있다. 반면, 악곡에 붙여진 가사는 그대로 보존되어 있다.

송사의 주제로는 연인과 이별한 여인들 혹은 과부들의 한탄, 그리움, 성애에 대한 열망과 같은 내용이 자주 등장한다. 즉, 고려속요처럼 여성의 입장에서 본 남녀 간의 사랑으로, 사랑과 여성화자가 처음부터 송사의 독특한 특징으로 자리 잡았다.

---

34) 박노준, 『고려가요의 연구』, 새문사, 1999, pp.25~31; 김쾌덕 『고려노래 속가의 사회배경적 연구』, 국학자료원, 2001, pp.117~144.
35) 김학주, 『중국문학개론』, 신아사, 1977.

『고려사』 악지 당악조에는 송나라에서 유입된 송사 약 43수가 기록되어 있다. 이들 43수 중에서 16수, 즉 1/3의 주제가 남녀 간의 사랑이다. 속요적인 성격과 여성 화자의 목소리를 빌어 사랑을 노래한 송사는 곧 선종과 예종을 위시한 고려조정의 군신들에 의해서 창작되기도 하면서 유행되기 시작했다. 수입된 가요 형식에 한국말 가사를 붙이기 위해 귀족 시인들은 송사를 모방한 시를 짓거나, 민간가요에서 사랑을 주제로 한 시를 골라 송사의 형식에 맞추어 개편해서 궁중음악으로 승화시키기도 했다. 이렇게 민요가 속요화의 과정을 통해 궁중 악곡으로 정착된 이후에는 궁중 연향 및 의식 곡으로서의 위치를 차지하였고, 왕을 비롯한 귀족 등이 주 수용층이 되었다.

사랑에 대한 관능적 표현은 송사 〈영춘락(迎春樂)〉[36]에서도 보인다.

近來憔悴人驚怪	요즘엔 야위었다고 사람들이 놀라며 괴이쩍어 해요
爲別後相思煞	헤어진 후에는 그리워서 죽겠어요
我前生負你愁煩債	나는 전생에 당신한테 시름에 차 번민하는 빚을 졌어요
便苦恁難開解	그러기에 이토록 괴로운데서 헤나기 어렵지
良夜永牽情無計奈	좋은 밤 긴 데 사랑을 끌 길 없으니 어쩔

36) 한국어 해석은 차주환 『당악 연구』, 범학도서, 1976, pp.245~246.에서 재인용.

	것인가
錦被裏餘香猶在	비단 이불 속에는 남은 향기 그대로 있고
怎怍得依前燈下	어떻게 하면 앞서 같이 등불 밑에서
恣意憐嬌態	맘껏 교태를 귀염 받게 될까

고려속요 〈만전춘별사〉와 송사 〈영춘락〉에서는 암시적 관능성 혹은 노골적 관능성이 엿보인다. 이러한 관능적 요소는 궁정의 연회와 같이 향락적인 분위기, 남성적인 분위기에서는 좀 더 강하게 작용한다. 특히 시적 여성 화자를 통해, 여성 가수의 입을 통해 노래로 불러진다면 그 강도는 더욱 배가 될 것이다. 이것은 남성들에게 사랑을 요구하고 성행위를 요구하는 존재가 바로 다름 아닌 여성이라고 생각하게 만든다. 남성이 여성에게 사랑을 요구하는 전형적인 일상생활의 사랑 행태와는 정반대인 이러한 상황은 남성의 환상, 남성의 성적인 열망을 투시하는 것이다. 남성의 입에서 노골적으로 이러한 표현이 나와서는 곤란한 상황이므로, 남성들은 시적 화자인 여성의 뒤에 몸을 숨길 수밖에 없는 것이다. 다시 말해, 남성은 자신의 성적 관심을 여성에게 투사하고, 자신의 욕망을 고스란히 여성 화자에게 반영시킴으로써 은밀한 쾌감을 추구하고자 한 것이다.

여성 화자의 입을 빌어 이렇듯 사랑의 에로틱하고 쾌락적인 표현을 한 경우는 한국의 서정시에서도 매우 예외적인 경우에 해당한다. 그 원인을 고려속요의 대중적인 기원에서 찾거나 성에 대해 상당히 너그러웠던 불교의 영향에서 찾기도 하지만, 이전의 시가류와 비교할 때 상당히 이질적인 것임은 인정하지 않을 수 없다. 이것이 외래적인 영향이 있지 않았을까 하는 추측을 하게 한다.

③ 무왓샤하트

무왓샤하트와 자잘은 동부 아랍의 전통에서는 상상할 수 없을 정도로 남녀 간의 사랑을 진솔하게 그려냈다. 사랑시 가잘이 페르시아에서는 12세기경에 신에 대한 사랑 표현으로 본격적으로 탈바꿈한 반면, 서부 아랍의 중심지인 안달루스에서는 엄격한 종교적 영향권에서 비교적 자유로운 편이었다.

Amo a Yusuf, el de los ojos negros,
유수프를 사랑해요. 그의 검은 눈동자,
de la rauda palabra, 그의 멋진 말,
de la sonrisa llena de promesas
약속으로 가득 찬 그의 미소,
y osadas sugerencias, tentaciones
대담한 제안, 유혹은
que me hacen retirarme ruborosa
내 얼굴을 물들이고,
a mi balcón cerrado. 닫힌 발코니로 나를 몰아가요.
(유수프의 무왓샤하트)

garide-me 내게 말해주오.

k(u)and mio sidi ya qawmu
오 친구들이여, 그이가 언제
ker(r)á bi-llah 하느님을 대신해
suo al-asi *me darlo-lo* 내게 치료약을 줄 건지.
(「카르자 6」)

mio sidi Ibrahim 내 사랑 이브라힘,
ya *tu uemme dolge* 오, 그대는 달콤한 사람,
fente mib de nohte 오늘밤 찾아와 주오.
in non si non keris 그게 싫으시다면
gari-me a ob 내게 말해주오.
legar-te. 어디 가면 그댈 만날 수 있는지
(「카르자 11」)

mio al habib *enfermo de mio amar*
내 애인은 나 때문에 상사병이 났다네.
ke no ad sanar 낫지 못할까?
benge-se a mibi ke sanad mio legar
나한테 오면 날 텐데.
(「카르자 21」)

a non me mordes ya habibi fa-encara *danioso*
al-gilala rahsa *basta a toto me refiuso*
님이여! 물지 말아요, 아직 아프니까요.

블라우스가 약해요, 그만해요, 더 이상 허락 못해요.
(「카르자 29」)

bokel(l)a al-iqdi *dolge komo* al-suhdi *ben beiga-me*
habibi gi indi *ad unione amando komo* yawmi
진주 입술, 꿀처럼 달콤한 입술, 와서 키스해줘요.
님이여, 제 곁으로 오셔서 지난번처럼 저와 결합하시오.
(「카르자 43」)

non tu me tar'a il(l)a kon a-sarti
날 보러 오지 말아요,
an tagma halhali ma'a qurti
내 발찌를 귀고리에 닿게 하지 않을 거면
(「카르자 48」)

manu ya habibi	오 내 사랑,
al-wahs *me no feras*	날 버리지 않을 거죠.
bon beiga mia bokel(l)a	내게 키스해 줘요.
awsak *tu no iras*	그리 빨리 떠나진 않을 거죠.

(「카르자 53」)

이들 카르자들은 성애 묘사가 대담한 것이 특징이다. 〈유수프의 무왓샤하트〉에서는 사랑을 나누기 위한 '닫힌 발코니'라는 구체적인 장소가 등장한다. 〈카르자 6〉은 사랑이 묘약임을 말하고, 〈카르자 43〉과 〈카르자 53〉은 달콤한 키스를 요구하고 있다. 〈카르자 11〉은 연인이 오지 못하면 자신이 그를 찾아 가겠다는 적극적인 의지를 표출하고 있으며, 〈카르자 29〉은 성교 행위를 직접적으로 묘사하고 있다. 특히 〈카르자 48〉은 대담한 암시를 통해 성교 행위의 자세까지 보여주고 있다. 이러한 관능성은 카르자의 언어가 지배계급의 고전 아랍어가 아니기에 가능한 것이다.

고려속요나 송사, 무왓샤하트는 궁정의 축제와 연회에서 분위기를 고조시키기 위해 악기를 동반한 음악에 가사를 붙이고 춤을 곁들였다는 것이 공통점이다. 시적 여성 화자에 걸맞게 노래를 부르는 주체는 궁정의 남성 청중 혹은 관객에게 향응을 베푸는 것을 목표로 훈련을 받은 기녀(妓女)들이었다. 따라서 연인의 부재에 대한 불평과 조속한 만남의 간구, 연인을 향한 애절한 감정의 표출을 위한 시적 화자의 목소리는 에로틱한 감정에 젖어 있을 수밖에 없다. 속요 형태에 있을 때에는 진지하고 감동적이었던 고독과 고통에 대한 느낌이 궁정의 분위기, 남성적 분위기 안에서 부차적인 것이 되며, 대신에 에로틱한 느낌이 더욱 부각될 수밖에 없다.

사랑을 주제로 한 고려속요, 송사, 무왓샤하트는 쾌락, 질투, 그리움 등의 행위와 감정이 구체적으로 표출된다. 지적이고 정신적인 주제보다, 가장 자연스럽고 순수한 감정 세계와 직결되는 주제가 이들 시가류의 중심 테마가 되었다는 것은 당시의 지배층인 귀족들과 궁중에서도 동일한 쾌락적인 분위기가 만연했었으며, 이런 류의 노래를 즐기던 분위기 덕분에 가능했을 것이다. 이러한 개방적인 사고가 지배하는 곳에서는 인간의 관계가 자유로웠을 것이며, 물질적인 쾌락이나 사랑의 열락 같은 원초적인 욕망과 기쁨이 억압당하지도 않았고, 그릇된 것으로 간주되지도 않았을 것이다.

고려는 무신정변이나 몽골의 침략과 같은 심각한 내우외환에도 불구하고, 당면한 문제의 심각성을 탈피하려는 하나의 수단으로서 이러한 분위기를 조장했을 것이다. 한편, 안달루스는 비교적 이슬람의 영향이 상대적으로 약했을 뿐만 아니라, 이국적인 분위기의 사회 상황, 그리스도교도들과의 끊임없는 전투 등으로 인한 현실의 괴로움이 사랑을 주제로 한 노래를 통해 위무될 수 있었을 것이다.

2) 사랑의 이별

고통은 어느 시에서나 감동을 준다. 고려속요와 무왓샤하트에서도 이별을 주제로 한 시가 많이 발견된다. 유럽 궁정식 사랑의 공식 중 하나가 이별인 이유는 이루어지는 사랑보다 이루어지지 못하는 사랑이 더 애절하고, 그로 인한 고통이 더욱 아름다운 감정을 표출하기 때문일 것이다.

① 고려속요

가시리 가시리잇고 나는
ᄇᆞ리고 가시리잇고 나는

위 증즐가 대평셩ᄃᆡ大平盛代
날러는 엇디 살라 ᄒᆞ고
ᄇᆞ리고 가시리잇고 나ᄂᆞᆫ
위 증즐가 대평셩ᄃᆡ大平盛代 (「가시리」 중에서)

十一月ㅅ 봉당 자리예
아으 汗삼衫 두퍼 누워
슬ᄒᆞᆯᄉᆞ라온뎌
고우닐 스싀옴 녈셔
아으動動다리 (「동동」 중에서)

〈가시리〉의 화자는 떠나는 님에게 "나를 버리고 가시면, 나는 어떻게 살라는 말이냐"라는 말로 자신의 신세를 한탄하며, 님을 붙들고 있다. 또한 〈동동〉의 화자 역시 추운 음역 11월에 자리에 누워 "님 소식을 그리며" 안타까움을 추스르고 있다. 이별은 또한 기다림으로 이어진다.

잡ᄉᆞ와 두어리마ᄂᆞᄂᆞᆫ
선ᄒᆞ면 아니 올셰라
위 증즐가 대평셩ᄃᆡ大平盛代
셜온님 보내ᄋᆞᆸ노니 나ᄂᆞᆫ
가시ᄂᆞᆫ ᄃᆞᆺ 도셔 오쇼셔 나ᄂᆞᆫ
위 증즐가 대평셩ᄃᆡ大平盛代 (〈가시리〉 중에서)

고대셔 싀여딜 내 모미
내님 두읍고 년뫼를 거로리
이러쳐 뎌러쳐 긔약期約
이러쳐 뎌러쳐 긔약期約이잇가
아소 님하 ᄒᆞᆫᄃᆡ 녀졋 긔약期約이이다 (〈이상곡〉 중에서)

〈가시리〉의 화자는 붙잡으면 오히려 역효과를 낼 것 같아 눈물을 머금고 임을 보내면서 다시 올 것을 기다린다. 〈이상곡〉 화자 역시 기약에 의탁하려는 모습을 보인다. 연인이 떠나고 난 다음에 앞으로 자신이 어떻게 살지도 모르고, 어떻게 될지도 모르는 두려움으로, 여인은 떠나지 말라는 애원만 할 수밖에 없다. 여인의 입장에서 본 연인과의 이별에 대한 고통과 끈기 있는 기다림은 새로운 것이 아니다. 그러나 전통적인 사랑 노래에서 등장하는 여인의 수동적인 행동과는 달리, 여성은 이별하지 않기 위해 연인에게 가지 말 것을 애원하며, 그에게 다시 돌아오라고 요구하고 있다. 고려속요 중에서 여성의 이러한 행동이 강하게 표출된 것은 〈서경별곡〉이다.

大同江 아즐가 大同江 너븐디 몰라셔
위 두어렁셩 두어렁셩 다링디리
ᄇᆡ 내여 아즐가 ᄇᆡ 내여 노ᄒᆞᆫ다 샤공아
위 두어렁셩 두어렁셩 다링디리
네 가시 아즐가 네 가시 럼난디 몰라셔
위 두어렁셩 두어렁셩 다링디리

널 ᄇᆡ예 아즐가 널 ᄇᆡ예 연즌다 샤공아
위 두어렁셩 두어렁셩 다링디리
大同江 아즐가 大同江 건넌편 고즐여
위 두어렁셩 두어렁셩 아링디리
ᄇᆡ타들면 아즐가 ᄇᆡ타들면 것고리이다 나ᄂᆞᆫ
위 두어렁셩 두어렁셩 다링디리 (〈서경별곡〉중에서)

시적 화자는 떠나는 임을 붙들지 못하는 답답함을 '저 배가 없었으면 떠나지 못할 텐데'라며 제3자인 사공에 대한 원망으로 표출시킨다. 또 사공의 부인에 대해 험담까지 하고 있는 것은 사공으로 하여금 배의 출항을 중단하게 하려는 적극적 의도로 보인다. 이것은 바로 사랑하는 이에 대한 강렬한 애정과 미련에 바탕에 두고 있기 때문이다. 사랑에 대한 믿음을 보이면서도, '강만 건너면 혹시 다른 여인을 사귀지나 않을까' 하는 불안과 질투의 감정을 숨기지 않고 드러낸다는 것은 사랑을 쟁취하려는 적극적인 삶의 태도와 현실적 생활 감정을 표현한 것이다. 〈가시리〉와는 달리 〈서경별곡〉의 화자는 거의 원망에 가까운 적극적 의지를 강하게 표출하고 있다. 이런 점에서 〈서경별곡〉은 특이하다.

② 무왓샤하트

무왓샤하트에서도 상당수의 카르자가 연인의 부재, 연인과의 이별에 대한 아픔을 노래한다.[37] 이때 연인은 '하비비(habibi)'로

37) 무왓샤하트 중에서 당시 이베리아반도의 로망스어인 모자라브어로 쓰인 카르자에는 시적 화자가 일반적으로 여성이다. 반면 통속 아

불리며, 이것은 '내 사랑'이라는 뜻의 아랍어 어휘다.

tanto amare tanto amare	내 얼마나, 얼마나 사랑하는지,
habib *tanto amare*	내 사랑, 그댈 얼마나 사랑하는지!
enfermaron olios nidios	반짝이는 두 눈이 아파서,
e dolen tan male	얼마나 고통 받고 있는지!

(「카르자 1」)

komo si filio(l)lo alieno 그대는 이젠 마치 남인 양
non mais adormes e(n) mi seno.
더 이상 내 품에서 잠들려 하지 않는구나.

(「카르자 37a」)

bay-se mio qoragon de mib
내 사랑이 떠나가네.
ya rab *si se me tornarad* 오 하느님! 다시 돌아올까요?
tan mal me doled li-al-habib
내 사랑으로 인해 고통 받아
enfermo yed kuand sanarad
이렇게 아픈 내 마음, 언제 나으려나?

(「카르자 38a」)

랍어로 쓰인 카르자에서는 여성이나 동성애자인 남성의 입을 빌리고 있다.

ke fareyo o ke serad de mibi
무엇을 해야 할지, 나는 어떻게 되는 거죠?
habibi 내 사랑
non te tolgas de mihi 나를 떠나지 말아요.
(「카르자 40」)

gar ke fareyo 말해줘요, 나 어찌해야 할지,
komo bibreyo 어떻게 살아야 할지.
este al-habib *esbero bor el morireyo*
기다릴게요. 그이 없이 난 못살아요.
(「카르자 42」)

〈카르자 1〉의 화자는 연인과의 이별이 너무 슬퍼서 눈이 아플 정도로 운다. 〈카르자 37a〉의 화자는 변심한 연인이 이 이상 더 자신과 함께 자려고 하지 않음을 호소한다. 〈카르자 38a〉 역시 사랑하는 이가 떠나가고, 자신은 괴로워 마음이 아프다고 호소를 한다. 그러나 여기까지의 여인들 자세는 수동적이다. 반면, 〈카르자 40〉과 〈카르자 42〉의 여인은 '떠나지 말라'고 하고, 연인이 없이는 '못 산다'라는 말로 적극적인 표현을 사용해서 연인과 이별하지 않으려 한다. 이별을 하지 않으려는 여인의 자세는 위협성을 띤다.

ben indi habibi 내 곁으로 와요, 내 사랑!
si te bais mesture 그대가 떠난다면, 모략꾼이

trahira samaga　　　　해코지 할 거예요.
imsi ad *unione*　　　　와서 다시 합쳐요.

(「카르자 16」)

이 카르자의 화자 역시 〈서경별곡〉의 화자처럼 '모략꾼'을 등장시킴으로 인해, 연인의 떠나감을 막아보고 겁을 주려는 적극성을 보인다.

3) 비관적 사랑관

고려속요와 송사, 무왓샤하트에는 진솔하고 에로틱한 사랑의 표현이 공통적으로 나타나고 있을 뿐만 아니라, 비관적인 사랑의 표현들 또한 발견되고 있다. 즉, 이 시가들에 등장하는 여성 화자의 목소리는 연인과의 행복하고 즐거운 사랑의 결합을 노래하기 보다는 연인의 부재를 비탄한다. 따라서 이들 시들은 슬픔과 고독이라는 감정이 주조를 이룬 사랑가인 것이다. 연인과의 결합이 있었다면, 이것은 이별이 반드시 동반되는 사랑으로, 화자는 아쉬움을 나타내거나, 과거의 행복했던 시절에 대한 회상을 노래하고, 사랑하는 이가 돌아오리라는 희망조차 희박해 보인다.

① 고려속요 및 송사

셜온님 보내ᄋᆞᆸ노니 나ᄂᆞᆫ
가시ᄂᆞᆫ ᄃᆞᆺ 도셔 오쇼셔 나ᄂᆞᆫ
위 증즐가 대평셩ᄃᆡ大平盛代　　　　(〈가시리〉, 마지막 연)

羅帳半垂門半開	김방장 반쯤 드리운데 문은 반쯤 열려 있고
殘燈孤月照窓臺	남은 등불과 외로운 달은 창틀을 비친다.
北斗漸移天欲曙	북두성이 점점 옮기어 하늘은 밝아지려하는데
漏更催	누각은 더욱 재촉한다.
携手勸君離別酒	손잡고 님에게 이별주를 권하자니,
泪和紅粉滴金盃	눈물은 붉은 분과 함께 금술잔에 떨어진다.
嗚咽問君	흐느끼며 님에게 물어보기를
今夜去幾時廻	"오늘 밤 떠나시면 어느 때 돌아오시오"

(송사 〈감은다(感恩多)〉)

사랑에 대한 비관적 시각에 대한 원인은 이들 시가가 출현하던 시대의 역사적 상황에서 찾아볼 수 있을 것이다. 고려시대는 거란, 여진, 몽골, 홍건적, 왜구와 같은 잦은 외세의 침략과 무신정변으로 인한 불안정한 정세가 지속되었다. 이러한 상황으로 인해 일반 백성들, 특히 농민들의 삶은 궁핍하고 암울하고 신산할 수밖에 없었을 것이며, 이러한 사회적인 분위기가 바로 고려속요에 투영되었을 것이다. 따라서 남녀 간, 부모형제 간의 별리는 고려시대 백성들에게는 하나의 일상사였을 것이며, 이로 인해 사랑하는 이의 부재, 사랑하는 이에 대한 그리움이라는 염세적 시각의 사랑이 시에서 주제로 등장하게 된 것이다.

중국의 상황도 크게 다르지 않다. 버려진 여인이라는 주제는 송사가 출현한 당나라 시대 내내 중국 사회에서 늘 찾아볼 수 있는 사회적인 현상이었다. 당나라 시대는 외침에 대항하기 위해 농민을 군대에 징발하는 것이 일상화되어 있었으며, 이들 군대의 가장 주요한 임무 중의 하나가 국경 수비였고, 내란 진압이었다. 따라서 상당수의 여인들이 남편 혹은 연인을 그리워하는 외로움을 경험했을 것이며, 이것이 송사에 투영될 수 있었다.

② **무왓샤하트**

al-sa'amu *mio* hali　　　　나 지금 죽을 것 같아요.
borque hali qad bari　　　　절망적이기 때문이에요.
ke farey ya ummi　　　　아, 엄마, 나 어떡해요?
faniqi *bad lebare*　　　　날 사랑하던 님이 떠나고 있는데.

(「카르자 13」)

ya mamma mio al habibi　　　　아, 엄마, 떠난 내 사랑이
bay-se e no me tornade　　　　돌아오지 않는대요!
gar ke fareyo ya mamma　　　　이 내 고통이 낫지 않으면
in no mio ina lesade.　　　　어떡해야 되는지 말해줘요, 엄마.

(「카르자 7b」)

이슬람교도였던 아랍인들은 이베리아반도를 정복하면서 현지 그리스도교 여인들과 결혼해서 정착하거나 그들을 노예로 취했다. 이들 현지 여인들이 언어와 종교, 풍습이 다른 외국인 남편과 살면서 문화적 충돌을 가졌음에 틀림없다. 연인 간의 의사소통 부재와 홀로 남는 여인의 고독은 이들 이교도의 결합에서 나타나는 특징이며, 여기에 정복자에 의해 지배되는 피정복민의 좌절감, 무기력함이 덧붙여졌을 것이다. 바로 이러한 감정이 로망

스어로 쓰인 카르자에 여성화자의 목소리로 표출되고 있다. 이들 화자의 목소리는 통속 아랍어로 쓰인 카르자보다 가슴 아픈 사랑, 소극적인 사랑을 노래한다.

2. 송 축

남녀 간의 사랑이나 그리움의 내용을 가지고 있는 노래들은 그 주제의 성격상 임금에 대한 축원과 충성심을 나타내는 송도(頌禱)의 노래로 해석될 수 있다.[38] 송축은 사랑하는 이를 애타게 염원하는 여성의 목소리를 차용해서 표현되었다. 시인은 대상 인물이 이 세상 그 무엇보다도 더 가치 있다는 것을 나타내기 위해 모든 가능한 표현 수단을 다 동원하려 노력했다. 이를 위해 한편으로는 대상 인물을 최대한 드높이고, 다른 한편으로는 칭송하는 자신을 가능한 한 낮추었다. 따라서 시인은 지녀야 할 가장 저 자세 형태인 힘없는 여성의 목소리를 내는 것이었다. 하지만 시적 화자의 이러한 자기 비하가 순진무구한 것만은 아니다. 즉, 대부분의 경우에 어떤 의도를 숨기고 있다. 시인은 고관에게 자신이 처한 고립과 고독을 호소하기도 하고 호의를 베풀어 무엇을 하사해 달라는 요청을 하기도 했다.

38) 김용수, 『조선초기시가연구』, 일지사, 1989, p.181.

1) 고려속요 및 송사

고려속요나 송사에서 '님'은 마음대로 여성 화자를 버릴 수도 있고, 언제든지 다시 돌아올 수 있는 존재로 그려졌으며, '님'은 높은 곳에 켜져 있는 등불, 만인을 비출 모습으로 그려져 있다.

二月ㅅ 보로매
노피 현
燈ㅅ블 다호라
萬人 비취실 즈ᅀᅵ샷다 (〈동동〉, 3연)

德으란 곰비예 받즙고
福으란 림비예 받즙고
德이여 福이라호늘
나ᄉᆞ라 오소이다
아으 動動다리 (〈동동〉, 1연)

'님'은 한 없이 월등하고 독립적인 존재이다. 반면에 여성 화자는 열등하고 의존적 존재이다. 떠나지 말라고 애원하고(〈서경별곡〉), 연인의 마음이 상할까봐 감정을 자제하고 희망을 갖고 '님'을 기다리며(〈가시리〉), 버려진 자신을 연민한다(〈동동〉). 태양을 바라보듯이 수동적 입장의 화자는 '님'이 돌아와 보살펴주기를 바란다. 이러한 시적 여성 화자의 완전한 자기 비하 자세, 사랑을 받고자 하는 깊은 열망을 담은 자세로 인해 시는 곧잘 군주를 예찬하는 송도시로 탈바꿈한다. 여기서 여성의 목소리는 신하들의 목소리로 바뀐다. 신하들은 사랑받고자 하는 열망을 담은 이러한 노래들을 군주에게 바침으로써 왕을 향한 일편단심을 표시하고, 왕이 혜안을 가지도록 기원하며, 자신들을 보살펴 주도록 간청하는 것이다.

한 발 더 나아가, 왕과 왕실에 복을 축원하는 의식가(儀式歌)의 성격을 보유하고 있다. 송축의 의식을 담은 좋은 예가 바로 〈동동〉이다. 여기서 첫 연 혹은 서사(序詞)는 송도 의식가의 절차를 갖추기 위해 후대에 덧붙여진 것이다. 『고려사』 악지에 '다유송도지사(多有頌禱之詞 : 경사스러움을 찬양하고 축복하는 송도의 노래)'라고 한 송사에는 치어와 구호(정재의 시작과 마침을 알리는 송도의 의미를 지닌 찬양)가 있었다. 바로 이 송사의 치어와 구호의 모방을 하여 〈동동〉의 서사가 이루어진 것이다.

2) 무왓샤하트

토드로스 아불라피아(Todros Abulafia)가 지은 13세기 후반의 다음 무왓샤하트는 애절한 사랑의 표현을 통해 이셔하끄라는 높은 인물을 칭송하는 예가 될 수 있다.

칼도 아니면서 그의 부재는 내 가슴을 찢어놓고
내 영혼을 타게 만든다.
무슨 말로도 무슨 표현으로도
내 마음에는 당신을 칭송할 능력이 없기 때문에

나의 왕자님 이셔하끄님께 선물을 드릴 만한 것이 없다. (3연)

그가 오는 날에는 도시가 그의 영광으로 밝아진다.
그가 있는 동안에는 하늘까지 뿌듯해 한다.
그래서 그가 떠날 때면 그녀는 이렇게 울부짖는다. (5연)

ke fareyo o ke serad de mibi
무얼 해야할지, 나는 어떻게 되죠?
habibi 내 사랑
non te tolgas de mihi. 나를 떠나지 말아요.
(「카르자 40」)

무왓샤하트의 숭배의 대상은 고려나 중국과 같이 국왕에 그치지 않고, 권력 있고 지체 높은 이들에게 바치는 경우가 종종 있다. 또한 종교적 열망을 담아, 신을 예찬하거나 선지자 무함마드를 우러르는 시가 발견되기도 한다. 이것은 넓은 의미에서 절대자에 대한 송축으로 이해할 수 있다.

3. 사회 비판

고려속요, 송사, 무왓샤하트에는 혼자 남은 여자 혹은 버림받은 여자의 불만에 찬 한탄이 종종 등장한다. 이것은 부역이나 전쟁터로 가기 위해 가정을 떠나야만 하는 사회 상황 혹은 체제에 대한 남성 시인의 비판을 숨기기에 적합했다. 몇몇 송사 연구가들은 바로 이러한 시각으로 비탄과 불만에 찬 한탄의 의미를 분석했으며,[39] 이것은 피지배적인 상황, 침략이라는 사회적 · 역사적 환경이 유사한 상황에서 꽃피운 고려속요와 무왓샤하트에도 동일하게 적용될 수 있다.

1) 고려속요

살어리 살어리랏다
청산青山애 살어리랏다
멀위랑 ᄃᆞ래랑 먹고
청산青山애 살어리랏다
얄리얄리 얄라셩 얄라리 얄라 〈청산별곡 1연〉

어듸라 더디던 돌코
누리라 마치던 돌코
믜리도 괴리도 없시
마자셔 우니노라
얄리얄리 얄라셩 얄라리 얄라
〈청산별곡 5연〉

---

39) Maija Bell Samei, *Gendered Persona and Poetic Voice: The Abandoned Women in Early Chinese Song Lyrics*, Landam MD, Lexington Books, 2004, p.8; 김쾌덕, 『고려노래 속가의 사회배경적 연구』, 국학자료원, 2001, pp.137~138.

살어리 살어리랏다
바ᄅᆞ래 살어리랏다
ᄂᆞᄆᆞ자기 구조개랑 먹고
바ᄅᆞ래 살어리랏다
얄리얄리 얄라셩 얄라리 얄라 〈청산별곡 6연〉

전체적으로 시인은 생을 고통스럽게 보고 있으며, 청산이나 바다와 같이 고된 현실을 벗어날 수 있는 안식처를 그리워한다. 1연과 6연은 속세에 실망한 상태로 차라리 청산에 들어가서 열매나 먹으며 지내겠다, 혹은 바다에 가서 조개나 해초 등을 먹고 살겠다는 노래이며, 5연은 어디서 누구를 향해 던진 것인지도 모르는 돌을 이유도 없이 맞았다는 설움을 토로하고 있다. '멀위랑 ᄃᆞ래랑'은 인간의 손이 닿지 않아도 자연적으로 자라는 것들로, 속세의 연과 닿지 않는 곳임을 상징하고 있으며, '바ᄅᆞ래'는 새로운 세계, 미지의 세계를 상징한다. 화자는 유랑신세의 남자로서 당시 사회에 대한 불만을 표출하고 있으며, 동시에 삶의 터전을 잃은 자의 슬픔이 분출되고 있는 것으로 보인다.

이와 비슷한 예를 악부체역가(樂府體譯歌) 작품인 〈사리화〉에서 볼 수 있다.

黃雀何方來去飛 참새야 방향 없이 왜 이리 저리 나느냐
一年農事不曾知 한 해의 농사 아직 알 수 없는데
鰥翁獨自耕耘了 이 홀아비 혼자 갈고 김매기 마쳤거늘

耗盡田中禾黍爲　　밭 가운데 곡식을 다 먹어치워 어찌하려냐
〈『益齋亂藁』 卷4〉

『고려사』에서는 〈사리화〉에 대해 "세금을 과다하게 거두고 권세 있는 자들이 강제로 빼앗아 백성들은 곤궁에 빠지고 재산은 손실을 입었다. 이에 노래를 지어 참새가 곡식을 쪼아 먹는다는 말로써 원망하였다"라고 기록하고 있다. 이것은 힘 있는 자들의 가렴주구에 신세한탄을 하는 백성의 노래로, 여기서 권력가들은 곡식에 축을 내는 '참새'로 비유되고 있다. 송사에도 이러한 사회비판적인 요소가 있다.

2) 송사

繡簾閑倚吹輕絮
　수놓은 발에 한가히 기대있는데 가벼운 버들 솜이 바람에 불린다.
歛眉山無緒
　눈살 찌푸리고 마음 갈피 못 잡아
把花拭淚向歸鴻
　꽃 꺾어들고 눈물 씻고는 돌아오는 큰 기러기 향해서
問來處 逢郎不
　나온 곳에서 내 낭군 만나 보았고 하고 물어 보았네.
(송사 〈낙양춘(洛陽春)〉, 2연)[40]

40) 이 송사의 우리말 해석은 차추환 역, 『고려사악지』, 을유문화사,

3) 무왓샤하트

ya fatin a fatin	유혹자여! 유혹자여!
vos y entrad	여기 들어오세요,
k(u)and raha al-siq(q) *kerid*	어려운 전쟁이 허락하면.

(「카르자 46」)

예로 든 송사와 무왓샤하트는 사회 환경에 대해 명백히 언급된 바는 없으나 사랑하는 이의 부재, 여인의 고독은 변심이나 배신이라는 개인적 차원의 이유가 아닌, 어떤 불가항력적인 힘에 의해 이별할 수밖에 없던 상황이 남긴 결과임을 암시한다.

4. 제의적 요소

1) 고려속요

조선 성종과 중종(1469~1544)대에 고려속요 폐지론이 많은 논쟁을 제공했다는 것은 주지의 사실이다. 그러나 이러한 엄격한 유교적 사회 분위기에도 불구하고, 고려속요의 제의적인 요소로 인해 『악장가사』에 전사될 수 있었다는 지적은 설득력을 갖는다.

조선조 초기 종묘제례와 같은 중요한 제사의식에 〈쌍화점〉이 악곡으로 연주되었다. 이것은 성행위를 다산과 번영을 약속하는

1972에서 재인용함.

신화적·상징적 행위로 간주하던 전통이 있었으며, 조선에서도 왕조와 왕국의 번영을 위해 연주된 것으로 해석될 수 있다.[41] 또한 「처용희」는 악귀를 몰아내려는 주술적인 의도에서 공연되었을 가능성이 많다. 이 또한 고려속요가 민간 차원의 민요라는 수준을 넘어, 국가의 중요한 행사나 길흉화복의 인간사와 관련되는 전 국민적 차원의 노래시였음을 보여준다. 또한 〈성황반〉, 〈대왕반〉, 〈내당〉, 〈삼성대왕〉, 〈대국〉, 〈나례가〉 역시 병을 쫓거나 초월적 존재에 간구하는 제의적 요소를 지닌다.

2) 무왓샤하트

무왓샤하트에서도 제의적 경향이 발견된다. 맨 먼저 무왓샤하트를 의식에 사용한 이들은 유대인 사람들이었다. 모자라브어로 씌어진 상당수의 카르자는 히브리어로 씌어진 무왓샤하트에서 발견되었으며, 이는 유대인들이 얼마나 무왓샤하트 형식의 시를 즐겨 썼는가를 입증하는 것이다. 11세기부터 유대 시인들은 무왓샤하트 형식을 이용해서 성전에서 부를 노래를 기록했다. 이들 종교적 성격의 시에는 카르자가 발견되지 않는다. 그러나 그 형식을 존속시키기 위해, 이들은 카르자 대신 성경구절로 시를 끝낸다.

이후 이슬람 세계에서 수피즘적 내용이 담긴 무왓샤하트를 쓰

41) 최진원, 『한국고전시가의 상징성』, 성균관대학교 대동문화연구원, 1988, p.228; 허남춘, 「고려속요의 도성 연구」, 성균관대학교 박사학위논문, 1990, pp.25~102; 김문태, 「고려속요의 조선조 수용양상」, 『한국시가 연구』, 제5집, 한국시가학회, 1999, pp.183~186.

기 시작한 시인은 이븐 아라비(Ibn 'Arabī, 1165~1240)이다. 7세기 말에서 8세기 초에 이라크 바스라의 초기 신비주의 수피들은 신이 모든 물체에 존재한다고 믿었으며, 사랑만이 신에게 도달할 유일한 길이라는 믿음으로 연인에게서도 신의 화신을 탐구했다. 사랑한다는 것은 신의 모습을 비춰주는 존재인 연인을 좋아하는 것이라고 여겼다. 이븐 아라비의 시에서 남녀 간의 육체적인 사랑과 결합에서 느끼는 열정, 환희는 알라와의 신비한 합일과 비견된다는 사상과 융합되어 있다. 그는 이렇게 말했다. "사랑하는 이와 연인들의 눈에서 신의 모습을 볼 수 있으므로, 연인에게 신성함이 있다는 것을 생각하지 않고 그 존재를 사랑한다는 것은 불가능하다. 따라서 누군가를 사랑하는 모든 피조물들은 바로 자신의 창조주를 사랑하는 것이다."[42] 알슈스타리(Al-Shustarī, ?~1269)는 이러한 수피적 무왓샤하트의 경향을 자잘로 확장하였다.[43]

---

42) Henry Corbin, *L' imagination creatrice dans le soufisme d' Ibn Arabi,* Paris, 1958, 111; Philip P. Wiener, *The Dictionary of the History of Ideas*: Studies of Selected Pivotal Ideas, New York, Charles Scribner's Sons, 1973~1974에서 재인용.

43) Tova Rosen, "The Muwashashah", in María Rosa Menocal, Raymond P. Scheindlin, Michael Sells (ed.), *The Literature of al-Andalus,* Cambridge, Cambridge University Press, 2000, pp. 174~175.

5 결 론

고려속요는 국문학에서 하나의 섬으로 간주되기도 한다. 이것은 고려속요가 전대의 시가문학과 후대의 시가문학과는 전혀 다른 형식과 내용, 시어를 중심으로 발달했기 때문이다. 안달루스의 무왓샤하트와 자잘 역시 동부 아랍 세계의 정통 시문학과는 색다른 시가 문학이다. 이런 점에서 양 시가는 독창성을 가지고 있다.

중세 안달루스에서는 이슬람과 그리스도교가 접촉한 이래로 비교적 빠른 속도로 인종, 문화, 신앙, 언어의 융합이 이루어졌다. 정복자로 이베리아반도에 들어온 소수 아랍인들은 절대적인 우위에 서서 생활 전반에 걸쳐 자신들의 아랍어 어휘와 문화 양식을 이식시켰다. 피정복민인 그리스도교도, 유대인들은 신분상의 지위 확보와 경제적인 이득을 위해 이슬람으로의 개종과 함께 적극 협력하기도 했다. 이와 같은 직접적, 실질적 교류의 결실은 다중언어 혼용의 확산으로 이어져 새로운 문화체험과 정신세계의 구축을 수반했다. 혼혈 후손들은 자연스레 다중언어 사용자로 성장했으며, 지식층은 물론이고 일반 대중들 또한 세대를 거듭해가며 이중어, 삼중어 생활에 익숙해져갔다.

무왓샤하트의 출현은 당시의 사회적 현실에 대한 충실한 반영인 동시에, 고전 아랍시의 전통적 경직성이 안달루스의 자연환경과 자유로운 문화정서에 의해 새롭게 변용된 것이라 할 수 있다. 이러한 시의 개혁은 이슬람교도와 그리스도교도 간의 혼혈이 가져온 다중언어 사용자의 급속한 증가, 음악적 리듬이 돋보이는 노래시의 유행, 쾌락을 추구하는 대중 정서의 결합을 통해 이루어졌다. 무왓샤하트의 마지막 연에 해당되는 카르자는 운율을 통해 노래시를 선도하는 부분으로 다중언어 혼용 현상에 관한 명백한 증거이다.

고려속요는 여말 선초에 궁중의 속악가사로 채록된 극소수의 작품을 제외하고는 우리말 가사의 표기에 대한 애로점, 성종-중종대의 '남녀상열지사'에 관한 논쟁으로 구전의 민요로 이행되었다. 이로 인해 향찰식 표기가 힘을 상실하고 한문체 시가 득세하면서 고려속요의 우리말 가사는 이두나 현토를 통해 표기될 수 밖에 없었다. 우리는 〈풍입송〉, 〈야심사〉, 〈한림별곡〉, 〈관동별곡〉 등에서 현토, 이두 표기를 거쳐 조선 초의 한글 표기로 나아가는 다중언어 효용의 실례를 살펴볼 수 있었다. 그러나 우리말에 대한 시가화(詩歌化) 노력에도 불구하고 한문체를 선호하는 지식층의 취향과 함께 중국에서 유입된 사(詞), 곡(曲)의 영향으로 순수 한국어 표현은 단순히 보조적 역할을 하는 데 머물렀던 것으로 여겨진다.[44]

44) 『악장가사』에 실린 〈어부가〉의 경우를 살펴보면, 7언 4구의 잡구시에서 현토와 여음의 첨가를 거쳐 작품이 완성되었음을 알 수 있다. 즉 한시 계열의 시가 형식을 가져와서 우리 악곡에 올려 노래 부르기 위해 현토나 여음과 같은 우리말을 통한 보충이 필요했던 것이다. 박경주, 「전승방식과 음악성을 통해 본 고려시대 시가장

고려속요와 무왓샤하트의 화자는 대부분 여성이다. 이것은 고려속요와 무왓샤하트의 카르자는 평민들이 즐겨 부르던 민요인 경우가 많으며, 이들이 귀족 혹은 전문 시인과는 달리 질박한 표현, 솔직한 표현을 선호했기 때문으로 보인다. 그러나 송사처럼 작가가 누구인가가 드러난 경우에도 시적 화사를 여성으로 한 것은 사회적 비난의 화살을 피하기 위한 하나의 방편이었을 수도 있다. 특히 두 노래시는 사랑, 이별을 주제로 노래한 경우가 많으며, 이별하는 여인이 연인을 붙잡는 것이 더 자연스러웠을 것이다. 이들의 시어는 관능적이고 대담한 표현이 많으며, 이별을 원망으로 이끌거나 비관적 사랑관, 인생관으로 이끄는 경우도 있다.

이들 시가에는 제의적 요소도 있다. 상당수의 무속적 경향의 시가는 이들 시가가 단순히 노래를 부르고 즐기는 차원을 넘어, 절대자에게 어떤 간구를 하기 위해 집단적으로 모여 불렀음을 보여준다. 또한 송축적 의미, 사회비판적 요소도 갖추고 있다.

일반적으로, 문화는 중심지를 이탈할수록 강제적인 요소가 배제되면서 새로운 형태로 발전한다. 그리고 우리는 이 새로운 형태가 문화 중심지의 자장권에서 가장 멀리 떨어진 양 끝단에서 공통점을 지니고 있음을 보았다. 지구의 동쪽 끝단과 서쪽 끝단으로 떨어져 있는 두 지역에서 공통점이 많은 시가류가 동시대에 발달되었다는 사실은 결코 우연이 아니었을 것이다. 이것은 동쪽으로는 중앙아시아에서 발달한 시가가 중국의 사에 영향을

르의 흐름-한문체 시가를 중심으로-」, 앞의 책, pp.56~57.

주고, 그 사의 영향을 받아 태동된 것이 고려의 속요이며, 서쪽으로는 이슬람권역에 속한 안달루스를 중심으로 아랍시가가 새로운 형식과 내용을 갖춘 무왓샤하트와 자잘이라는 시로 태동된 것으로 볼 수 있다. 반면에 이 시가 문화의 원 발생지인 중앙아시아는 종교적 제약이 강했기 때문에, 전통적인 시가 형식을 고집하였을 것이며, 중국의 경우에도 시인들의 적극적 참여로 송사의 표현이 절제되고 정제되었을 가능성이 있다.

중세 스페인 문학의 대가인 영국 학자 스테판 렉커트(Stephen Reckert)는 이미 그의 책『Beyond Chrysanthemums』에서 전 시대의 동양과 서양 시가 4편을 비교하면서, 모자라브 카르자와, 고대 페르시아와 중국의 절구 사이에 구조적인 측면과, 연을 가지고 있다는 점, 연인의 부재로 인한 여인들의 고독을 노래했다는 점에서 유사성을 발견했다. 그는 안달루시아, 페르시아, 중앙아시아, 중국의 시가를 비교하면서, 이미 이 책이 내리는 결론과 상당히 유사한 결론에 이르렀다. 다음은 그의 말이다.

> 페르시아의 rubā'i가 압바스 조의 세력이 약화된 동부지역에서 등장했다는 것이다. 이 이란 지역은 이미 터키계 유민이 수세기 전부터 침투했던 곳으로, 이들은 위구르, 오구즈, 키르기즈, 자가타이, 타쉬켄트의 우즈벡, 코카사스 산맥의 아제리 족이다. … 이미 7세기에 robā'i의 전신이 발견되며, 이것은 중앙아시아 민족의 시가에 기원한다는 것이다. …
>
> 또한 당 나라에서 찬란히 꽃 피운 중국 전통 장르인 4행시 절

구가 이미 이 영향을 받아 7세기에 시작되었다는 것도 주지의 사실이다. 절구의 대가인 이태백은 8세기에 현재의 키르기즈스탄 혹은 타지크스탄에서 태어났으며, 그의 피에는 이미 터키의 피가 흐른다는 것도 사실일 것이다.[45)]

우리가 무왓샤하트와 송사와 고려속요의 공통적인 특징을 중심으로 고려와 안달루스 지방을 징검다리를 이용해서 연결했듯이 Reckert은 카르자와 루바이(루바이야트)와 절구의 유사점들을 통해 페르시아와 중앙아시아와 중국을 이었다. 양 연구의 공통점은 그 출발을 중앙아시아에 놓았다는 것이다. 또 하나 중앙아시아 문화가 동양에서 서양인 안달루시아로 유입된 예로는 이 지역의 전통 무용이며 노래로 알려진 플라멩코가 중앙아시아에 속하는 인도와 파키스탄의 접경지 펀잡 지방에 기원을 둔다는 것이다. 이 모두는 중앙아시아가 모든 문화의 산실이었음을 입증하는 것이라 할 수 있다.

민족 간의 교류사를 통한 문화적인 영향의 수수관계를 추적하는 이 작업을 통해 지구촌이라는 개념과 교류 네트워크라는 개념은 비단 오늘날의 화두가 아니라 중세 시대에도 통용되었던 화두임을 알 수 있다.

---

45) Reckert, Stephen, *Beyond Chrysanthemums. Perspectives on Poetry East and West*, Oxford, Oxford University Press, 1993, pp.25~26.

참고문헌

김명준, 『악장가사 연구』, 다운샘, 2004.

김문태, 「고려속요의 조선조 수용양상」, 『한국시가 연구』, 제5집, 한국시가학회, 1999.

김선기, 「『高麗史』 樂志의 俗樂歌詞에 관한 종합적 고찰」, 『韓國詩歌研究』, 第8輯, 한국시가학회, 2000.

김용수, 『조선초기시가연구』, 일지사, 1989.

김쾌덕, 『고려노래 속가의 사회배경적 연구』, 국학자료원, 2001.

김학주, 『중국문학개론』, 신아사, 1977.

김흥규, 「高麗俗謠의 장르적 多元性」, 『韓國詩歌研究』, 第1輯, 한국시가학회, 1997.

나정순, 「이상곡과 정서의 보편성」, 『고려시가의 정서』, 개문사, 1985.

남풍현, 『이두연구』, 태학사, 2000.

박경주, 「전승방식과 음악성을 통해 본 고려시대 시가장르의 흐름 - 한문체 시가를 중심으로 -」, 『韓國詩歌研究』 13, 2003.

박노준, 『고려속요의 연구』, 새문사, 1990.

박용운, 『高麗社會의 여러 歷史像』, 신서원, 2002,

박혜숙, 「고려속요의 여성화자」, 『고전문학연구』 14집, 1998.
양해면 (송용준 · 유종목 역), 『唐宋詞史』, 신아사, 1995.
송방송, 『한국음악통사』, 일조각, 1984.
정병욱, 「악기의 구음으로 본 별곡의 여음구」, 『관악어문연구』 2, 1977.
차주환, 『당악 연구』, 범학도서, 1976.
최미정, 『고려속요의 전승 연구』, 계명대학교 출판부, 1999.
최진원, 『한국고전시가의 상징성』, 성균관대학교 대동문화연구원, 1988.
허남춘, 「고려속요의 도성 연구」, 성균관대학교 박사학위논문, 1990.

Armistead, Samuel G., "Some Developments in Kharja Scholarship", *Corónica VIII,* 1979~1980.
_________, "A Brief History of Kharja Studies", *Hispania LXX,* 1987.
Compton, Linda Fish, *Andalusian Lyrical Poetry and Old Spanish Love Songs: The Muwashashah and its Kharja*, New York, New York University Press, 1976.
Corriente, Federico, *Poesía dialectal árabe y romance en al-Andalús.* Madrid, Gredos, 1997.
Frenk Alatorre, Margit, *Las jarchas mozárabes y los comienzos de la lírica románica,* México, El Colegio de México,

1975.

Galmés de Fuentes, Álvaro, *Las jarchas mozárabes. Forma y significado.* Barcelona, Crítica, 1994.

García Gómez, Emilio, "Estudio del Dar-at-Tiraz, preceptiva egipcia de la muwassah", *Arabica XXXI,* 1984.

Garrido, Rosa María, "La primitiva moaxaja: dos lenguas y dos voces poéticas", *en Actas III Congreso de la Asociación Hispánica de Literatura Medieval,* Salamanca, Universidad, 1, 1994.

Garulo, Teresa, *La literatura árabe de al-Andalus,* Madrid, Ediciones Hiperión, 1998.

Jiménez Benítez, Adolfo E., *La lírica arábigoespañola y las jarchas mozárabes*, Ediciones Zoe, San Juan, Puerto Rico, 1982.

Jones, Alan, *Romance Kharjas in Andalusian Arabic Muwashashah Poetry,* Ithaca Press, Londres, 1988.

Kelley, Mary Jane, "Virgins Misconceived: Poetic Voice in the Mozarabic Kharjas", *La Corónica 19:2,* 1991.

Menéndez Pidal, Ramón, *Poesía árabe y poesía europea,* Madrid, Espasa Calpe, 1941.

Menocal, María Rosa, *The Arabic Role in Medieval Literary History,* A Forgotten Heritage, Philadelphia, University of Pennsylvania, 1987.

________, *La joya del mundo,* Barcelona, Plaza Janés, 2003.

Monroe, James, "Poetic Quotation in the Muwassahs and its implications: Andalusian Strophic Poetry as Song", *La Corónica XIV,* 1985~1986.

Reckert, Stephen, *Beyond Chrysanthemus. Perspectives on Poetry East and West*, Oxford, Oxford University Press, 1993.

Rosen, Tova, "The Muwashshah", in Menocal, María Rosa, Raymond P. Scheindlin & Michael Sells (eds.), *The Literature of Al-Andalus*, Cambridge, Cambridge University Press, 2000.

Rougement, Denis de, *El amor y Occidente,* Madrid, Kairos, 1993.

Rubiera Mata, María Jesús, *Literatura hispanoárabe*, Alicante, Universidad de Alicante, 2004.

Samei, Maija Bell, *Gendered Persona and Poetic Voice: The Abandoned Women in Early Chinese Song Lyrics*, Landam MD, Lexington Books, 2004.

Solá-Solé, Josep María, *Las jarchas romances y sus moaxajas*, Madrid, Taurus, 1990.

Stern, Samuel, "Les vers finaux dans les muwassahs hispano-hébraiques: Une contribution à l'histoire du muwassah et à l'étude du vieux dialecte espagnol mozarabe",

Al-Andalus XIII, 1948.

Wiener, Philip P., *The Dictionary of the History of Ideas: Studies of Selected Pivotal Ideas,* New York, Charles Scribner's Sons, 1973~1974.

Zwartjes, Otto, *Love Songs from Al-Andalus: History, Structure and Meaning of the Kharja*, Leiden, Brill Academic Publishers, 1997.

맺는 말

시가는 동서양을 막론하고 인간과 신이 만나는 언어이며, 인간의 조화를 기초로 한 신비한 소리로서 중세문학의 본류였다. 중세에는 신과 왕이나 기사 같은 영웅을 예찬하기 위해 유럽과 페르시아, 아랍 음유시인들이 악기의 반주에 맞춰 노래를 불렀고, 한반도에서는 신라시대 승려와 화랑에서부터 고려시대 왕실과 귀족에 이르기까지 시가를 애송하였다. 이처럼 시가는 인간의 영혼에서 나오는 메아리였기 때문에 문화의 전파와 수용에서 적극적일 수밖에 없었다.

현대 음악의 전파와 수용을 연구한다는 것은 어렵지 않다. 교통이 발달되고, 각종 매체가 발달된 현대에는 한 지역의 유행가가 타 지역에서도 유행하고, 그것을 자신들의 언어에 맞게 변형시켜 다시 재창조하는 것이 지극히 당연한 일로 받아들여지고 있기 때문이다. 그러나 중세시대 음악의 전파는 연구 자체가 쉬운 작업은 아니나 전혀 불가능한 것도 아니다. 그것은 악보가 전해진다면 그 악보를 토대로 재현해서 비교 연구할 수 있기 때문이다. 그러나 노래에 붙인 가사, 즉 시의 비교 연구는 상당히 어렵다. 특히 언어 체계가 다른 민족의 시 비교는 그 자체가 모험일 수밖에 없다.

중세 동·서양의 접점에 있던 중앙아시아는 당시 가장 많은 민족들이 만나던 지역이었다. 오아시스를 중심으로 형성된 실크로드 지역 도시의 밤에는 하루의 일과를 끝낸 이들이 노래를 부르며 고향과 가족을 그리워했을 것이다. 이들은 비록 언어는 통하지 않지만, 노래 가락을 통해 서로를 이해했을 것이며, 때로는 새로운 악기와 노래를 배워 가락에 자신의 심정을 자신의 언어로 토로했을 것이다. 이로 인해 어느 한 지역에서 발달한 시가는 인접지역으로 확산되었을 것이고, 많은 지역의 시가가 유사한 정서를 갖게 되었을 것이다. 그런데 비 인접지역이었던 중세의 양 끝단인 한반도와 이베리아반도에서 꽃피운 시가가 대단히 많은 유사성을 가지고 있는 것은 놀라운 일이다.

이 연구의 출발점은 바로 여기에서 시작된다. 양 지역의 시가가 비슷한 시대에, 유사한 주제와 시어를 가졌다는 것은 양 지역을 잇는 무형의 끈이 있을 수 있기 때문이다. 연구진이 주목한 것은 당시 서역의 주인이 아랍인이며, 이들의 판도가 중앙아시아와 북부 아프리카 그리고 유럽의 이베리아반도까지 포함된다는 것이었다. 그리고 비슷한 시기에 중국의 당, 송, 원이 이들의 이웃이었으며, 이로 인해 서역의 음악이 궁중에서 수용되었고 노랫말 사(詞)가 탄생했다는 점이다. 한편, 한반도의 통일신라는 당의 음악을 유입하고, 고려시대에는 당악과 교방악을 유입하면서, 양국의 음악과 시가의 교류는 더욱 확산된다. 그리고 원 간섭기 동안에는 더욱 더 많은 문화교류가 진행되며, 특히 회회인(이슬람 신도)들의 고려 거주는 교류를 확장시켰을 것이다.

안달루스의 새로운 시가 양식인 무왓샤하트는 고려속요와 같이 전대의 시문학과 다른 양식이라는 점에서 독창적이다. 또한 무왓샤하트는 고전아랍어와 로망스어 계열인 모자라브어가 혼용이 된 시가이며, 고려속요 역시 표기 면에서 이중어를 사용하고, 논란이 분분한 후렴구의 어석은 서역어(아랍어, 페르시아어, 터키어, 그 외 중앙아시아 언어들)의 관점에서 재해석할 수도 있다. 양 시가의 시적 화자는 여성이다. 이것은 사랑을 중심으로 한 시가에서는 가슴 아픈 이별이 가장 아름다우며, 시적 화자인 여성의 목소리를 빌어서 슬픔을 극대화할 수 있고, 관능적인 표현이 가능하기 때문이다. 이러한 여성 화자, 이별이 주제가 된 사랑은 프로방스 지역에서도 동일하게 나타나며, 여러 연구의 결과 이 역시 안달루스의 민중 시가인 자잘의 영향임이 밝혀졌다.

문화의 전파는 때때로 흥미있는 현상을 낳는다. 지역 언어의 경우, 가장 중심축의 방언보다 지리적으로 가장 멀리 떨어진 지역의 방언이 서로 유사한 점이 많듯이, 중세 시가의 경우에도 아랍문학의 자장에서 지리적으로 가장 먼 한반도와 안달루스의 시가가 유사점이 많은 것을 알 수 있다. 이것은 이슬람의 중심인 동부 아랍의 바그다드가 사랑을 주제로 한 시를 신비주의적 차원에서 수용함으로써 신에 대한 사랑을 읊는 수피-가잘시를 유행시킨 반면,

중심축의 영향권에서 먼 서부 아랍에서는 오히려 적나라한 사랑시를 읊을 수 있었다. 한반도의 경우, 중국의 송사가 시인들의 적극적인 참여로 고양된 시어를 중심으로 사랑을 표현한 반면, 일반 백성들이 지은 고려속요는 노골적인 시어가 그대로 남아있을 수 있었을 것이다.

연구서를 펴내면서도 아직도 미진한 부분은 많다. 첫째는 고려속요의 후렴구에 대한 언어학적 차원의 조명이 미흡하고, 둘째는 양 지역의 음악 비교가 진행되지 못한 것이다. 후렴구의 언어학적 차원 연구는 범어, 위구르어, 우르두어, 터키어, 페르시아어 등의 서역 언어 전공자들이 국문학에 관심을 기울여야만 가능할 수 있을 것이다. 현재에도 외국 음악을 한국어로 번안하는 과정에서 일종의 추임새 형태의 어구를 영어 혹은 스페인어로 대치하는 경우가 있다면, 중세 고려에서도 외국 시가를 유입하면서 추임새 형태의 서역어를 그대로 사용했을 가능성 또한 배제할 수 없기 때문이다. 음악 차원의 연구는 비교적 용이할 수 있다. 고려속요의 원형이 보존되어 있고, 현재 안달루스 지방의 플라멩코가 14세기 중세에 기원을 두며, 자잘과 같은 음악 장르가 아랍 지역에서 지금까지 유행되고 있기 때문에 비교의 근거를 많이 확보할 수 있기 때문이다.

다양한 학문을 전공한 이 책의 집필진은 이 연구가 끝이 아니라 시작이라는 것에 공감하고 있다. 그리고 협동 연구 체제를 지속함으로써, 지금까지의 연구에서 미흡했던 부분을 앞으로 계속 보완할 것을 약속한다.

찾아보기

(ㄷ)

(ㄹ)

(ㅁ)

(ㅂ)

(ㅅ)

고혜선(단국대학교 아시아아메리카문제연구소 소장)
김명준(문학박사, 한국고전문학)
김승기(문학박사, 스페인문학)
김철웅(문학박사, 역사학)
윤선미(문학박사, 스페인문학)
임병필(문학박사, 아랍문학)
허혜정(문학박사, 한국문학)

중세 동·서 시가의 만남

펴낸곳 _ 단국대학교출판부
등　록 _ 1968.2.27 : No. 제03-00095호
주　소 _ 경기도 용인시 수지구 죽전동 126번지
전　화 _ 031-8005-2405　팩　스 _ 031-8005-2406

2009년 2월 10일 초판 인쇄
2009년 2월 15일 초판 발행

인　쇄 _ 신양사

[값 10,000원]

Published by Dankook University Press
© 아시아아메리카문제연구소, 2009
Printed in Korea

ISBN 978-89-7092-421-2 94800
ISBN 978-89-7092-406-9 (세트)